DIREITO PREVIDENCIÁRIO COMPLEMENTAR PROCEDIMENTAL

Comentários ao Decreto n. 4.942/03

WLADIMIR NOVAES MARTINEZ
Advogado especialista em Direito Previdenciário

DIREITO PREVIDENCIÁRIO COMPLEMENTAR PROCEDIMENTAL

Comentários ao Decreto n. 4.942/03

EDITORA LTR®
SÃO PAULO

Dados Internacionais de Catalogação na Publicação (CIP)
(Câmara Brasileira do Livro, SP, Brasil)

Martinez, Wladimir Novaes
Direito previdenciário complementar procedimental : comentários ao decreto n. 4.942/03 / Wladimir Novaes Martinez. — São Paulo : LTr, 2007.

Bibliografia.

ISBN 978-85-361-0941-1

1. Direito previdenciário — Brasil I. Título.

06-9642 CDU-34:368.4(81)

Índices para catálogo sistemático:

1. Brasil : Direito previdenciário 34:368.4(81)

(Cód. 3396.4)

LTr®

EDITORA LTDA.

Rua Apa, 165 — CEP 01201-904 — Fone (11) 3826-2788 — Fax (11) 3826-9180
São Paulo, SP — Brasil — www.ltr.com.br

Março, 2007

ÍNDICE

SIGLAS E ABREVIATURAS

AI — Auto de Infração
BACEN — Banco Central do Brasil (Lei n. 4.594/64)
BD — Benefício definido
CA — Convênio de Adesão
CCb — Código Civil brasileiro (Lei n. 3.071/16)
CD — Conselho Diretor
CDC — Código de Defesa do Consumidor (Lei n. 8.078/90)
CPC — Conselho de Previdência Complementar
CF — Constituição Federal
CFC — Conselho Federal de Contabilidade
CFM — Conselho Federal de Medicina
CGPC — Conselho de Gestão da Previdência Complementar
CLPS — Consolidação das Leis da Previdência Social
CLT — Consolidação das Leis do Trabalho (Decreto n. 5.452/43)
CMN — Conselho Monetário Nacional
CNSP — Conselho Nacional de Seguros Privados (Decreto-lei n. 73/66)
CP — Código Penal (Decreto-lei n. 2.848/40)
CPC — Código de Processo Civil (Lei n. 5.869/73)
CPP — Código de Processo Penal (Decreto-lei n. 3.689/41)
CRPS — Conselho de Recursos da Previdência Social (Lei n. 8.422/92)
CRSNSP — Conselho de Recursos do Sistema Nacional de Seguros Privados
CSRF — Câmara Superior de Recursos Fiscais
CTN — Código Tributário Nacional (Lei n. 5.172/66)
CVM — Comissão de Valores Mobiliários
DARF — Documento de Arrecadação de Receitas Federais
DETEC — Departamento de Análise Técnica
DN — Decisão-Notificação
DOU — Diário Oficial da União
DRRP — Delegacia Regional da Receita Previdenciária
EAPC — Entidade Aberta de Previdência Complementar
EC — Emenda Constitucional
EFPC — Entidade Fechada de Previdência Complementar
EPC — Entidade de Previdência Complementar
ES — Estatuto Social

ESPCU — Estatuto dos Servidores Públicos Civis da União (Lei n. 8.112/90)
FCP — Fiscal de Contribuições Previdenciárias
FGTS — Fundo de Garantia do Tempo de Serviço (Lei n. 5.107/66)
GRAF — Gerência Executiva de Arrecadação e Fiscalização
IBA — Instituto Brasileiro de Atuária
IBGE — Fundação Instituto Brasileiro de Geografia e Estatística
IN — Instrução Normativa
INPC — Índice Nacional de Preços ao Consumidor
INSS — Instituto Nacional do Seguro Social
IRB — Instituto de Resseguros do Brasil
JRPS — Junta de Recursos da Previdência Social
LBPC — Lei Básica da Previdência Complementar (LC n. 109/01)
LC — Lei Complementar
LEF — Lei das Execuções Fiscais (Lei n. 6.830/80)
LICC — Lei de Introdução ao Código Civil (Lei n. 4.657/42)
LOMP — Lei Orgânica Nacional do Ministério Público (Lei n. 8.625/93)
LRF — Lei de Responsabilidade Fiscal (LC n. 101/00)
MF — Ministério da Fazenda
MPF — Mandado de Procedimento Fiscal
MPAS — Ministério da Previdência e Assistência Social
MPS — Ministério da Previdência Social
NCC — Novo Código Civil (Lei n. 10.406/02)
NDFG — Notificação para Depósito do Fundo de Garantia
NFLD — Notificação Fiscal de Lançamento de Débito
OAB — Ordem dos Advogados do Brasil
PAS — Plano de Assistência Social
PBPS — Plano de Benefícios da Previdência Social (Lei n. 8.213/91)
PCSS — Plano de Custeio da Seguridade Social (Lei n. 8.212/91)
PPP — Perfil Profissiográfico Previdenciário
RB — Regulamento Básico
RGPS — Regime Geral de Previdência Social (Decreto-lei n. 72/66)
RIR — Regulamento do Imposto de Renda (Decreto n. 3.000/99)
RPPC — Regulamento do Procedimento da Previdência Complementar
RPPS — Regime Próprio da Previdência Social
RPS — Regulamento da Previdência Social (Decreto n. 3.048/99)
SA — Sociedade Anônima (Lei n. 6.404/76)
SPC — Secretaria de Previdência Complementar
SRF — Secretaria da Receita Federal
SRP — Secretaria da Receita Previdenciária
SUSEP — Superintendência de Seguros Privados
TAD — Termo de Apreensão de Documentos
TCU — Tribunal de Contas da União
TIAD — Termo de Intimação para Apresentação de Documentos

À GUISA DE PREFÁCIO

Estes comentários a cada um dos 112 artigos do Decreto n. 4.942, de 30.12.03 (DOU de 31.12.03), tratam de questões ali disciplinadas relativas ao Direito Previdenciário Complementar Procedimental, isto é, tema necessariamente adjetivo, enfocado em relação ao contencioso administrativo da previdência privada. Pouco ou nada tem a ver com matéria substantiva da previdência básica. Vale dizer, cuida apenas do Regulamento do Procedimento da Previdência Complementar — RPPC (Decreto n. 4.942/03).

Evidentemente as infrações que fazem parte dos arts. 63 *usque* 110 e as dispostas genericamente reportam-se à matéria substantiva normalmente contida na Lei Básica da Previdência Complementar — LBPC (LC n. 109/01), enfocada nos nossos "Comentários à Lei Básica da Previdência Complementar", São Paulo: LTr, 2003, desenvolvida nos "Pareceres Selecionados de Previdência Complementar", São Paulo: LTr, 2001 e, num caso específico ("Portabilidade da Previdência Complementar", São Paulo: LTr, 2005). Não é, pois, este o momento de apreciar aquelas determinações legais e, sim, tão-somente, de considerar os encaminhamentos internos que cuidam do seu regime repressivo. Apenas *en passant*, quando julgadas necessárias, são encetadas considerações sobre o domínio substantivo, mas examinar as infrações obrigou, em parte, a apreciar esse universo contido em cada uma delas, o que foi feito apenas na medida de compreensão do artigo enfocado. São citadas muitas fontes formais referentes à previdência aberta e até mesmo em menor número, ao seguro privado, ainda que sem aplicação direta sobre a previdência fechada, valendo como informações acessórias a serem consultadas por conexão, remissão ou analogia.

Lembro que esse Decreto n. 4.942/03 (RPPC), não é exatamente um regulamento da LC n. 109/01, mas o regulamento do seu regime disciplinar (arts. 63/67), dividindo-se em nove partes, a saber:

Capítulo I — Do Âmbito da Abrangência (arts. 1º/2º).

Capítulo II — Do Processo Administrativo decorrente do Auto de Infração (arts. 3º/35).

Capítulo III — Da Representação ou da Denúncia (arts. 36/39).

Capítulo IV — Do Inquérito Administrativo (arts. 40/56).

Capítulo V — Disposições Gerais acerca do Processo Administrativo (arts. 57/60).

Capítulo VI — Do Convênio de Adesão ao Plano de Benefício (art. 61).

Capítulo VII — Da Responsabilidade pela Falta de Aporte das contribuições pelo Patrocinador (art. 62).

Capítulo VIII — Das Infrações e Penalidades Aplicáveis (arts. 63/110).

Capítulo IX — Das Disposições Finais (arts. 111/112).

Em muitas infrações insistiu-se na generalidade dos sujeitos passivos, os prejudicados pela ação deletéria, na ordem: os participantes, os planos, as entidades, o MPS e o segmento como um todo. Verificar-se-á que, em igual número, as infrações não são impropriedades em si mesmas, mas, sim, deixar de comunicar à SPC alguma providência a elas relativas.

Como ressaltado por *Sérgio Pinto Martins* a análise do RPPC deve ser feita com a Lei n. 9.784/99 à mão e seu princípio procedimental ("Aplicação da Lei n. 9.784/99 e o Decreto n. 4.942/03 na Previdência Complementar", *in* RPS n. 308/464).

Poucos autores comentaram, um por um, esses artigos do RPPC. Quem teceu considerações céleres, mas válidas sobre os arts. 63/110 foi *Silvio Wanderley do Nascimento Lima* ("Regulação e Previdência Complementar Fechada", São Paulo: LTr, 2004, pp. 174/188).

Não só as regras das LCs ns. 108 e 109, de 2001, como as do Decreto n. 4.206/02 (revogado) e do Decreto n. 4.943/03, prevêem a presença marcante do Estado ("Unipresença estatal na LC n. 109/01", *in* jornal do 1º Congresso Brasileiro de Previdência Complementar, São Paulo: LTr, 2001, pp. 33/38). *Érica Antonia Branco de Soto* limita a ação do Estado: "Tem-se que a previdência complementar e os fundos de pensão respondem à intervenção do Estado, apenas enquanto fiscalização, diga-se, nas atividades econômicas, financeiras, na verificação contábil dos cálculos atuariais e demais atividades movimentadoras de capital e interesses sociais" ("Responsabilidade solidária do Estado e os Fundos de Pensão", *in* Jornal do 2º Congresso Brasileiro de Previdência Complementar, São Paulo: LTr, 2002, pp. 42/44).

Wladimir Novaes Martinez

DECRETO N. 4.942, DE 30 DE DEZEMBRO DE 2003

Regulamenta o processo administrativo para apuração de responsabilidade por infração à legislação no âmbito do regime da previdência complementar, operado pelas entidades fechadas de previdência complementar, de que trata o art. 66 da Lei Complementar n. 109, de 29 de maio de 2001, a aplicação das penalidades administrativas, e dá outras providências.

Remissão: arts. 62/67 da LBPC;
LC n. 108/01;
Leis ns. 6.024/74, 9.717/98, 9.783/99 e 9.784/99;
arts. 51/53 e 75/79 da Lei n. 6.435/77;
arts. 143/182 da Lei n. 8.112/90;
arts. 108/121 do Decreto-lei n. 73/66;
Decreto n. 70.235/72;
Decreto n. 1.317/94;
Decreto n. 2.824/98 (CRSNSP);
Decreto n. 4.206/02;
Decretos ns. 4.292/03 e 4.678/03;
art. 38 do Decreto n. 81.240/78;
arts. 99/109 do Decreto n. 81.402/78;
Portaria MPS n. 88/04;
Portaria CGPC n. 4.794/98;
Resolução CGPC n. 12/96;
Resoluções CNSP ns. 14/95, 5/97, 10/97, 7/98, 11/98, 21/98, 34/00, 42/00, 60/01 e 108/04 (PAS);
subitem 7.1 da Res. CPC ns. 1/78 e 6/88;
Instruções Normativas SPC ns. 1/95, 14/97 e 15/97.

A ementa do RPPC (Decreto n. 4.942/03) assevera que ele fundamentalmente cuida de dois institutos técnicos: a) procedimento administrativo de apuração da autoria e responsabilidade e b) penalidade aplicável em geral e, em espécie, no caso da infração caracterizada.

Isto é, normas adjetivas e algumas substantivas, ambas significativas porque respeitantes à atuação dos gestores, pessoalmente considerados, e as EFPC, estas últimas responsabilizadas normalmente por via da solidariedade. E, excepcionalmente, também em relação a administradores das patrocinadoras e até mesmo de agentes públicos.

A apuração da autoria é promovida por meio do encaminhamento administrativo, razão de ser do Direito Previdenciário Procedimental, *in casu*, no âmbito do segmento protetivo privado fechado. Que não exclui as EFPC públicas (CF, art. 40, §§ 14/16). Trata-se de área do conhecimento humano que envolve o Direito Previdenciário, quando ele se relaciona proximamente com o Direito Administrativo, Processual e Penal, e em que presentes vários postulados jurídicos.

Embora a ementa faça referência exclusivamente ao art. 66, suas disposições são mais amplas, abarcando os arts. 61/67 da LBPC.

1. INFRAÇÃO

Diante desse art. 66 ("As infrações serão apuradas mediante processo administrativo, na forma do regulamento, aplicando-se, no que couber, o disposto na Lei n. 9.784, de 29 de janeiro de 1999"), o RPPC faz uma varredura na LBPC, no pertinente às ilicitudes cometidas na ordem previdenciária complementar fechada. Com certo exagero, no entender de *Arthur Bragança de Vasconcellos Weintraub* ("Previdência Privada", 2ª ed., São Paulo: Juarez de Oliveira, 2003, p. 70). São as ocorrências aludidas genericamente no *caput* do art. 65 e outras mais na LC n. 109/01, que se viam arroladas no art. 99 da Minuta do Regulamento. Abstraindo eventuais delitos que possam ser cometidos, principalmente o exercício de previdência de fato referido no art. 67 da LBPC, que deixou de ser crime.

2. INICIATIVA DA AÇÃO

O legislador fixa regra a ser observada por quem de direito; o início da ação persecutória administrativa caberá ao ente supervisor fiscalizador, vale dizer, à SPC. Ao final, como última instância para apreciar eventual impugnação, o ente regulador, ou seja, o CGPC. Cientificada da ocorrência ilícita, a investigação interna instaurada terá de averiguar os fatos ocorridos para chegar a alguma conclusão. Desprezados o *cogitatio* e os atos preparatórios, perscrutará a tentativa e decantará a consumação do ato, seus feitos danosos ou conseqüências, a autoria, a responsabilidade e o nexo causal. Não deixando opção, presente o ilícito, sobrevirá esse encaminhamento burocrático (precedido de sindicância e inquérito internos).

3. NUANÇA ADMINISTRATIVA

O caráter administrativo é acentuado e será perfilhado por quem o encaminhar, vale dizer que funcionará como o inquérito administrativo das repartições públicas (arts. 143/182 do ESPCU). Daí a menção expressa à norma básica do procedimento administrativo federal (Lei n. 9.784/99). E que, portanto, submete-se a eventual ação judiciária.

4. CARACTERÍSTICAS ELEMENTARES

O Direito Previdenciário Procedimental, na condição de compatibilizador de questões pendentes havidas entre os sujeitos da relação securitária, apresenta nuanças próprias, mas a maior delas e os seus elementos definidores provieram do Direito Processual e, como não poderia deixar de ser, do Direito Administrativo. Entre as principais, trata-se de expediente interno, intramuros e, por conta disso, assume essência administrativa. Vale lembrar que o pólo impulsionador é a própria repartição, principalmente a entidade ministerial do MPS, a SPC e o CGPC. O que alerta para a possibilidade de, a qualquer momento, poder ser revisto pela própria autoridade (RPPC, art. 13, § 3º). Não existem custas processuais ou sucumbência e qualquer decisão depende, se invocado, do Poder Judiciário.

5. FONTES FORMAIS

Iniciando-se com o art. 5º, LV, da Constituição Federal, são muitas as fontes formais a serem consideradas no Direito Previdenciário Procedimental. Abstraindo, por enquanto, o Código de Processo Civil e o Código de Processo Penal, hierarquicamente são indicadas: a) Lei n. 9.784/99 (Processo Administrativo Federal); b) os arts. 51/53 e 75/59 da Lei n. 6.435/77, acompanhados do art. 38 do Decreto n. 81.240/78; c) arts. 62/67 da LC n. 109/01; d) Decretos ns. 4.206/02, 4.292/03, 4.678/03 e 4.942/03; e) Lei n. 8.112/90 (ESPCU); f) Portaria MPS n. 88/04; g) Decreto n. 70.235/72; h) Portaria CGPC n. 4.794/98, Resolução CGPC n. 12/96 e subitem 7.1 da Resolução CPC n. 1/78 e INs SPC ns. 1/95, 14/97 e 15/97. Ainda que fora do âmbito, as normas compatíveis da Lei n. 6.024/74 e da Resolução CNSP n. 42/00 podem ser remetidas.

6. FONTES HISTÓRICAS

Um estudo mais aprofundado pode ser completado com o exame de normas revogadas, úteis para a interpretação, como o arts. 23/25 do Decreto-lei n. 72/66 (RGPS), Leis ns. 6.309/75 e 8.422/92 (CRPS), Decretos ns. 568/92 e 656/92 (CRPS), Portarias MPS ns. 3.318/84, 430/92 e 712/93 e Portarias MPAS ns. 31/75, 1.448/94 e 4.414/98 (CRPS).

7. SUJEITOS DA RELAÇÃO

Os pólos da relação são basicamente dois: a) entes supervisores (SPC e CGPC) e b) gestores, entidades e terceiros. A natureza de cada uma das infrações cominadas no RPPC indica que poucos estranhos à relação jurídica de previdência complementar dela farão parte. Se um médico perito, atuário ou advogado contratado pela EFPC comete alguma impropriedade descrita nos arts. 63/110 caberá a ação punitiva do Decreto n. 4.942/03, sem prejuízo da competência dos órgãos controladores do exercício profissional. Jazendo, aqui, alguns questionamentos, porque muitos julgam que somente este é que pode fiscalizar e punir tais trabalhadores.

8. QUESTÕES PREJUDICIAIS

Dada a semelhança com o processo judicial, praticamente as mesmas questões prejudiciais afetam este procedimento. A primeira delas, a tempestividade da defesa prévia e do recurso de apelação. Importa igualmente a legitimidade das partes. A litispendência também a afetaria (a mesma *vexata questio* pode estar sendo discutida em outro processo) e, num caso extremo, ter sido objeto da coisa julgada administrativa. Releva ressaltar a decadência do direito da SPC de autuar comportamentos prescritos, isto é, passados cinco anos. Evidentemente, a presença de processo judicial tratando do mesmo assunto impede a movimentação administrativa.

9. PRINCÍPIOS APLICÁVEIS

O procedimento é regido pelos princípios constitucionais e, particularmente, os de Direito Administrativo: legalidade, moralidade, finalidade, imediatidade, capacidade, publicidade, racionabilidade, etc. Particularmente os da economia processual, iniciativa da parte, simplicidade operacional, gratuidade cartorial, celeridade dos autos, subsidiaridade do CPC e outros mais ("Princípios de Direito Previdenciário", 4ª ed., São Paulo: LTr, 2001, pp. 195/203).

10. PRESUNÇÕES VÁLIDAS

Não são muitas as presunções reconhecidas em matéria adjetiva no Direito Previdenciário e menos ainda na sua vertente procedimentalista. Podem ser arroladas, por empréstimo, a presunção de inocência, da aceitação do alegado e não contestado, do ônus da prova, etc.

11. INTERPRETAÇÃO DA MATÉRIA

O Direito Previdenciário Procedimental Complementar não apresenta características específicas que o distingam do seu co-irmão básico, revestindo-se das mesmas nuanças do procedimento administrativo, variando, tão-somente, a natureza jurídica da relação que fica como pano de fundo, os atores dos diferentes vínculos e comportamentos inerentes a um controle legal mais severo, no limite da atuação estatal em face da liberdade do direito privado. Nessas condições, por se tratar de normas restritivas da ação humana e, particularmente, do direito constitucional de trabalhar, não comporta exegese extensiva, aproximando-se sob esse aspecto ao procedimento administrativo fiscal. O julgador terá de distinguir o *animus* infracional, isto é, a vontade deliberada de praticar o ato sancionado pela LBPC ou RPPC, com o erro por ignorância da norma, o equívoco acidental, o cumprimento de ordem de superior não manifestamente ilegal e, sem dúvida, todas as formas elisivas da responsabilidade. Alguns preceitos estranhos ao RPPC podem ajudar na interpretação da matéria procedimental. Assim, convém consultar o Processo Administrativo Previdenciário — PAP, conjunto de regras adjetivas aplicáveis às relações entre o MPS e os RPPS (Portaria MPS n. 64/01, e também as Portaria MPS ns. 172/05 e 198/03).

12. DOUTRINA ESPECIALIZADA

Tendo em vista que o Decreto n. 4.206/02 e o seu sucessor o RPPC, de 2003, são recentes, a contribuição doutrinária é pequena, mas podem ser citados *Voltaire Marensi* ("A Nova Lei da Previdência Complementar Comentada", Porto Alegre: Síntese, 2001, pp. 57/60), *Wladimir Novaes Martinez* ("Curso de Direito Previdenciário", Tomo III: Direito Previdenciário Procedimental, São Paulo: LTr, 1998 e "Primeiras Lições de Previdência Complementar", São Paulo: LTr, 1996, pp. 265/269), *Silvio Wanderley do Nascimento Lima* ("Regulação e Previdência Complementar Fechada", São Paulo: LTr, 2004, pp. 155/193), o primeiro a comentar sistematicamente os artigos do RPPC.

13. CÓDIGO DE DEFESA DO CONSUMIDOR

A aplicação do CDC às relações entre participantes e EFPC ainda gera grandes discussões na doutrina. *João Paulo Rodrigues da Cunha* pôs-se contra a utilização da Lei n. 8.078/90 ("(In)aplicabilidade do Código de Defesa do Consumidor às Entidades Fechadas de Previdência Privada", *in* RPS n. 273/663); *Anselmo Prieto Alvares* a defende com muita propriedade ("A Previdência Complementar como relação de consumo", *in* Jornal do 3º Congresso Brasileiro e Previdência Complementar, São Paulo: LTr, 2003, pp. 16/18). *Karina Emy Fujimoto* prefere conciliar os dois entendimentos ("Harmonização entre o CDC e a LC n. 109/01 — A PC como relação de consumo, *in* Jornal do 5º Congresso Brasileiro de Previdência Complementar, São Paulo: LTr, 2005, pp. 5/6) e *Roberto Eiras Messina* comenta esse debate à luz do entendimento sumular ("Súmula n. 231 do STJ como reforma justa e necessária", *in* Jornal do 6º Congresso Brasileiro de Previdência Complementar, São Paulo: LTr, 2006, pp. 26/18).

14. AGÊNCIA REGULADORA

Com a MP n. 233/04 ainda não convertida em lei, pretendeu-se a criação da PREVIC — Superintendência Nacional de Previdência Complementar e do CNPC — Conselho Nacional de Previdência Complementar. A PREVIC foi estudada por *Silvio Wanderley do Nascimento Lima* ("O Conselho Nacional de Previdência Complementar — CNPC e a Superintendência Nacional de Previdência Complementar — PREVIC; apontamentos sobre os nosso entes reguladores e fiscalizadores instituídos pela Medida Provisória n. 233/2004", *in* RPS n. 291/77).

15. TAFIC

O mesmo *Silvio Wanderley do Nascimento Lima* estudou a TAFIC ("Breves comentários sobre a Taxa de Fiscalização e Controle da Previdência Complementar — TAFIC instituída pela Medida Provisória n. 233/04", *in* RPS n. 294/31), que fora regulamentada pela Instrução SPC n. 1/05.

16. ARBITRAGEM

Além da conciliação administrativa, sempre recomendada e da negociação entre associações de aposentados ou sindicatos e as EFPC, a composição dos dissídios deve ser tentada extrajudicialmente. *Daniel Pulino* preconiza a arbitragem para os questionamentos jacentes na Previdência Complementar ("Resolução de conflitos por arbitragem na Previdência Complementar — Discussões gerais", *in* jornal do 6º Congresso Brasileiro de Previdência Complementar, São Paulo: LTr, 3006, pp. 33/35).

17. REMISSÃO À PREVIDÊNCIA ABERTA

As fontes formais do procedimento complementar fechado são praticamente suficientes para a solução dos questionamentos, mas alguns extravasam essa esfera, justificando a busca de entendimentos não só do procedimento previdenciário fiscal como o da previdência aberta. Assim, inicialmente convém consultar a Resolução CNSP n. 42/00, que regula o Procedimento Administrativo para Aplicação de Sanção no âmbito da Sistema Nacional de Seguros Privados, de Previdência Complementar Aberta e de Capitalização, com as alterações da Resolução CNSP n. 91/00 e, em particular, das Resoluções CNSP ns. 60/01 e 108/04. Além, é claro, da Lei n. 6.024/74.

18. CONCLUSÕES

Diferentemente do título deste livro "Direito Previdenciário Complementar Procedimental", correspondendo mais ao subtítulo "Comentários ao Decreto n. 4.942/03", como explicitado no prefácio, como diz a ementa do RPPC, as páginas adiante tratam do procedimento de apuração da responsabilidade por infração à legislação da previdência complementar, resultando menos amplo que em Código Procedimental da previdência privada, como é o Tomo III do "Curso de Direito Previdenciário", também publicado pela LTr (onde cuidamos amplamente do processo administrativo). As regras da Lei n. 9.784/99, que comandam esse procedimento na esfera federal, tantas vezes citadas, são as que regulam o andamento do expediente interno do segmento supletivo. Os preceitos dessa lei básica, aqueles estudados no aludido Tomo III e mais os que aqui se apresentam, buscam dar uma idéia dos instrumentos de que se serve a Administração Pública e que ficam a disposição dos interessados para a solução dos conflitos havidos na esfera da previdência fechada, em caráter administrativo. como antecipado, no caso de omissão da legislação, não só as normas substantivas (LC ns. 108/01 e 109/01), como o Código de Processo Civil devem ser consultados. Pena que não haja divulgação sistemática das sentenças e decisões praticadas pelo contencioso administrativo para ilustrar o conhecimento das pessoas é enriquecer os próprios julgadores, a doutrina especializada e também o Poder Judiciário.

CONTEÚDO DO DECRETO

PRESIDENTE DA REPÚBLICA, no uso da atribuição que lhe confere o art. 84, inciso IV, da Constituição, e tendo em vista o disposto na Lei Complementar n. 109, de 29 de maio de 2001, decreta:

Capítulo I

Do âmbito de abrangência

Art. 1º O processo administrativo para apuração de responsabilidade por infração à legislação no âmbito do regime da previdência complementar, operado pelas Entidades Fechadas de Previdência Complementar, e a aplicação das correspondentes penalidades são disciplinados por este Decreto.

Remissão: art. 5º, LV, da CF;
art. 66 da LBPC;
Lei n. 9.784/99;
art. 1º do Decreto n. 4.206/02;
art. 1º da Resolução CNSP n. 60/01;
art. 1º da Resolução CGPC n. 12/96;
item 1 da IN SPC n. 15/97;
Minuta do Regulamento.

O art. 1º deixa clara a intenção do RPPC: disciplinar as regras que norteiam a apuração da responsabilidade em relação a infrações cometidas no âmbito da previdência complementar fechada. Informa, também, que tem por escopo definir as penalidades cabíveis em cada caso. Na verdade, como asseverado *ab initio*, deseja regrar o encaminhamento administrativo que torna possível essa verificação e a eventual autuação, bem como as irresignações possíveis.

Por assim dizer é um regulamento do art. 66 da LBPC e, como se pode constatar em seu art. 112, ele revogou expressamente o Decreto n. 4.206/02. Como lista sua longa ementa, também dispõe sobre outros assuntos.

É perceptível que este RPPC prescreve sobre as relações havidas entre os prestadores de serviços das EFPC e o fundo de pensão e os entes supervisores da previdência fechada (MPS, CGPC e SPC). De certa forma, daqueles gestores mencionados e os participantes ativos, assistidos e pensionistas, no tocante aos seus comportamentos pessoais.

Logo, não é um regulamento das relações jurídicas entre a EFPC e os participantes, submetidas, por omissão normativa, de modo geral, no âmbito federal, à Lei n. 9.784/99 e, evidentemente, a outras fontes formais. Os dissídios acontecidos entre a EFPC e os participantes, não têm guarida no RPPC e quando forem administrativos, serão dirimidos pelo CGPC, conforme o Regulamento Interno desde a Lei n. 9.847/99. Claro, com remissão válida à Portaria MPS n. 88/04 (e até mesmo a este RPPC).

Desde este art. 1º, abstraindo o art. 5º, LV, da Carta Magna, em que feita a distinção, o administrador prefere o vocábulo "processo" em vez de "procedimento", com isso obrigando-se, às vezes, a falar em processo administrativo. *Floriano José Martins*, entre outros, diz que se há ligitiosidade no expediente há processo e se não há, o que existe é procedimento (2º Seminário Regional de Temas Atuais, realizado em 6.4.06, *in* APAFISP Notícias, SP, de jan./mar. de 2006, p. 6).

As infrações objeto da apuração, como dito, são as da legislação e não necessariamente do próprio decreto, embora também estas estejam incluídas (arts. 63/110), ou seja, um ambiente muito mais amplo e que obriga o gestor e o aplicador da norma comentada a estarem atentos para a infinidade de dispositivos administrativos emanados da SPC e do CGPC, que prevejam ou não sanções (Portarias do MPS, Instruções Normativas da SPC, Resoluções do CGPC, etc.) bem como Decretos da Presidência da República, Portarias do MPS, Instruções Normativas da SPC, Resoluções do CGPC, pareceres da Consultoria Jurídica da União, etc. Eventualmente, de outros órgãos monitoradores da União (TCU, CVM, CMN e BACEN).

Quando comparada, sua redação é diferente da do art. 1º do Decreto n. 4.206/02, porque este pretendia dispor sobre o "regime de previdência complementar", embora, depois de passar rapidamente pelo Capítulo II — Convênio de Adesão ao Plano de Benefícios (art. 3º) e pelo Capítulo III — Constituição das Entidades Fechadas (arts. 4º/9º), logo a partir do art. 10 e até o art. 41, ele dispunha sobre esse contencioso administrativo, com ênfase para o Capítulo VI — Do Regime Disciplinar (arts. 36/41). E, mais ainda, ao art. 37 e seus 40 incisos.

Referindo-se a esse "processo administrativo", o elaborador da norma configura sua abrangência e caráter: Administração Pública e contencioso administrativo. *Ipso facto*, não só se submete à Lei n. 9.784/99, aos princípios de Direito Administrativo e postulados processuais, como acolhe remissão ao Direito Previdenciário Procedimental.

Note-se que nas relações entre participantes e entidades, tal como sucede nos vínculos entre segurados e INSS, existe um terceiro ente estabelecendo certa triangulação assemelhada à do Poder Judiciário (ainda que a SPC e o próprio INSS impulsionem o procedimento), mas aqui no RPPC subsiste uma relação bilateral entre a entidade e o ente autuante, notificante e julgador (SPC e CGPC).

Não foi muito feliz o redator quando fala em "regime de previdência complementar", operado pelas entidades fechadas. As EFPC empreendem planos de benefícios, que são muito menos do que regime de previdência. O ordenamento do país só conhece três regimes de direito público básico (RGPS, RPPS e PSSC) e dois de previdência complementar (fechado e aberto).

À evidência, o procedimento administrativo de que trata o RPPC deve vassalagem ao devido processo legal, expressa mediante algumas práticas diuturnas reconhecidas por convergente doutrina nacional.

Além de entendê-lo extensivo também à matéria substantiva, *Aurélio Gonçalves Pariz* o define como "o conjunto de garantias constitucionais que, de um lado, asseguram às partes o exercício de suas faculdades e poderes processuais e, do outro, são indispensáveis ao correto exercício da jurisdição. Essas garantias não servem apenas aos interesses das partes, mas configuram salvaguarda do próprio processo, como fato legitimamente do exercício da jurisdição. Compreende, modernamente, devido processo legal com o direito do procedimento adequado. Não só deve ser conduzido sob o pálio do contraditório, como também deve ser aderente à realidade social e consentâneo com a relação de direito material controvertida" ("O Princípio da Proibição das Provas Ilícitas e dos Direitos Fundamentais", *in* Revista de Direito Social, Sapucaia do Sul: Notadez, 2002, pp. 55/74).

1. Instauração oficial — A formalização do expediente encaminhador das soluções internas reclama providência oficial de certo órgão, ato certamente solene, conforme o caso, com a edição de portaria ministerial do MPS publicada no DOU, designação do servidor que a presidirá, objeto da verificação, prazo da apuração, termo de duração e demais aspectos de uma averiguação intramuros criados pelo Direito Administrativo, que visa a limitar a liberdade humana (RPPC, art. 40).

2. Autoridade competente — A validade desse instrumento persecutório da autoria e da responsabilidade de um comportamento da pessoa física depende de a ação iniciar-se, ter andamento e extinguir-se, movida por pessoa jurídica para isso legalmente autorizada, *in casu*, a Secretaria de Previdência Complementar, baseada no Decreto n. 4.942/03, o seu instrumento legal (RPPC, art. 1º).

3. Publicidade contida — O acusado tem de ter conhecimento de todos os fatos, preservada a privacidade garantida constitucionalmente, sem depoimentos secretos nem razões de segurança ou de Estado que não possam ser restritamente divulgados quanto interessar à apuração (CF, art. 5º, X, XII, XIV e XXXIII).

4. Ciência dos autos — O sujeito passivo da ação estatal tem o direito de acessar todas as informações presentes nos autos que lhe digam respeito, incluindo notícias pertinentes às pessoas envolvidas na averiguação e que interessem à sua defesa e, segundo o art. 3º, II, da Lei n. 9.784/99, o administrado pode ter "ciência da tramitação dos processos administrativos em que tenha a condição de interessado, ter vista dos autos, obter cópias de documentos neles contidos e conhecer as decisões proferidas". Se desejar, ele acompanhará o procedimento desde o início (RPCC, art. 41, § 2º). Até mesmo "o terceiro que comprovar legítimo interesse no processo, ou seu representante legal, terá facultada a vista dos autos na repartição ou o fornecimento de cópias de peças

processuais" (art. 38 da Portaria MPS n. 88/04), logo, os relacionados, os interessados ou os envolvidos, têm ampla liberdade de consulta ao processo, com direito de vista.

5. Legalidade da infração — Somente atos ou fatos previstos na legislação previdenciária complementar serão objeto do procedimento administrativo, circunscritos na lei, no decreto ou em outro ato normativo compatível como fonte formal. De posse dos dados necessários, subsistirá acusação formal, em que descritas as irregularidades, tipificada a ocorrência, indicada a disposição legal infringida, identificando o agente autor, o responsável e a penalidade própria (RPPC, art. 43).

6. Capitulação legal — A possível infração será narrada com clareza no procedimento, sem generalizações, abstrações ou hesitações, de preferência reproduzindo-se a norma (arts. 62 e 63/110 do RPPC).

7. Nexo causal — Carece estabelecer nos autos uma relação lógica direta, unívoca e certa, entre o fato tipificado na legislação e a ação omissiva ou comissiva do agente acusado de tê-lo praticado. Materializado esse procedimento sem que possa atribuí-la ao comportamento de alguém, não há infração a ser sancionada.

8. Amplitude da defesa — A oposição ampla ao alegado não se define apenas como prévia nem como comum, ela é abrangente, a maior possível dentro das circunstâncias, escrita e oral, e até virtual, pessoal ou mediante representação e, uma vez comprovada a identidade do signatário, serve o *e-mail*, se não acarretar prejuízo para a irresignação do acusado, falha procedimental formal não obstará o andamento do expediente (RPPC, art. 35).

9. Efetividade do contraditório — Possibilidade de toda e qualquer afirmação ser confrontada por alegação, arrostada por argumentação ou prova em contrário. Não existe *magister dixit*; quaisquer afirmações, admissões e presunções serão guerreadas com oposições verbais, pareceres doutrinários e acórdãos de jurisprudência, sumulada ou não.

10. Busca da verdade material — O escopo do processo administrativo é perquirir, em cada caso, a verdade real possível de ser alcançada, a qualquer momento admitidas provas novas contundentes ou não, de ambas as partes.

11. Direito de representação — O sujeito passivo da ação persecutória pode ser representado por pessoa habilitada. Para o art. 3º, IV, da Lei n. 9.784/99, ele faz-se assistir, "facultativamente, por advogado, salvo quando obrigatória a representação, por força de lei".

12. Produção de provas — Todos os meios legítimos de prova são admitidos (CF, art. 5º, XXX e art. 45 do RPPC). Conforme o parágrafo único do art. 6º da Lei n. 9.784/99: "É vedada à Administração a recusa imotivada de recebimento de documentos, devendo o servidor orientar o interessado quanto ao suprimento de eventuais falhas". Quando da ciência da acusação, entre outros aspectos, será salientado o direito da produção das provas. As ilícitas são recusadas, não sendo acolhidas também as "impertinentes, desnecessárias ou protelatórias" (art. 36, § 1º, da Portaria MPS n. 88/04).

13. Presunção de inocência — O procedimento deve ser conduzido sob a presunção da inocência do acusado (CF, art. 5º, LVIII), assumindo a SPC o ônus de provar a autoria e de definir a responsabilidade em cada caso.

14. Oitiva de testemunhas — Quando o acusado arrolar testemunhas a seu favor elas serão ouvidas, no número suficiente para a instrução, e quando não falarem a língua pátria, acompanhadas de tradutores, intérpretes e de fonoaudiólogos, caso surdos, mudos ou pessoas com dificuldade de expressão.

15. Aceitação de acareação — Permitido o confronto de depoimentos perante os averiguadores, investigadores ou auditores fiscais, registrando-se por escrito os diferentes depoimentos. Diz o art. 48, § 3º, do RPPC que: "Na hipótese de depoimentos contraditórios ou que se infirmem, o presidente da comissão poderá proceder à acareação entre os depoentes".

16. Requisição de diligências — São válidas diligências externas, de ofício ou requeridas, sobrestando-se o andamento até que sejam concluídas, exceto aquelas manifestamente protelatórias (Decreto n. 70.235/72, art. 18). Quando o interessado declarar "que fatos e dados estão registrados em documentos existentes na própria Administração responsável pelo processo ou em outro órgão administrativo, o órgão competente para a instrução proverá, de ofício, a obtenção dos documentos ou das respectivas cópias" (art. 37 da Lei n. 9.784/99). O art. 54, § 1º, da Portaria MPS n. 88/04 indica boas razões para uma diligência: "melhor instrução do processo, saneamento de vício sanável, cumprimento de normas administrativas ou legislações pertinentes à espécie, devendo preferencialmente ser adotada a diligência prévia, sem que haja prejulgamento".

17. Exeqüibilidade dos prazos — Os prazos devem ser razoáveis, "contínuos e começam a correr a partir da data da cientificação, excluindo-se da contagem o dia do início e incluindo-se o do vencimento" (art. 25 da Portaria MPS n. 88/04), e eles só se iniciam e se findam em dia útil. Se, em cada caso, o prazo para interposição da impugnação é pequeno e incapaz de permitir a ampla defesa, os pedidos de ampliação desses termos têm de ser considerados sob pena de anulação da averiguação.

18. Garantia de instância — Independente do que disser a lei, não podem ser feitas exigências pecuniárias ou de outro tipo que estejam acima da capacidade de cumprimento do acusado. A imposição do depósito prevista nos arts. 14/21 do RPPC deverá ser revista porque intimida o direito de defesa. O pagamento de uma multa de até R$ 10.000,00, como a do art. 61 da Resolução CNPS n. 108/04 é mais razoável do que 30% de qualquer valor, diz *Mauro A. Paiva* ("Fiscalização e Procedimento Administrativo nas Entidades de Previdência Complementar", Seminário da PUC/SP, SP, 2004, pp. 23/24), como é a do Direito Processual do Trabalho.

19. Revisão pela própria administração — Em ato de ofício, a Administração Pública poderá rever todos os atos praticados desde o início da ação persecutória, modificando os procedimentos ultrapassados e até mesmo a decisão final. Segundo o *caput* do art. 54 da Lei n. 9.784/99: "O direito da Administração

de anular os atos administrativos de que decorram efeitos favoráveis para os destinatários decai em cinco anos, contados da data em que foram praticados, salvo comprovada má-fé". O "não conhecimento do recurso não impede a Administração de rever de ofício o ato ilegal, desde que não ocorrida preclusão administrativa" (art. 63, § 2º). De acordo com a Súmula STF n. 473: "A administração pode anular seus próprios atos, quando eivados de vícios que os tornam ilegais, porque deles não se originam direitos; ou revogá-los, por motivo de conveniência ou oportunidade, respeitados os direitos adquiridos, e ressalvada, em todos os casos, a apreciação judicial". Ela pode declarar a "nulidade dos seus próprios atos" (Súmula STF n. 346). A Portaria MPAS n. 4.414/98 previa a avocatória (art. 69), que infelizmente desapareceu e foi substituída pelo Pedido de Revisão (art. 60 da Portaria MPS n. 88/04).

20. Exame de questões prejudiciais — Preliminarmente serão considerados os fatos que afetem a validade do mérito, entre os quais: a) tempestividade da ação e dos recursos; b) ilegitimidade de parte; c) estrito cumprimento do dever; d) reincidência; e) litispendência; f) suspeição; etc.

21. Decadência e prescrição — Decaído o direito de apuração (RPPC, art. 31) ou precluída a ação persecutória (RPPC, art. 32), descabe o prosseguimento do contencioso, se ele se iniciou.

22. Atenuantes e agravantes — Na aplicação da pena devem ser observadas objetivamente as regras legais ou regulamentares relativas às atenuantes e às agravantes, peso específico de cada uma delas, regras de composição e de exclusão (RPPC, art. 23).

23. Consideração pelo arrependimento — A correção da falha pelo acusado deve ser sopesada pelo julgador, cabendo distinguir a tentativa da consumação, mas a aplicação de sanção administrativa ao seu cumprimento não exime o infrator da obrigação pela correção das irregularidades que deram origem à sanção (RPPC, art. 59).

24. Unicidade da pena — Na esfera administrativa, independentemente da punição penal ou do órgão de controle do exercício profissional, para cada infração somente será imputada uma pena ao agente. Na esfera política, o procedimento e sua repercussão no ambiente é um constrangimento que ele tem de assumir; no caso de comprovada inocência, decidirá pela ação reparatória correspondente.

25. Observação dos princípios — Os princípios jurídicos processuais devem ser seguidos, particularmente aqueles que dizem respeito ao Direito Administrativo: celeridade, publicidade, oficialidade, informalidade, gratuidade, etc.

26. Consumação — Exceto se, em razão da gravidade da ação, houver cominação de pena para a tentativa, somente com a sua consumação haverá infração a ser combatida, promovendo-se o registro do *cogitatio* e atos preparatórios para fins de outras modalidades de inibição e correção dos procedimentos.

27. Dúvida insolúvel — Quando não for possível lograr a materialidade do evento deflagrador da averiguação, descobrir-se o autor ou apurar juridicamente o responsável, *in dubio pro misero,* não houve a infração.

28. Impulsionamento isento — A isenção da SPC e dos seus auditores fiscais é absolutamente imprescindível. Para o inciso IV do parágrafo único do art. 2º da Lei n. 9.784/99, a Administração Pública terá "atuação segundo padrões éticos de probidade, decoro e boa-fé".

29. Reabertura do prazo — Sempre que for apresentada prova até então ausente, ambas as partes em dissídio têm o poder de reexaminá-la e, se for o caso, sobrevindo a reabertura do prazo para as impugnações.

30. Processualidade do expediente — O andamento dos autos segue as regras processuais comezinhas, como autuação, apensação, anexação, conexão, continência, desmembramento dos autos (art. 42, parágrafo único, do RPPC), juntada de documentos, arquivamento, etc. O "processo deverá ter suas páginas numeradas seqüencialmente e rubricadas", diz o art. 22, § 4º, da Lei n. 9.784/99. Expressões injuriosas ou desrespeitosas não podem fazer parte dos autos (art. 34 da Portaria MPS n. 88/04).

31. Perfectibilidade da notificação — A intimação das decisões importantes, interlocutórias ou terminativas serão submetidas à parte contrária mediante ciência objetivamente operada; na dúvida, não houve a citação. O art. 28 da Lei n. 9.784/99 diz quais são os atos que devem ser cientificados, entre os quais "imposição de deveres, ônus, sanções ou restrição ao exercício de direitos e atividades e aos atos de outra natureza, de seu interesse". De acordo com o art. 6º, I/III, do RPPC existem três modos de notificação: pessoal, postal e por edital. O art. 23, III do Decreto n. 70.235/72, com a redação da MP n. 232/04, admite a ciência por meio eletrônico.

32. Igualdade das partes — Em virtude de não serem institucionalmente idênticos os pólos da relação (acusador e acusado), todas as pessoas físicas envolvidas têm direito ao mesmo tratamento procedimental.

33. Celeridade na solução — Sem embargo de ser relevante princípio administrativo de interesse público, a rapidez da decisão dos questionamentos faz parte da essência do procedimento.

34. Presença da defesa — Sem a inconformidade não há legitimidade na decisão. Se os envolvidos se recusam a insurgir-se, a administração terá de indicar defensor dativo. Defender-se é direito subjetivo do agente, que o exercitará quando quiser (art. 33 da Portaria MPS n. 88/04).

35. Dependência do Poder Judiciário — A qualquer momento o agente passivo pode interromper, modificar, afetar e anular atos praticados nos autos (como desentranhar provas obtidas ilegalmente), inocentando o acusado e arquivando o procedimento, por decisão do Poder Judiciário. De acordo com o art. 41 da Portaria MPS n. 520/04, "a propositura pelo sujeito passivo de ação judicial, por qualquer modalidade processual, antes ou depois do lançamento, que tenha por objeto idêntico pedido sobre o qual trate o processo administrativo importa renúncia ao contencioso regulado por este ato". Igual se colhe no art. 62 do Decreto n. 70.235/72, com redação da MP n. 232/04 e no art. 32 da Portaria MPS n. 88/04.

36. Obrigação de decidir — A Administração Pública não pode subtrair-se do dever de resolver a pendência a ela submetida (arts. 48/49 da Lei n. 9.784/99) e na hipótese de não lograr tecnicamente os fatos e de ter à sua disposição elementos que induzam uma solução justa, ou refaz a apuração ou determina o arquivamento dos autos.

37. Motivação explicitada — A motivação é fundamental para a ação persecutória (art. 50 da Lei n. 9.784/99), sendo explícita, "clara e congruente, podendo consistir em declaração de concordância com fundamentos de anteriores pareceres, informações, decisões ou propostas, que, neste caso, serão parte integrante do ato" (§ 1º).

38. Gratuidade procedimental — O menor encargo possível será atribuído ao acusado (art. 29, § 2º, da Lei n. 9.784/99).

39. Ônus da prova — No momento da acusação o dever de evidenciar os fatos é da SPC, invertendo-se e tornando-se do acusado se, em defesa, ele também alegar fatos contrários (art. 36 da Lei n. 9.784/99).

40. Indelegabilidade da decisão — Nenhuma decisão pode ser delegada (art. 13 da Lei n. 9.784/99). O poder de compor os conflitos previstos no RPPC pertence ao MPS.

41. Número de instâncias — Não se admitem mais do que três instâncias (art. 57 da Lei n. 9.784/99), a supressão das JRPS em matéria fiscal na previdência básica e a eliminação de um nível contraria a ampla defesa administrativa.

42. Efeitos suspensivo e devolutivo — Exceto quando disposto na norma, o recurso não tem efeito suspensivo (art. 61 da Lei n. 9.784/99). O direito da Administração Pública ou dos fundos de pensão, de suspenderem o pagamento das complementações, em face de sua natureza alimentar, não pode defluir de indícios, suspeitas ou presunções, e só se materializam após transitar em julgado do dissídio.

43. Reconvenção — No contencioso administrativo complementar não há possibilidade de reconvenção. Caso o sujeito passivo da ação sinta-se vítima, ele terá de buscar o meio de obter a devida reparação.

44. Ação regressiva — Eventual exercício do direito de ação regressiva, do prejudicado intentar ação contra aquele que deu causa à autuação, far-se-á em outro processo, administrativo ou judicial.

45. Reincidência da ação — Quando a norma dispuser sobre o assunto, a repetição da infração pela mesma pessoa dentro de um prazo legal, tem de ser considerada pelo julgador (RPPC, art. 23, § 4º).

46. Definitividade da decisão — Todo procedimento tem de alcançar um nível em que experimente decisão terminativa e definitiva e ela se dá quando não couber mais recurso (RPPC, art. 19). De ato do Ministro da Fazenda não cabe pedido de reconsideração (art. 39 do Decreto n. 70.235/72).

47. Duplo grau de jurisdição — A admissão de recursos é absolutamente imprescindível. O poder de admitir ou não o recurso deve caber ao ente *ad quem*

e não ao recorrido (Portaria MPS n. 88/04, art. 29). Não são recomendáveis valores de circunstâncias de alçadas, isto é, decisões das quais não caiba inconformidade, exceto sobre questões de pouca importância. Além das limitações impostas pelo art. 55, § 3º, do PBPS, o art. 142 do RPS exigir que justificação administrativa só possa ser feita quando do pedido de benefício, é nitidamente inconstitucional. Importa que a decisão seja sempre reexaminada por um órgão superior.

48. Fontes jurisprudenciais — Decisões administrativas e judiciais iterativas, sumuladas ou não, devem ser seguidas, devendo ser provocadas pela própria administração ou pelo interessado (Portaria MPS n. 88/04, arts. 61/63), sob estrito dever de observar a súmula vinculante (CF, art. 103-A).

49. Nulidades — Os atos praticados por pessoas incompetentes são nulos de pleno direito (arts. 59/61 do Decreto n. 70.235/72), mas não prejudicam aqueles que são legais, devendo ser declarada a nulidade por autoridade competente. Se a decisão será favorável ao sujeito passivo não há necessidade de declarar a inutilidade de um fato antes praticado (RPPC, art. 35).

50. *Due process law* — O devido processo legal será entendido, admitido e exercitado como a soma de garantias da administração e do administrado. Por isso os elementos probatórios serão considerados nas decisões, cabendo o saneamento, quando for o caso, de possíveis discrepâncias entre as provas produzidas, laudos médicos, atestados, exames complementares e pareceres, a fim de que a decisão seja revestida de plena convicção, com prevalência dos elementos probantes a critério do colegiado (art. 523, § 1º, da Portaria MPS n. 88/04).

CAPÍTULO II

OBJETIVO DO PROCESSO ADMINISTRATIVO

Art. 2º O processo administrativo tratado neste Decreto é o instrumento destinado a apurar responsabilidade de pessoa física ou jurídica, por ação ou omissão, no exercício de suas atribuições ou competências, e terá início com a lavratura do auto de infração ou a instauração do inquérito administrativo.

Parágrafo único. O inquérito administrativo decorrerá da decretação de intervenção ou liquidação extrajudicial, nos termos do art. 61 da Lei Complementar n. 109, de 29 de maio de 2001, do oferecimento de denúncia e representação, bem como de atividade de fiscalização levada a efeito pela Secretaria de Previdência Complementar.

Remissão: art. 61 da LBPC;
Lei n. 9.784/99;
arts. 153/239 do ESPCU;
art. 98 do Decreto n. 81.240/78;
art. 1º do Decreto n. 4.206/02;
arts. 36/39 do RPPC.

Repetindo-se um pouco, o art. 2º informa que: a) tem por objetivo apurar responsabilidade da pessoa física ou jurídica; b) quando elas serão responsabilizadas; c) lavratura de um Auto de Infração pela SPC; e d) da instauração de um inquérito administrativo.

Nesse momento não distingue entre autor e responsável.

Então, do ponto de vista jurídico não é possível qualquer sanção ao gestor ou à entidade sem esse procedimento preambular, embora não descartadas outras providências, como a nomeação do administrador especial (LBPC, art. 42), a intervenção (LBPC, arts. 44/46) e a liquidação extrajudicial (LBPC, arts. 47/66), que são as afetações mais extremas possíveis, algumas de ordem política, que a EFPC pode sofrer.

Logo, descabe a aplicação de qualquer das penalidades previstas no art. 65, I/IV, da LBPC, sem que ocorra a formal apuração da responsabilidade do administrador ou da administração (art. 66 da LBPC).

Como todo procedimento administrativo este deve buscar a verdade material, constante dos autos ou não.

Não é inteiramente verdade o que diz o *caput,* porque o processo visa, também, uma vez caracterizada a responsabilidade, a instruir a pena e sua aplicação. Mas, de todo modo, se é esse o escopo do RPPC, não é o mesmo da SPC, cuja intenção é que o segmento funcione a contento.

Do ponto de vista conceitual fica descartada a possibilidade de tal instrumento prestar-se como modalidade de inibição, ação política, objetivando resultados, fonte de subsistência, meio de retaliação contra pessoas. Não deve servir para forçar situações nem obter desideratos desejados pelo governante que não seja inibir a ação deletéria prejudicial ao desenvolvimento do segmento.

Particularizando os cenários deflagradores da apuração de responsabilidades — inquérito administrativo — o parágrafo único elucida que são quatro as hipóteses: a) denúncia e representação; b) intervenção; c) liquidação extrajudicial; e, principalmente, d) fiscalização da SPC. À exceção da primeira (denúncia e representação), as manifestações da presença dos entes supervisores estão previstas e reguladas na LBPC.

1. Denúncia e representação — Qualquer pessoa, especialmente os participantes, pode informar à SPC sobre a ocorrência de fatos internos ou externos à EFPC que contrariem as LCs ns. 108/01 ou 109/01. Denúncia ou representações são modalidades de *notitia criminis* que deve ser levada em consideração pelas autoridades responsáveis, tema objeto dos arts. 36/39 do RPPC.

2. Intervenção — A intervenção é instituto administrativo real, ato jurídico, fenômeno político, fato econômico e medida da Administração Pública capaz de extinguir relações, gerar situações novas, produzir efeitos práticos inesperados e notáveis conseqüências para os envolvidos. Sua ocorrência na empresa privada desconhece disciplina sistematizada e excetuada a LBPC, inexiste legislação geral incidente.

A Lei n. 6.024/74, uma das poucas editadas sobre o assunto, cuida apenas das instituições financeiras.

Intervenção é ato administrativo vinculado, decretado pelo ente supervisor e autorizado por lei, e operado por profissional habilitado, nomeado como dirigente substituto, para gerir temporariamente todos os negócios da entidade, enquanto persistirem as causas determinantes previamente apuradas, e com vistas à plena recuperação ou futura liquidação ("Comentários à Lei Básica da Previdência Complementar", São Paulo: LTr, 2003, p. 483).

3. Liquidação extrajudicial — A liquidação de uma EFPC consiste na cessação de suas atividades operacionais. Trata-se de processo duradouro, durante o qual sobrevêm certos e definidos efeitos jurídicos (LBPC, art. 49), que, afinal, determinarão sua extinção final, que se dá com a homologação operada pelos entes supervisores (LBPC, art. 53).

Considera-se liquidação extrajudicial a solução técnica, ministerialmente supervisionada, de dissolução da entidade de Previdência Complementar, imposta pela lei e determinada por provocação dos interessados, empreendida por pessoa competente, quando presentes e indiscutíveis as críticas causas que impeçam sua recuperação organizacional, econômica ou financeira, isto é, jacentes ponderáveis motivos que tornem impossível honrar os compromissos previdenciários assumidos com os participantes ou seus dependentes, por meio de agente público profissional nomeado para esse fim e com poderes de gestão, liquidação e representação numa atuação operacional burocrática assemelhada à do interventor, do comissário de concordata ou do síndico de falência. ("Comentários à Lei Básica da Previdência Complementar", São Paulo: LTr, 2003, p. 518).

4. Fiscalização — Como dizia o art. 41, parágrafo único da Lei n. 6.435/77, o Governo Federal tem competência para auditar as EPC. Trata-se de atividade estatal nobre e parte decisiva da supervisão. Sua finalidade é impedir que ocorram distorções internas no sistema, desvios de programação, ilícitos administrativos, gestão temerária, aplicações inadequadas, enfim, contas ou riscos que comprometam o avençado com os interessados (LBPC, art. 41). Embora centrado no procedimento fiscal, *Gabriel Lacerda Troinelli* lembrou linhas gerais a serem seguidas pelo administrador: a) legalidade, oficialidade e verdade material; b) moralidade; c) informalidade; d) eficiência; e e) gratuidade ("Os princípios do processo administrativo fiscal", *in* "Processo Administrativo Fiscal", São Paulo: Edit. Dialética, 1999, pp. 57/78), algumas das quais já tinham sido examinadas por *Aurélio Pitanga Seixas* ("O Processo Administrativo Fiscal e os Princípios de Legalidade, Impessoalidade, Moralidade, Publicidade e Eficiência da Administração Pública", ob. cit., pp. 7/18).

Sérgio de André Ferreira preocupou-se com a distinção entre regulação e fiscalização, esclarecendo que: "Conforme o disposto no art. 37, *caput*, da CF, e no art. 2º e parágrafo único, da Lei n. 9.784, de 29.1.99, sobre processo administrativo federal, as limitações à fiscalização são informadas pelos princípios da legalidade (vinculação à lei), da segurança jurídica (estabilidade das decisões e de seus efeitos, sem retroatividade, vedada ou subversiva eficácia *ex nunc*), da oralidade (probidade e ausência de abusos), da razoabilidade (sensatez, pertinência, racionalidade), da proporcionalidade (adequação e motividade da inter-relação entre meios e fins) e do devido processo legal, com os princípios cognatos da finalidade, atendimento estrito ao interesse público específico que constitui o objetivo que embase a atribuição da competência fiscalizadora e motivação, indicação expressa e circunstância dos pressupostos com rigorosa obediência às garantias substantivas e procedimentais preestabelecidas, entre as quais as da ampla defesa e do contraditório (ciência de eventuais acusações e adequada comunicação dos atos processuais, respeito aos prazos e garantia de produção de razões, de provas e de interposição de recursos)" ("Previdência Complementar e os Limites de Fiscalização e de Regulação", *in* "Fundos de Pensão em Debate", Brasília: Brasília Jurídica, 2002, pp. 100/101).

5. Processo judicial — Os efeitos do processo penal no procedimento administrativo continuam desafiando os estudiosos, sendo certo que se o tema das infrações aqui estudadas for objeto específico de ação judicial, o expediente interno deve prosseguir, mas sobrestado ou arquivado, caso a decisão do Poder Judiciário seja contrária à averiguação ou favorável à SPC. A respeito do assunto, na órbita administrativa, dizia Formulação DASP n. 30: "A absolvição judicial só repercute na esfera administrativa se negar a existência do fato ou afastar do acusado a respectiva autoria".

CAPÍTULO III

AUTUAÇÃO DO INFRATOR

Capítulo II
Do Processo Administrativo decorrente do Auto de Infração

Seção I
Da Lavratura do Auto de Infração

Art. 3º O Auto de Infração é o documento destinado ao registro de ocorrência de infração praticada no âmbito do regime da Previdência Complementar, operado pelas Entidades Fechadas de Previdência Complementar.

Parágrafo único. Em uma mesma atividade de fiscalização, serão lavrados tantos autos de infração quantas forem as infrações cometidas.

Remissão: art. 33, § 7º, do PCSS;
art. 133 do PBPS;
arts. 230, III, 183 e 305 do RPS;
art. 38 do Decreto n. 4.206/02;
arts. 4º/7º da Resolução CGPC n. 12/96;
IN SPC n. 14/97;
itens 12/16 da IN SPC n. 15/97;
art. 7º, I, da Portaria MPS n. 520/04;
art. 3º, *b*, da Portaria MPAS n. 357/02;
arts. 4º/5º do RPPC;
arts. 640/648 da IN SRP n. 3/05.
Parecer CJ/MPAS n. 2.970/03.

Iniciando efetivamente a disciplina da matéria o Decreto n. 4.942/03 enuncia o ato que movimentará a apuração, registrará a ocorrência e dará início à perseguição administrativa da infração: o Auto de Infração — AI. Excetuado o crime de excesso de exação, cabe a subjetividade do Auditor-Fiscal concluir por essa ocorrência ou não conforme detenha os elementos materiais objetivos para isso.

Para a IN SRP n. 3/05 é "o documento emitido privativamente por AFPS, no exercício de suas funções, durante o procedimento fiscal, e se destina a registrar a ocorrência de infração à legislação previdenciária por descumprimento de obrigação acessória e a constituir o respectivo crédito da Previdência Social relativo à penalidade pecuniária aplicada" (art. 640).

O Auto de Infração é documento escrito que observa certa solenidade e que, por sua natureza, reclama estrita formalidade; representará constrangimento ao autor do fato apreciado e para a entidade fechada em que cometido. Por isso tem de ser lavrado com muito cuidado pelo autuante, depois de constatada a certeza objetiva de que houve infringência de certa norma.

Algumas recomendações mínimas são evidentes:

1. Conceito — Trata-se de ato vinculado de inteligência e vontade do agente público expressas em face da ocorrência material que, a seu ver, infringe a legislação previdenciária complementar.

2. Fontes formais — A despeito de sua importância não existem definições legais do que seja um Auto de Infração. Eventuais descrições comparecem em atos menores relativos, ao RGPS ou na previdência complementar fechada e aberta.

3. Existência legal — Não há possibilidade de lavratura de Auto de Infração sem que haja previsão legal para isso.

4. Capacidade do autuante — Mesmo diante da superveniência do fato infracional, somente o agente público para isso qualificado tecnicamente, habilitado funcionalmente e identificado pessoalmente, pode promover a lavratura do AI. Nenhuma outra pessoa ou autoridade detém esse poder, cabendo, quando for o caso, diferentes soluções administrativas ou jurídicas. Se quem o emite não dispõe dessa autorização legal, o documento é nulo. Neste caso somente o Auditor-Fiscal — delegado pela SPC — pode fazê-lo.

5. Prescrição da conduta — Descabe a lavratura do AI, se passados cinco anos entre a ocorrência e a data dessa medida formal extrema, cabendo, quando se justificar, apenas o registro do ocorrido. Se, entretanto, a emissão do documento autuante sucede terá de ser anulada com a interposição da inconformidade ou de ofício, por parte da própria SPC.

6. Previsão legal — Somente os fatos previstos como infracionais no Decreto n. 4.942/03 podem ser objeto da autuação, não cabendo ao agente decidir sobre outras situações (como sucede com a redação do art. 133 do PBPS). Nesse sentido, por sua amplitude, convindo examinar-se com muito cuidado o disposto no art. 110 do RPPC.

7. Vinculação — A lavratura do AI é ato vinculado e o agente público não tem permissão para evitá-lo. Diante da ocorrência, materialidade e autoria, só lhe resta a autuação. Caso esteja em dúvida, poderá sobrestar a autuação, promovendo representação a autoridade superior, ato administrativo que corresponde à consulta, hipótese possível em face de grandes indagações.

8. Materialidade da ocorrência — É preciso provar a ocorrência nos autos, descrevê-la no texto, que não pode postar-se no âmbito da possibilidade, virtualidade, juntando-se, em cada caso, os elementos de persuasão do procedimento. Se a motivação estiver vinculada à apresentação de documentos, será necessário juntar a prova da solicitação.

9. Atualidade temporal — O acontecimento sancionado tem de fazer parte do presente ou do passado, não se reconhecendo que ele possa vir a suceder no futuro, mas atos praticados preteritamente costumam produzir efeitos no futuro, o que não é a mesma coisa.

10. Consumação — Se o sujeito passivo da investigação quedou-se no *cogitatio*, nos atos preparatórios ou na tentativa, caberão outras providências administrativas com o registro do fato, mas não o AI, que reclama a consumação. A norma não prevê, quando possível, punição específica para a tentativa.

11. Autoria da ocorrência — Precisa ficar claro o autor da infração, o agente que operou pessoalmente o procedimento condenado.

12. Responsabilidade pessoal — Também é indispensável ser assinalado o responsável pela ocorrência, na maioria dos casos dos dirigentes coincidindo com o autor.

13. Capitulação legal — É imprescindível consignar a disposição da legislação ofendida, particularmente o artigo do RPPC.

14. Unicidade — Diante de várias infrações cometidas pela mesma pessoa ou por várias delas, impõem-se vários AI.

15. Individualidade — Quando se tratar de mais de um autor da infração, deve ser lavrado um AI para cada um deles.

16. Notificação do prazo para a inconformidade — Carece registrar a possibilidade e o prazo para a Defesa Prévia por parte do autuado.

17. Entrega de cópia — O autuado tem de receber cópia da autuação, mas terão de ser emitidas três vias delas.

18. Número do documento — O AI deve ser numerado previamente pela SPC.

19. Qualidade do texto — Não cabem rasuras ou emendas num AI e a linguagem adotada deve ser escorreita, limpa, clara, preferivelmente sem siglas, usando-se expressões latinas ou estrangeirismos apenas quando cabível e que não constranjam o direito de defesa.

20. Qualificação do autuado — Nome, endereço, cargo, função e qualificação do autuado e quando possível o número do RG e do CPF.

21. Identificação do autuante — Nome, qualificação funcional, número de matrícula do Auditor-Fiscal.

22. Indicação do órgão fiscalizador — Identidade da SPC, com endereço para o protocolo da defesa prévia e do recurso de apelação.

23. Referência a outro AI — No caso de ter havido a lavratura de outro AI no passado que esteja *sub judice* ou ao mesmo tempo, por outra razão, relevará que tal fato seja consignado.

24. Data e assinatura — Data da lavratura e assinatura do autuante, com carimbo oficial.

25. Número de vias — O AI será emitido em três vias ou mais, se necessário.

26. Registro de reincidência — Se o autuante tiver conhecimento de AI anteriores, deverá informar o fato no relatório.

27. Original ou cópia do TIAD — Ocorrendo a solicitação inicial ou seqüencial de documentos, a prova da solicitação fará parte dos autos.

28. Atenuantes e agravantes — Com base no art. 23, I/II, caberá a informação relativa à presença de atenuantes e agravantes.

29. Modelo — A IN SPC n. 14/97 publicou uma cópia do modelo do Auto de Infração (Anexo I).

Segundo o parágrafo único e para tornar mais fácil a instrução do AI, fixação da pena e a defesa do autuado, a cada infração será lavrado um documento específico. O descumprimento dessa norma regulamentar anulará a lavratura *ab initio*, obrigando o Agente Público, se for o caso, a renová-la. A disposição pressupõe, portanto, a possibilidade de, na mesma ocasião, serem lavrados mais do que um AI em relação à mesma pessoa ou EFPC.

CAPÍTULO IV

ELEMENTOS DO AUTO DE INFRAÇÃO

Art. 4º O auto de infração conterá os seguintes requisitos:

I — local e data de sua lavratura;

II — identificação do autuado;

III — descrição sumária da infração;

IV — os fundamentos legais da autuação e das circunstâncias em que foi praticada;

V — identificação da autoridade autuante com cargo ou função, número de matrícula e assinatura; e

VI — prazo e local para apresentação da defesa.

Remissão: art. 5º, LV/LVI, da CF;
art. 33, § 7º, do PCSS;
art. 50 da Lei n. 9.784/99;
art. 10 do Decreto n. 70.235/72;
arts. 4º/7º da Resolução CGPC n. 12/96;
art. 38 do Decreto n. 4.206/02;
art. 3º, *b*, da Portaria MPAS n. 357/02;
IN SPC ns. 14/97 e 15/97;
arts. 640/648 da IN SRP n. 3/05.

O art. 4º enuncia os elementos formais do AI, que ele chama de requisitos. Evidentemente, a ausência de algum deles porá em dúvida a validade da autuação. Noutros casos, quando relevante esse dado, o anulará.

O elaborador do RPPC esqueceu de falar do número do documento, mas o próprio modelo oficial o menciona, condição individualizante. Quando o Diário Oficial da União noticia o resultado da lavratura, ele indica esse número do AI, o do protocolo da inconformidade e outros dados identificadores.

Note-se que a eventual pena não é fixada pelo autor da lavratura do AI e sim pela SPC. No ensejo, vale lembrar o que diz o art. 30 da Lei n. 9.784/99: "Os atos administrativos deverão ser motivados, com indicação dos fatos e os fundamentos jurídicos, quando: I — neguem, limitem ou afetem direitos ou interesses; II — imponham processo ou agravem deveres, encargos ou sanções; III — decidam processo administrativo de concurso ou de seleção pública; IV — dispensem ou declarem a inexigibilidade de processo licitatório; V — decidam recursos administrativos; VI — decorram de reexame de ofício; VII — deixem de aplicar jurisprudência firmada sobre a questão ou discrepem de pareceres, laudos, propostas e relatórios oficiais; e VII — importem anulação, revogação, suspensão ou convalidação de ato administrativo".

Importa que o AI registre o local em que ocorreu a lavratura e a data de sua emissão e a data de sua lavratura.

O ideal é que seja na sede da EFPC, descabendo a medida diretamente na SPC. Exceto na hipótese de não haver clima para isso, quando será encaminhado via postal ou deixado no local, mas ainda assim com menção à sede social centralizadora da autuada (se existirem estabelecimentos centralizados).

A autuação ocorre em relação a duas pessoas: a) uma pessoa física, administrador, patrocinador ou terceiros e b) uma pessoa jurídica, a entidade fechada de Previdência Complementar.

Identificação quer dizer qualificação pessoal do dirigente; conforme o cenário, o seu cargo ou sua função, isso será importante para a composição do dissídio.

Nessas condições, é preciso deixar claro, em cada caso, o nome da pessoa física e razão social da entidade. Ou seja, o autuado tem de ser identificado com precisão e clareza, se possível com a sua qualificação pessoal, funcional e profissional. Não é possível lavrar AI, deixando para futura apuração a identificação do autor da infração. Não se sabendo quem foi a pessoa física não há Auto de Infração.

Logo, o CPF e o RG do autuado, identidade do exercício profissional quando for o caso e o CNPJ da entidade e, sendo possível, a portaria ministerial que a autorizou a funcionar. Até mesmo o número do plano de benefícios, em alguma circunstância, será elemento relevante para a elucidação dos fatos.

O RPPC, no inciso III do art. 4º, fala em "descrição sumária" e o melhor é se dissesse "descrição objetiva da infração". A partir das descrições dos arts. 63 *usque* 110, ele deve especificar em que condição sobreveio o descumprimento da norma, sendo insuficiente, apenas, a menção ao dispositivo regulamentar. Na verdade o que o princípio constitucional da ampla defesa e do contraditório deseja é que o AI se faça acompanhar de um relatório discriminativo dos fatos, com apontamentos relativos às circunstâncias ambientais e uma narrativa sintética, mas clara dos acontecimentos. Eventualmente, com menção à origem das providência *(notitia criminis)*.

Uma descrição excessivamente singela (de um fato complexo) pode se constituir em constrangimento ao direito de defesa e o AI deve ser um instrumento de inibição da infração, mas claramente suscitar o mais amplo direito de defesa.

Alguns responsáveis nunca serão punidos, mas jamais inocentes devem pagar pelo que não fizeram.

Além de tratar dos fundamentos legais da autuação (que confunde matéria adjetiva com substantiva, pois quis dizer capitulação) o inciso IV alude às circunstâncias da autuação.

Com efeito, além de mencionar a base da autoridade para o procedimento da ação, que é a LBPC e o seu regulamento, a autuação deve indicar claramente qual o dispositivo ofendido, sob pena de nulidade.

A partir da capitulação, devem ser mencionadas as circunstâncias em que o fato ocorreu com vistas ao disposto no art. 23 do decreto (que trata de atenuantes e agravantes). As circunstâncias da autuação não se confundem com as circunstâncias da atuação. Dão-se exemplos singelos como referências à fiscalização, à intervenção, à liquidação extrajudicial ou outras que cooperarem na identificação do momento, motivo e causa da autuação.

O agente público autuante terá de ser identificado, com o registro de seu cargo ou função, número de matrícula, assinatura e carimbo oficial do MPS. Quem autua não é a SPC e, sim, uma pessoa física, o Auditor-Fiscal.

Por último, o inciso VI trata mais de perto do direito de defesa, consignando que o AI deve dizer claramente o prazo para essa inconformidade e o local em que deva ser protocolado. Terá de escrever sobre o termo do prazo, se ele já não fizer parte do modelo e indicar em que órgão deverá ser protocolada a defesa prévia.

CAPÍTULO V

NÚMERO DE CÓPIAS

Art. 5º O Auto de Infração será emitido em tantas vias quantas necessárias, sendo uma destinada à instauração do processo administrativo, uma à notificação de cada autuado e outra à Entidade Fechada de Previdência Complementar.

Remissão: Lei n. 9.784/99;
LEF (Lei n. 6.830/80);
art. 10 do Decreto n. 70.235/72;
Resolução CGPC n. 12/96;
item 14 da IN SPC n. 15/97;
arts. 640/648 da IN SRP n. 3/05.

No comum dos casos, quando a infração disser respeito a apenas uma pessoa, física ou jurídica, devem ser emitidas cópias idênticas do mesmo Auto de Infração. Carbonadas, se for o caso. Ocorrendo mais de uma infração cometida pela mesma pessoa, física ou jurídica, será elaborado o número necessário para que todos tomem conhecimento dos fatos.

A primeira delas, com ou sem a assinatura do recebimento por parte do autuado, integrará o expediente administrativo que seguirá logo após a lavratura. Serão os autos que incorporarão as provas, as informações, os despachos, as inconformidades e a decisão final. Nada impede que a SPC guarde cópia arquivada por medida de segurança, tornando possível a reconstrução *ab initio* do expediente.

Uma segunda cópia pertencerá à pessoa autuada que, por sua vez, com ela iniciará dossiê de acompanhamento da instrução, desenvolvimento e final arquivamento dos autos.

A terceira, ainda que o Auto de Infração tenha sido lavrado contra uma pessoa física, será de propriedade da entidade em que se deu a infração que, também por sua vez, perfilhará o desenvolvimento do expediente.

Evidentemente, no caso de pluralidade de sujeitos passivos da ação persecutória, serão lavrados tantos AI independentes quanto os autores. E pode darse de cada um desses agentes ter cometido mais de uma infração, aumentando o número de cópias.

As defesas prévias, os recursos, memoriais enfeixarão os autos dos procedimentos encaminhados à autoridade superior, capeando a primeira via (que é a cópia da SPC).

Exceto querendo designar de várias vias quando da multiplicidade de autores, o que não é correto, não tem sentido falar em “tantas vias quantas necessárias”, porque o número é naturalmente limitado a três. Trata-se de ato excepcional, ainda que comum, a ser instruído, respeitada a individualidade e a privacidade das pessoas, sem motivo para ser entregue via ou cópia ao Conselho Fiscal ou Conselho Deliberativo da EFPC.

Claramente, a qualquer momento, especialmente quando de extravio, os interessados poderão requerer cópia xerox dos autos para conhecimento ou defesa dos seus direitos. Sendo possível e sem prejuízo para as partes, o processo pode ser informatizado e tornar-se virtual.

CAPÍTULO VI

NOTIFICAÇÃO DO AUTUADO

Art. 6º A notificação realizar-se-á:

I — por via postal, comprovando-se sua entrega pelo aviso de recebimento ou documento similar com mesma finalidade, emitido pelo serviço postal;

II — mediante ciência do autuado ou do seu representante legal, efetivada por servidor designado, ou, no caso de recusa, de aposição de assinatura em declaração expressa de quem proceder à notificação; ou

III — por edital, publicado uma única vez no Diário Oficial da União, se frustradas as tentativas de notificação por via postal e pessoal, ou pela constatação de estar o autuado em lugar incerto ou ignorado, devendo constar do edital o termo inicial para contagem do prazo para apresentação de defesa.

§ 1º Se o autuado tomar ciência do auto de infração antes de receber a notificação, o prazo para a apresentação da defesa será contado a partir da referida ciência.

§ 2º A entrega do auto de infração a procurador exige juntada de procuração com poderes para receber notificação, podendo ser a cópia desta autenticada pelo servidor à vista do original.

Remissão: Lei n. 9.784/99;
LEF (Lei n. 6.830/80);
art. 11 do Decreto n. 70.235/72;
arts. 9º/10 do RPPC;
art. 26 da Portaria MPS n. 88/04;
art. 4º, § 2º, da Resolução CGPC n. 12/96.

O art. 6º regula as três modalidades de intimação do autuado e uma vez ocorrida a notificação, dessa data conta-se o prazo para a defesa (RPPC, arts. 9º/10). O formalismo da autuação mantém-se no tocante à ciência do autuado, e caso desatenda a um dos três incisos poderá pôr a perder a validade do AI.

Citando-a em primeiro lugar, curiosamente, o Decreto n. 4.942/03 elege a notificação postal como mais importante que a ciência pessoal (inciso I).

Deveria ser o contrário, como sucede tradicionalmente, com a lavratura de AI e NFLD, em que a comunicação postal ou por edital somente sobrevém diante da recusa do recebimento pessoal no ato da lavratura e na sede do autuado.

À evidência o trâmite da autuação deverá observar, minuciosamente, os princípios processuais e procedimentais, em particular o devido processo legal, de tal sorte que, qualquer que seja o motivo, a falta de notificação torna ineficaz a autuação.

Discute-se, neste ensejo, a validade da notificação quando não constar dos autos a prova material da intimação, mas o autuado, tempestivamente, protocolou a inconformidade. Se a defesa prévia ou o recurso de apelação, então apresentados, não foram genéricos, mas evidenciaram corretamente o conhecimento dos elementos fundamentais do AI, ter-se-á que a notificação produziu os efeitos, ou seja, não constrangeu o direito de defesa e assim se tornará aperfeiçoada. Entretanto, caso não tenha sucedido, o sujeito passivo da ação, a qualquer momento, poderá alegar o desconhecimento dos fatos.

Como antecipado, o inciso I, que deveria ser o II (que disciplina o mais comum dos casos), dispõe sobre a notificação por via postal, ou seja, aquela promovida mediante os serviços dos correios.

O administrador previu a citação pessoal, eventualmente pensando que ela ocorra dentro do ambiente da EFPC, mas isso também poderá dar-se em outro lugar, como no seu domicílio.

Na falta da ciência por escrito, aposta no próprio AI, a prova de que houve a notificação será aquela que os correios apresentarem (aviso de recebimento). Se o autor da infração, de alguma forma se recusar a assinar o documento postal ou não for possível aceitar a declaração dos correios, a comunicação será feita por edital (inciso III).

A modalidade mais comum de ciência é a entrega ao AI a quem de direito, que dele tomará conhecimento, não significando que esteja concordando com os seus termos, mas apenas que o recebeu.

O conhecimento também pode dar-se na pessoa do procurador ou representante legal, devendo o notificante declarar o fato e apensar a procuração.

Por último, o RPPC prevê o edital e será publicado no DOU, somente possível se não logradas as hipóteses anteriores (incisos I/II). Como se vê do texto, nestas circunstâncias atípicas dele deverá constar o prazo para a defesa. Na sua ausência, a notificação restará ineficaz (se isso for alegado pelo autuado).

Prevendo a razoável hipótese de o autuado ficar sabendo da autuação logo após a lavratura do AI e tendo em vista que previu a notificação conforme o inciso I, o § 1º adota como início do prazo para a inconformidade esta primeira data, ou seja, da intimação nos autos.

Finalmente, o § 2º prevê a hipótese de o autuado ter constituído procurador para receber a notificação, ato de delegação específico. Neste caso, a procuração fará parte da instrução da decisão, mesmo sendo por cópia autenticada pelo Auditor-Fiscal.

Assinado o conhecimento por procurador, se dos autos não existir a prova da existência da procuração a notificação será igualmente invalidada (caso alegado pelo autuado).

CAPÍTULO VII

APRESENTAÇÃO DE DOCUMENTOS

Art. 7º Será lavrado o auto de infração decorrente do não-atendimento de requisição de documentos ou de informação formalizada pela Secretaria de Previdência Complementar, ou ainda por sua apresentação deficiente ou incompleta.

Parágrafo único. A requisição prevista no *caput* deverá ser formulada por escrito, com antecedência de, pelo menos, três dias úteis.

Remissão: art. 33, § 7º, do PCSS;
art. 10 do Decreto n. 70.235/72;
arts. 3º, 94 e 110 do RPPC;
Resolução CGPC n. 12/96;
arts. 591/592 e 640/648 da IN SRP n. 3/05;
Súmulas STF ns. 346 e 390.

Inadequadamente, sob capítulo equivocado, que trata do processo em si e não das infrações, relatadas nos arts. 63/110, o art. 7º descreve uma punição que diz respeito às relações entre o Auditor-Fiscal e a entidade.

Diferentemente das 48 hipóteses dos aludidos arts. 63/110, não há fixação da natureza da penalidade. A SPC terá de hierarquizar as quatro hipóteses do art. 22 e, se não for o caso do art. 94, iniciando-se com a advertência ou servir-se do art. 110 do RPPC.

No início da fiscalização, é obrigação ordinária do Auditor-Fiscal notificar a entidade para que apresente os documentos a serem examinados ou que preste as informações solicitadas. Trata-se de ato formal, uma espécie de TIAD — Termo de Intimação para Apresentação de Documentos (IN SRP n. 3/05, art. 592).

Tal notificação observará praticamente a mesma formalidade do AI, ou seja, identificará o intimado, relatará quais os documentos ou informações desejados e o prazo para apresentação (três dias). Evidentemente, aqueles referentes à sua capacidade de fiscalização naquela entidade, conforme diz o § 3º do art. 592 da IN SRP n. 3/05, tomado por analogia: "Deverá constar do TIAD, se for o caso, a intimação para que o sujeito passivo libere ao AFPS documentos com vistas à extração de cópias reprográficas ou, se o sujeito passivo preferir, forneça as cópias necessárias à instrução do processo a ser instaurado".

Essa notificação não tem de ser necessariamente una, podendo ser reeditada no curso da inspeção, uma vez que sejam necessários novos elementos.

A autuação ocorrerá quando da não apresentação e até mesmo na hipótese de apresentação deficiente, isto é, falha ou insuficiência.

Pela oportunidade vale lembrar que: "Estão sujeitos à fiscalização tributária ou previdenciária quaisquer livros comerciais, limitado o exame aos pontos objeto da investigação" (Súmula SFT n. 349) e que "A exibição judicial de livros comerciais pode ser requerida como medida preventiva" (Súmula STF n. 390).

Diz o parágrafo único que a exigência será feita por escrito e dentro de um (curto) prazo de três dias para a apresentação. A exigüidade do tempo contraria o bom senso; às vezes, os dados a serem examinados devem ser buscados nos arquivos da EFPC e isso pode demandar um tempo maior. O prazo mínimo deveria ser de dez dias. Não se consideraria insurgência pedir a sua prorrogação dos três dias.

CAPÍTULO VIII

MODELO DO AUTO DE INFRAÇÃO

Art. 8º O auto de infração observará o modelo a ser definido pela Secretaria de Previdência Complementar.

Remissão: art. 293 do Decreto n. 3.048/99;
arts. 3º/7º do RPPC;
IN SPC n. 2/04;
arts. 640/648 da IN SRP n. 3/05.

É tradicional na Administração Pública a elaboração de modelos, impressos e formulários a serem adotados pelos servidores e administrados. Embora esse cuidado unificador não seja da essência de todos os atos jurídicos, essa formalidade contribui para padronizar os procedimentos, unificar as idéias, expressá-las mais clara, sintética e objetivamente e, em alguns casos, de dar cumprimento à lei. O simples preenchimento dos claros, quadrículas e espaços indica ao servidor a necessidade dessa ou daquela informação.

Quando a administração assim age, como aconteceu com o PPP (Anexo XV da IN INSS/DC n. 118/05) — lembrando-se a falta de modelo para o perfil profissiográfico (Medida Provisória n. 1.523/96) — reveste o ato de uniformização e isso passa a fazer parte da sua essência. Até a véspera da vigência do Decreto n. 4.942/03, quando o tema não estava disciplinado era possível adotar outro modelo, mas depois de sua publicação a ausência do formulário oficial anula o ato.

Quer dizer que uma vez desenhado o Auto de Infração pela SPC, ele perderá eficácia se não atendido o padrão, de tal sorte que o Auditor-Fiscal se sujeita à observância do que for estabelecido na norma que o regule.

Visando a uniformizar procedimentos e facilitar a tarefa do agente público que lavrará o documento, a SPC reservou-se o direito de modelá-lo com os quadros necessários que, *per se*, indicarão quais aqueles que têm de ser preenchidos. Embora a IN SRP n. 3/05 discipline o AI no seu art. 640 para fins do RGPS, não apresenta modelo (nem da NDFG). Embora o mencione em seu art. 293, o RPS também não tem modelo.

Provavelmente basear-se-á na experiência do INSS, que há muito tempo desenhou esse formulário e o mandou imprimir.

O art. 640, § 1º, da IN SRP n. 3/05, trazido como referência, indica dados mínimos do AI: a) identificação do autuado; b) dispositivo legal infringido; c) valor e dispositivo legal da multa aplicada; d) local; e) data; e f) hora da lavratura.

CAPÍTULO IX

DEFESA PRÉVIA

Seção II

Da Defesa

Art. 9º O autuado poderá apresentar defesa à Secretaria de Previdência Complementar, no prazo de quinze dias, contado da data do recebimento da notificação, indicando:

I — a autoridade a quem é dirigida;

II — a qualificação do autuado;

III — os motivos, de fato e de direito, que sustentam a defesa; e

IV — todas as provas que pretende produzir de forma justificada, inclusive o rol de eventuais testemunhas.

Parágrafo único. Para cada auto de infração poderá ser apresentada defesa em conjunto ou separadamente, se forem dois ou mais os autuados.

Remissão: art. 5º, XXXIV, *a/b* e LV, da CF;
arts. 65, §§ 1º/2º e 66 da LBPC;
art. 126 do PBPS;
art. 305 do Decreto n. 3.048/99;
art. 4º, II e § 3º, da Resolução CGPC n. 12/96;
IN SPC n. 14/97;
itens 12 e 17 da IN SPC n. 15/97;
art. 44 do RPPC.

Quando o art. 9º inicia o seu discurso, ele deixa solarmente claro que o sujeito passivo da ação tem a liberdade de contestar ou não a autuação, o que é óbvio, mas sempre necessário esclarecer. Entretanto, não se deu ao trabalho de especificar quais as conseqüências da omissão do acusado. Não apresentada impugnação, ato contínuo, certamente a SPC promoverá emissão da Decisão-Notificação (art. 12), reabrindo a discussão da validade do AI, em termos de recurso de apelação.

A inconformidade cabível, conhecida como defesa prévia, porque a insatisfação decorrente da Decisão-Notificação não deixa de ser uma forma geral de irresignação que, em face de sua natureza, deve ser designada como recurso de apelação.

Defesa prévia é o ato jurídico administrativo formal escrito, mediante o qual a pessoa demonstra sua discordância em relação à autuação, em parte ou na totalidade dos fundamentos trazidos à colação pelo Auditor-Fiscal, conforme as razões de direito e as provas materiais, periciais, documentais e testemunhais a seu favor, opostas dentro do termo do ato ou posteriormente. Não têm de ser necessariamente todas as razões ou provas, embora se recomende que as exiba e as junte caso as possua, podendo protestar por memoriais, juntada de novos documentos, pareceres e perícias que operem na linha defensiva.

Ela conhece praticamente a mesma natureza e estrutura do recurso de apelação, ou seja, consiste numa insatisfação do autuado em relação à autuação, devendo ser expressa mediante articulação ordenada, sistemática e fundada dos motivos que o levam a crer que o AI é indevido, ou seja, improcedente ou insubsistente e que deve ser arquivado, pondo fim à ação persecutória da SPC.

Por isso ela comporta, *ab initio*, preliminares de variada ordem: a) de direito; b) ilegitimidade do autuante; c) ilegitimidade das partes; d) decadência; e) protesto pela juntada de memorial e outras questões prejudiciais que inquinem o documento de ilegalidade.

Preliminar de direito comum diz respeito ao exíguo prazo para apresentação da defesa prévia, uma vez que, por variados motivos (até pelo tempo que o Auditor-Fiscal possa ter demorado para a apuração), a prova a favor do autuado demandará mais do que o tempo fixado pelo decreto. Exemplificativamente, preliminar freqüente é o constrangimento do direito de defesa, como a não descrição correta dos fatos precedentes, da infração ou a falta da capitulação.

À evidência, a despeito de sua natureza preliminar no contencioso administrativo ele perfilhará os fundamentos do devido processo legal.

Basicamente, a defesa prévia compõe-se de vários elementos:

1. Destinatário — A quem será dirigida, ou seja, à SPC, nada obstando ser protocolada num órgão local para ser encaminhada ao órgão central original (e até mesmo via postal). Se por qualquer motivo o MPS, facilitando as coisas num país continental, criar divisões regionais elas serão capazes de acolher o documento, ainda que a solução do dissídio centralize-se em Brasília.

2. Qualificação — Identificação do autuado, pessoa física ou jurídica, com a enumeração de alguns dados pessoais como o cargo ou a função, números do CPF, do RG e do órgão de controle do exercício profissional, compreendendo mesmo o domicílio do signatário.

3. Tempestividade — Respeito e menção ao cumprimento do prazo e na hipótese de fundado não atendimento desta preliminar, o motivo de força maior determinante (a ser apreciado em sua intensidade, eventualmente não só pela SPC como pelo CGPC).

4. Histórico — Narrativa dos acontecimentos que precederam a autuação, com alusão à denúncia ou à representação e atuação do Auditor-Fiscal na sede da EFPC.

5. Narrativa — Reprodução das partes principais do relatório e discriminativo, objeto da contestação.

6. Preliminares — Quando for o caso, a enunciação das preliminares requeridas, com exposição dos motivos que as fundem em cada caso e cada uma das questões prejudiciais suscitadas examinadas em particular.

7. Protestos — Consignação das irresignações a serem efetivadas *a posteriori*, como a juntada de novos documentos, oitiva de testemunhas e pesquisa de jurisprudência.

8. Mérito — Num ato de inteligência coesa, vontade expressa e articulação sistemática, a essência dos argumentos jurídicos e das provas, num texto enxuto, objetivo e claro, ainda que acrescido de citações doutrinárias e jurisprudência administrativa ou judicial e quando apoiado em prova material, a sinalização de cada uma delas, com menção às páginas em que situadas.

9. Provas — Registro e materialização das provas apresentadas.

10. Fontes — Fundamento das razões expendidas, que pedem juízos pessoais, encaminhamentos doutrinários, decisões jurisprudenciais ou de outra ordem.

11. Pedido — Solicitação de insubsistência ou improcedência do AI e seu pronto arquivamento.

12. Anexos — Registro dos documentos apensados.

13. Procuração — Original do mandato, se o signatário não for o autuado, acompanhada de dados profissionais do advogado, com número de identificação na OAB seccional.

O prazo para a apresentação da defesa prévia, que consiste em seu protocolo, é de 15 dias, improrrogáveis, contado do dia seguinte ao da intimação. O ideal é que o protocolo se faça no corpo da primeira via da defesa prévia e que o autuado, por sua vez, organize um dossiê enfeixando tudo o que disser respeito à autuação, cópia da Decisão-Notificação, recurso de apelação e sentença final do CGPC. Prosseguindo, se for o caso, com elementos do processo judicial.

Conforme o inciso I, a defesa prévia deve ser destinada e encaminhada ao ente supervisor fiscalizador da Previdência Complementar fechada, que é a SPC, dirigida preferivelmente ao Secretário da Previdência Complementar, mais ao cargo do que ao titular.

Na página de abertura da inconformidade, depois da identificação da autoridade recorrida, inicia-se a qualificação do autuado, pessoa física ou jurídica (entidade), com os dados identificadores como nome, endereço, CEP, RG e CPF.

Em relação à entidade, o CNPJ, quem assina o documento e menção à Portaria Ministerial que a autorizou a funcionar.

A parte essencial da defesa prévia, como indica o inciso III, suscitará os argumentos jurídicos com as fontes formais que sustentam as razões da sua insatisfação. Este é o momento de expor seu pensamento, contrapondo-se aos fundamentos do AI, entendendo-se que para alguns autores, se forem parciais, haverá admissão dos fatos e razões não contestados, o que equivalerá a uma confissão.

Importa, agora, conhecer o direito substantivo, a norma positivada, principalmente a LBPC, mas também o disposto no art. 40, §§ 14/17 e art. 202 da Constituição Federal.

Por último, as provas, isto é, os documentos ou depoimentos testemunhais escritos ou a serem prestados verbalmente. Principalmente registros contábeis ou escriturais, notas fiscais, contratos, pareceres internos ou externos, notas técnicas de atuários, declarações, perícias, fotografias, exames grafotécnicos ou documentoscópicos, etc., enfim, todos os meios legítimos de persuasão admitidos em Direito. Neste espaço, o rol de testemunhas.

O parágrafo único deixa claro que preferivelmente, quando mais de um AI, deverem ser apresentadas tantas defesas prévias quanto forem as autuações. Cada autuado, se ocorreu uma autuação múltipla, poderá se irresignar coletivamente, caso a causa tenha sido a mesma; recomendando-se a individualidade se for o contrário.

CAPÍTULO X

INTEMPESTIVIDADE DA INCONFORMIDADE

Art. 10. A defesa apresentada fora do prazo não será conhecida.

Remissão: art. 63, I, da Lei n. 9.784/99;
art. 29 da Portaria MPS n. 88/04;
art. 32 da Portaria MPS n. 4.414/98;
art. 23 da Portaria MPAS n. 357/02;
art. 27 da Portaria MPS n. 520/04;
art. 9º do RPPC.

O autuado tem 15 dias de prazo para apresentar a defesa prévia (art. 9º). Fora desse termo ela será considerada intempestiva e tecnicamente não conhecida. Nestas condições, em tese, ela deixará de ser apreciada.

Diante da intempestividade, que é uma questão prejudicial para a defesa, de nada adiantará o defendente ter razões, que é uma construção jurídica severa, mas necessária à ordem do contencioso administrativo.

A não apresentação da defesa prévia ou sua apresentação fora do prazo abre espaço para discussão doutrinária. Para a Administração Pública, ora cabe a lavratura imediata da Decisão-Notificação (quando, de fato, reabre-se o prazo para a discussão do mérito), ora cabem as conseqüências imediatas da coisa julgada no contencioso administrativo, isto é, aplicação da penalidade. O problema é comum à falta de defesa prévia em relação à NFLD e AI do RGPS, em matéria de previdência básica.

À luz do art. 5º da Constituição Federal e tendo em vista a preliminaridade que caracteriza a defesa prévia, deve prevalecer o entendimento de que a única sanção cabível é o estreitamento dos prazos e a perda da instância por parte do autuado, ou seja, pena procedimental, sem prejuízo do direito subjetivo de defender-se por ocasião da Decisão-Notificação, com os desdobramentos inerentes a este estágio da perseguição ministerial. Logo, descabendo deste o prazo de 15 dias, ter-se-á por concluída a instrução da penalização.

Segundo a Portaria MPS n. 88/04, cabe ao CRPS decidir sobre a tempestividade da irresignação do contribuinte ou segurado e saber se ela deve subir ou não. Igual critério poderia ser adotado pelo CGPC em relação àquele que interpôs a defesa prévia ou o recurso de apelação fora do prazo, analisando as razões do autuado ou da EFPC.

A defesa apresentada fora do prazo merece considerações, particularmente sob o postulado da busca da verdade real que instrumentaliza o processo administrativo. Quando da emissão da Decisão-Notificação, se patente, evidente e indiscutível a prova contrária à infração, ela deverá ser sopesada.

CAPÍTULO XI

COMPETÊNCIA DA SPC

Seção II

Do Julgamento e da Decisão-Notificação

Art. 11. Compete ao Secretário da Previdência Complementar julgar o auto de infração.

Remissão: art. 8º da Resolução CGPC n. 12/96;
item 1 da IN SPC n. 14/97;
itens 18/19 da IN SPC n. 15/97;
art. 13 do RPPC.

Diz o item 1 da IN SPC n. 14/97 que "Decisão-Notificação-DN é o documento pelo qual se dará ciência à entidade do julgamento do Auto de Infração lavrado pela fiscalização ou pelas áreas técnicas da Secretaria da Previdência Complementar — SPC e da aplicação da penalidade, se for o caso — Anexo II".

Uma vez apresentada a defesa prévia, ou não, prossegue o exame da matéria, ainda submetida a uma análise monocrática, que é a decisão da SPC.

Quem aprecia a lavratura do Auto de Infração — podendo espontaneamente torná-lo insubsistente ou improcedente — e as razões da defesa prévia é pessoalmente o titular da SPC. Isso faz do Secretário, além de dirigente, um órgão controlador dos atos praticados pela administração, por assim dizer um julgador sem ser magistrado.

Sua tarefa é especialíssima, sopesar os fundamentos da autuação e da defesa, os motivos do autor e do réu da perseguição administrativa, considerar as razões jurídicas, a ênfase fática, as provas materiais apresentadas. Se for o caso, ouvir os depoimentos testemunhais. E, ao final, decidir, de regra inicialmente conhecendo da defesa prévia e, em seguida, dando ou não provimento.

Substancialmente essa decisão conhece as seguintes hipóteses:

1. Conhecimento — Trata-se de providência preliminar decorrente do exame dos pressupostos procedimentais, quando reconhecido o direito à defesa prévia, ou seja, ausência de questões prejudiciais, observância da tempestividade, legitimidade das partes, suspeição ou impedimento, etc.

2. Não conhecimento — Contrariamente, consiste na resistência ao conhecimento, fundado em algum motivo de ordem procedimental.

3. Provimento parcial — Conhecida a defesa prévia, acatamento das razões da defendente em relação a certa parte da autuação e rejeição em relação às demais partes. Na hipótese, o recurso de apelação que se seguirá diria respeito tão-somente à parte rejeitada.

4. Provimento total — Conhecida a defesa prévia, o acolhimento dos argumentos em relação a toda autuação, seguindo-se a determinação no sentido do arquivamento do processo, entendendo-se que o MPS não deverá argüir a matéria no Poder Judiciário.

5. Negar provimento — Conhecida a defesa prévia, não acolhimento das razões, seguindo-se a Decisão-Notificação, da qual caberá recurso ao CGPC (art. 13).

6. Baixar em diligência — Não se trata de julgamento e, sim, de providência administrativa instrutória, mediante a qual a SPC solicita maiores esclarecimentos por parte da Auditoria-Fiscal ou do autuado, para posterior decisão.

7. Anular o AI — Decisão administrativa, solicitada ou não na defesa prévia, fundada em impropriedade da lavratura do documento em que determina o arquivamento dos autos.

CAPÍTULO XII

DECISÃO-NOTIFICAÇÃO

Art. 12. A decisão-notificação é o documento pelo qual se dá ciência ao autuado do resultado do julgamento do auto de infração.

§ 1º Integra a decisão-notificação o relatório contendo resumo dos fatos apurados, a análise da defesa e das provas produzidas.

§ 2º O autuado tomará ciência da decisão-notificação, observado o disposto no art. 6º deste Decreto.

Remissão: art. 65, § 2º, da LBPC;
art. 126 do PBPS;
art. 30 da Portaria MPS n. 88/04;
art. 3º da Portaria MPAS n. 357/02;
art. 6º da Portaria MPS n. 520/04;
art. 8º da Resolução CGPC n. 12/96;
itens 18/19 da IN SPC n. 15/97;
arts. 293 e 305 do RPS;
Resolução CNSP n. 60/01;
arts. 6º e 11 do RPPC.

Depois de definir que é a SPC quem julga o Auto de Infração (art. 11), neste art. 12, o RPPC dispõe sobre a Decisão-Notificação-DN, instituto técnico de larga experiência no RGPS, fazendo parte do contencioso administrativo fiscal previdenciário há muito tempo. De tal sorte que remissões às normas do INSS em matéria de cobrança administrativa de contribuições serão úteis.

Ab initio, diz o *caput* que a DN é o documento pelo qual a SPC dá ciência do julgamento do AI. Ela assume esse papel, mas é mais do que isso, porque é também o momento em que a SPC aprecia a Defesa Prévia do autuado e toma a decisão de manter o resultado da ação fiscal, corroborando o AI (ou não).

Em melhor redação dizia o art. 3º da Portaria MPAS n. 357/02, ser "o ato pelo qual a autoridade competente *decide* o litígio instaurado pela impugnação do sujeito passivo, nos casos de: a) lançamento de débito; b) auto-de-infração; c) informação fiscal de cancelamento de isenção" (grifo nosso).

Melhor ainda é o art. 6º da Portaria MPS n. 520/04 que fala em "ato pelo qual a autoridade competente decide o litígio instaurado pela impugnação do sujeito passivo em face de Notificação Fiscal de Lançamento de Débito, Auto de Infração ou Informação Fiscal de Cancelamento de Isenção", esclarecendo que a DN será emitida "na homologação ou no julgamento de auto de infração sem impugnação" (alínea *a*).

Já dissemos que é documento formal, de emissão da DRRF, numerado e datado, espécie de despacho saneador do comportamento fiscal até então. Promovidas ou não revisões, acatadas ou não as razões e as provas da defendente, ela aperfeiçoa o lançamento fiscal. Nesse documento, o titular aprecia, de sua parte, sumariamente, as razões da defendente e do FCP, concluindo, ao final, pela: a) insubsistência; b) improcedência; c) manutenção total; d) manutenção parcial ("Curso de Direito Previdenciário", Tomo II — Direito Previdenciário Procedimental, São Paulo: LTr, 1998, p. 63).

A redação do Decreto n. 4.942/03 proveio do art. 8º da Resolução CGPC n. 12/96, que falava em ser o documento mediante o qual a SPC "encaminhará, às partes, sua decisão acerca do julgamento do objeto do auto de infração, da representação ou denúncia positiva" e, de certa forma, também copiando a introdução da IN SPC n. 14/97 que insiste em ditar que é apenas meio de comunicação, esquecendo da decisão a ser notificada. Fato repetido no art. 20 da IN SPC n. 15/97. O próprio título diz que ele é decisão e notificação e não apenas notificação.

A Decisão-Notificação assemelha-se à sentença ou acórdão. Ato de inteligência e vontade de um autor. Com seu entendimento, formulação e redação, a SPC consolida o Auto de Infração, e resolve mantê-lo (ou não). Gesto solene, formal, numerado, instante específico do procedimento administrativo. Muitos tributaristas entendem que a DN é o início da contenciosidade fiscal administrativa. Nessa condição, a decisão reclama formalismo, observados alguns itens:

1. Ente emissor — A lavratura da DN cabe ao titular da SPC. Trata-se de ato monocrático intransferível, como é também singular a autoria do Auto de Infração que o deflagrou.

2. Modelo da DN — A exemplo do art. 8º do Decreto n. 4.942/03, quando cuida do AI, a norma não fala em modelo para a Decisão-Notificação, mas nada impede que a SPC padronize o documento.

3. Identificação do autuado — O notificado terá de ser perfeitamente identificado, com a qualificação da entidade autuada, CNPJ, domicílio comercial, etc. e em se tratando de pessoa física, com o RG e o CPF.

4. Capitulação da infração — A ocorrência objeto do AI terá de ser identificada com o artigo da LBPC ou de outra norma e especialmente o dispositivo do RPPC ofendido e a reprodução do seu texto.

5. Referência ao AI — O número e a data de lavratura do AI são importantes, até mesmo o número de protocolo que o dossiê assumiu na sua tramitação administrativa.

6. Razões da irresignação — A DN consignará a existência da Defesa Prévia, sopesando os seus argumentos que impugnem o AI.

7. Provas apresentadas — Serão apreciadas e confrontadas as provas materiais, periciais ou documentais trazidas à colação.

8. Decisão fundamentada — Instruída a DN, qualquer que seja a resolução tomada pela SPC, a decisão será fundamentada com razões de direito, princípios e dispositivos legais.

9. Resultado — De modo geral a DN poderá: a) manter o AI; b) rejeitar a autuação; c) anular todo o expediente; ou d) baixar em diligência para maiores esclarecimentos, etc.

10. Data e assinatura — Finalmente, a DN será datada e assinada.

Assevera o § 2º algumas particularidades da DN: a) resumo dos fatos; b) análise da defesa; e c) provas produzidas.

1. Resumo dos fatos — Partindo do ambiente em que ocorreu o fato sancionável, normalmente o escritório da EFPC, as circunstâncias históricas (que situarão a norma vigente aplicável à espécie), isto é, a datação da ocorrência, as pessoas envolvidas, o que diz a norma sobre a ilicitude (com fixação das obrigações dos atores), trata-se de narrativa dos fatos infracionais e de tudo aquilo que cercou a averiguação. Este relatório incluirá os incidentes procedimentais, os eventos supervenientes que agravaram ou liberaram os envolvidos, a presença de atenuantes ou agravantes, o registro de diligências externas e seu resultado, enfim, elementos essenciais que interessam à análise da ocorrência.

2. Análise da defesa — Neste momento a SPC apreciará os fundamentos da irresignação com o AI, apresentada quando da Defesa Prévia, motivos de ordem jurídica doutrinária, jurisprudencial ou legal oferecidos na defesa do acusado, os quais terão de ser guerreados ou admitidos como válidos.

3. Provas produzidas — Derradeiramente, serão avaliadas as provas produzidas pela SPC e pelo autuado, cada uma delas em separado, com contraprovas ou mesmo razões de direito.

Por último, garante o § 2º do art. 12 que o autuado tomará ciência da DN nos termos do art. 6º do RPPC.

Significa dizer que a notificação se fará: I) por via postal; II) mediante ciência do autuado ou do seu representante, nos autos; e III) por edital.

CAPÍTULO XIII

RECURSO DE APELAÇÃO

Seção IV

Do Recurso

Art. 13. Da decisão do Secretário de Previdência Complementar caberá recurso ao Conselho de Gestão da Previdência Complementar, com efeito suspensivo, no prazo de quinze dias, contado do recebimento da decisão-notificação.

§ 1º O recurso, dirigido ao Conselho de Gestão da Previdência Complementar, será protocolado na Secretaria de Previdência Complementar.

§ 2º O recurso poderá ser remetido à Secretaria de Previdência Complementar por via postal, com aviso de recebimento, considerando-se como a data da sua interposição a data da respectiva postagem.

§ 3º É facultado ao Secretário de Previdência Complementar reconsiderar motivadamente sua decisão, no prazo de quinze dias, contado do recebimento do recurso.

Remissão: art. 5º, LV, da CF;
art. 63, § 2º da Lei n. 9.784/99;
art. 126 do PBPS;
arts. 14/17 da Resolução CGPC n. 12/96;
itens 21/23 da IN SPC n. 15/97;
Portarias MPS ns. 1.382/05 e 16/06;
Súmulas STF ns. 346 e 473.

Examinando a Defesa Prévia e não acolhendo suas razões, conseqüentemente a SPC emitirá uma Decisão-Notificação (art. 11), em que fixará a pena em abstrato no RPPC. Será uma decisão, por assim dizer, de segunda instância, mas ainda emanada de um órgão singular (titular da SPC). Tanto quanto o AI, embora silencie o RPPC, essa DN é igualmente numerada.

O Recurso de Apelação tem alguma identidade com a defesa prévia, é ato de inconformidade do autuado com praticamente as mesmas características da irresignação anterior e visa a desconstituir a autuação, agora reafirmada. Aproveitam, pois, os comentários feitos à Defesa Prévia, com a diferença de que o sujeito passivo da ação procedimental teve, agora, mais tempo e meios para a sua insatisfação. E a que diz respeito ao depósito antecipado (RPPC, arts. 20/21).

Ele tem muita semelhança com o Recurso de Apelação dos acórdãos da JRPS (Portaria MPS n. 88/04) e do Conselho dos Contribuintes do MF.

1. Ato monocrático — Tendo ele próprio julgado (RPPC, art. 11), a DN é ato pessoal e intransferível do Secretário, devendo ser assinada por ele.

2. Efeitos — A interposição dessa inconformidade susta a punição, que resta sobrestada aguardando a solução do CGPC, ou seja, com base na DN não pode a SPC cobrar a dívida no caso de multa, a princípio autorizada a fazê-lo caso não seja protocolado o recurso tempestivamente.

3. Prazo — Contado da data do recebimento da DN, o prazo é de 15 dias, mas nada impede que tendo ciência da decisão por outros meios, sobrevenha o recurso antes disso.

4. Voluntariedade — À evidência, o Recurso de Apelação não é obrigatório, podendo o autuado deixar para discutir a validade da autuação no Poder Judiciário.

5. Hermenêutica — Tendo em vista afetar o patrimônio da pessoa humana e o seu direito constitucional de trabalhar, toda a matéria relativa ao prazo de protocolo deve ser interpretada extensivamente.

6. Contra-razões — O artigo comentado silencia quanto à contra-razões por parte da SPC, o que se deve à omissão do RPPC, como também não fala nesse instrumento por ocasião do recurso obrigatório (RPPC, art. 16). Em face do postulado da busca da verdade real, se são apresentadas novas razões ou provas, não é correto fazer subir o recurso de apelação ao CGPC sem que a SPC se manifeste. Ainda que ausente previsão legal, não se considerará constrangimento ao direito de defesa o órgão fiscalizador apresentar essas contra-razões, evidentemente quando elas forem cabíveis, substanciais e fundadas.

O destinatário do Recurso de Apelação, órgão colegiado que vai julgá-lo, é o CGPC, mas o protocolo é feito na SPC, que tem estrutura adequada para isso, diz o § 1º.

Nada impede que a petição do Recurso de Apelação seja dirigida ao Secretário, em fase preliminar com solicitação de reexame da matéria e, se não acolhida a pretensão que, então, o mesmo faça subir ao CGPC.

Tendo em vista que a Secretaria está sediada em Brasília, a EFPC poderá encaminhar o recurso por via postal, com aviso de recebimento, sendo que a data da postagem prestar-se-á para configuração da tempestividade.

Sendo certo que a Administração Pública pode rever os seus atos, recomenda-se, sempre, que o recorrente requeira a revisão do ato pela própria SPC, o Secretário, motivado pelas razões do recurso ou não, consultada a propriedade, oportunidade ou conveniência da medida, ele próprio reconsidere a decisão guerreada e deverá fazê-lo num prazo de 15 dias.

Embora do ponto de vista do CGPC, a respeito da controvérsia, possa ser outro, não há previsão de, neste caso, encaminhamento dos autos ao CGPC.

Conforme as Súmulas STF ns. 346 e 473, se a administração pode rever os seus atos, a rigor isso não tem de acontecer, dentro de 15 dias, podendo ocorrer a qualquer momento.

CAPÍTULO XIV

DEPÓSITO PRÉVIO

Art. 14. O recurso voluntário, na hipótese de penalidade de multa, somente será conhecido se for comprovado pelo recorrente, no ato de interposição do recurso, o depósito antecipado de trinta por cento do valor da multa aplicada.

Parágrafo único. O depósito efetuado por um dos autuados não aproveita aos demais.

Remissão: art. 5º, LV, da CF;
art. 63, § 2º, da Lei n. 9.784/99;
art. 93 do PCSS (revogado);
art. 126, § 1º, do PBPS;
Leis ns. 8.870/94, 9.639/98 e 10.684/03;
Decretos ns. 568/92, 1.197/94 e 3.717/01;
art. 29 da Portaria MPS n. 88/04;
art. 21 da Portaria MPAS n. 357/02;
art. 25 da Portaria MPS n. 520/04;
art. 20 do RPPC.

Quando a penalidade aplicada na Decisão-Notificação for a multa, o apelante terá de depositar 30% do seu valor para que o Recurso de Apelação possa ascender ao CGPC. Logo, em se tratando de advertência ou inabilitação, não haverá necessidade da garantia da instância, o que suscita dúvidas sobre a intenção da disposição. Pressupõe o elaborador que o recorrente tergiversaria quando multado e não nas demais hipóteses? O Decreto n. 3.717/01 regulamentou o depósito, a garantia e o arrolamento dos bens para interposição de recurso voluntário no processo administrativo de determinação e exigência de créditos tributários da União.

A norma diz que esse depósito terá de acontecer quando do protocolo da inconformidade, mas o CGPC deveria conhecê-lo, caso a providência tenha acontecido algum tempo depois, especialmente se, no mérito, couber razão ao inconformado. Questão que fica à margem do debate diz respeito à validade das razões ou provas contidas no recurso deserto; a SPC deveria fazê-lo subir, com o registro da falta do depósito, sendo certo que se o CGPC não acolhê-lo, mais tarde a questão será levada ao Poder Judiciário. Quer dizer, a exemplo do que se passa com a Portaria MPS n. 88/04, deveria ditar que cabe ao ente *a quo* a decisão sobre a propriedade da irresignação. De regra, na ausência dessa garantia de instância, encerra-se o procedimento administrativo, iniciando-se a cobrança do valor.

Se o apelo não for conhecido, entende-se que ele está prejudicado. Na verdade, na ausência do recolhimento dos 30%, a SPC sequer o faz subir ao CGPC, embora devesse fazê-lo.

Nesse sentido é bom lembrar o art. 63, § 2º, da Lei n. 9.784/99: "O não conhecimento do recurso não impede a Administração de rever de ofício o ato ilegal, desde que não ocorrida preclusão administrativa".

A doutrina previdenciária discute amplamente sobre a imperiosidade do depósito, tanto o administrativo quanto o judicial (este último, por representar o valor do débito com os acréscimos legais, pode tornar impossível a defesa dos contribuintes).

Marta Penteado Gueller crê possível pedir o cancelamento do Auto de Infração na Justiça Federal, a exemplo da possibilidade de anulatória de débito, pois a Lei n. 8.870/94 conflitaria com o art. 5º, LV, da CF ("Depósito Recursal", *in* RPS n. 166/681). *Valdir de Oliveira Rocha* entende válido não só o art. 24 como o 19 daquela lei ("Contribuições Previdenciárias", *in* RPS n. 163/422).

Meire Lucia Gomes Monteiro enxerga na exigência medida acautelatória dos interesses da Previdência Social ("A questão do depósito de garantia prévia nas vias administrativas — multas — e judiciais, na área da Previdência Social", *in* RPS n. 163/422). O tema é vasto e foi tratado pelos estudiosos em várias áreas do Direito.

O prestígio do trabalho monitorador, supervisor e controlador da SPC é importante para o segmento e o seu limite é apenas o abuso de poder. Nesse sentido, a exigência do depósito prévio pode estimular algum arbítrio fiscal. Recurso protelatório sempre existirá e, tal qual a insensibilidade da auditoria, é de avaliação subjetiva e a questão nunca se resolverá, ficando a critério do julgador impor os 30% ou não, em cada caso. A antecipação da garantia é questão objetiva, apenas esbarrando no montante. No caso da multa da SPC, salvo exceção, não obsta o direito de defesa, mas na hipótese do art. 102 do RPPC constitui constrangimento sério a ser considerado.

Parte dos tributaristas considera essa imposição fiscal como violadora do direito líquido e certo de se defender, conflitando com o art. 5º, XXXIII e XXXIV, *a/b*, da Constituição Federal de 1988, o qual garante ao administrado a pretensão de peticionar aos poderes públicos, independentemente do pagamento de taxas, custas ou emolumentos.

A exigência do depósito compulsório como requisito para o exercício do recurso administrativo poderia equiparar-se a uma supressão de instância, impeditiva da apreciação e deslinde da questão no duplo grau de jurisdição.

José Antonio Minatel é de opinião que: "Voltando ao cerne da questão sob análise, se é certo que o processo administrativo tem por finalidade o controle interno dos atos que a administração tributária tem o dever de zelar e, mais, que esse controle está estruturado de forma a admitir que a decisão da autoridade singular possa ser objeto de revisão numa instância superior, já é possível acenar que não pode o legislador colocar óbices ou empecilhos que possam dificultar ou mesmo impedir a realização desse duplo controle, na sua totalidade".

Ele aduz: "Assim, a exigência de prévio depósito como condição para que se tenha acesso à segunda instância administrativa é atitude que, além de impedir a prática de ato que a administração tributária tem o dever de prestar (controle interno) afronta o ordenamento jurídico na medida em que institui gravame pecuniário ao administrado, como condição para que possa pleitear o pronunciamento da autoridade administrativa, pronunciamento este que a Constituição Federal arrolou no seu art. 5º, como direito e garantia individual, de forma ampla e indiscriminada, independentemente de quaisquer ônus, nos seguintes termos: XXXIII — todos têm direito a receber dos órgãos públicos informações de seu interesse particular, ou de interesse coletivo ou geral, que serão prestadas no prazo da lei, sob pena de responsabilidade, ressalvadas aquelas cujo sigilo seja imprescindível à segurança da sociedade e do Estado; XXXIV — são a todos assegurados, independentemente do pagamento de taxas: a) o direito de petição aos Poderes Públicos em defesa de direitos ou contra ilegalidade ou abuso de poder; b) a obtenção de certidões em repartições públicas, para defesa de direitos e esclarecimento de situações de interesse pessoal" ("Processo Administrativo Fiscal", 3º vol., São Paulo: Dialética, 1998, p. 112).

Ana Paula Oriola Martins e *Pierre Moreau*, depois de avaliarem o Decreto n. 4.206/02, observam o que chamam de seu Calcanhar de Aquiles, opondo-se ao depósito prévio ("A forma de apuração das responsabilidades dos administradores de entidades de Previdência Privada", *in* RPS n. 263/885).

Pela sua singeleza, o RPPC trata rapidamente de alguns aspectos relativos ao destino do *quantum* depositado, como a sua restituição caso sobrevenha ganho de causa (RPPC, art. 20), mas isso é evidente (inclusive com juros), devendo ser convertido em pagamento, deduzido dos 100% da multa, quando acontecer o contrário (Lei n. 9.639/98).

Em face da possibilidade de ocorrência de uma multiplicidade de autores responsáveis por impropriedades no cumprimento da lei, fica claro que a multa será personalizada, individualizando-se, da mesma forma, o dever pessoal do depósito prévio.

CAPÍTULO XV

INTERPOSIÇÃO INTEMPESTIVA

Art. 15. Não será conhecido o recurso interposto intempestivamente.

Remissão: art. 63, I, da Lei n. 9.784/99;
art. 7º da Resolução CGPC n. 12/96;
art. 29 da Portaria MPS n. 88/04;
art. 10 do RPPC.

A par da questão prejudicial anterior (depósito prévio), o art. 15 reafirma uma obviedade: não conhecimento de recurso intempestivo. Repete-se aqui o disposto no art. 10, quanto à Defesa Prévia fora de prazo.

Em procedimento administrativo ou processo judicial, não se deve esperar outra leitura do não cumprimento desse comando básico relativo à dinâmica: os prazos existem para serem cumpridos. Entretanto, *ad nauseam*, o escopo do expediente intramuros é apurar a verdade material e outras soluções devem ser cogitadas não só pelo elaborador da norma como pelo aplicador.

Para o art. 7º da Resolução CGPC n. 12/96, já revogada: "na inexistência de impugnação ao auto de infração, no prazo estabelecido no art. 6º desta Resolução, reputar-se-ão verdadeiros os atos e fatos que originaram", que era um absurdo jurídico, porque a natureza dos acontecimentos não se altera em virtude da intempestividade recursal dos seus autores.

Em preceito que vai de encontro aos princípios constitucionais da ampla defesa e ao contraditório, do postulado de Direito Administrativo de se poder rever os atos e, ainda mais, contra a economia processual, em matéria de previdência básica, diz o art. 29 da Portaria MPS n. 88/04: "Admitir ou não o recurso é prerrogativa do CRPS, sendo vedado a qualquer órgão do Instituto Nacional do Seguro Social — INSS recusar o seu recebimento ou sustar-lhe o andamento, exceto quando exigida por lei a garantia de instância e não houver comprovação do depósito prévio, *quando o recurso do contribuinte for intempestivo* ou nos casos do art. 206, § 9º, do Regulamento da Previdência Social, veiculado pelo Decreto n. 3.048, de 6 de maio de 1999" (grifos nossos). Equipara a garantia de instância à tempestividade, quando deveria distingui-las em face da realidade da infração julgada.

Como antecipado, no exame do art. 10 do RPPC já consideramos a hipótese uma Defesa Prévia intempestiva com razões suficientes para elidir a autuação. O Recurso de Apelação apresentado fora do prazo merece considerações, particularmente sob a concepção da busca da verdade real que instrumentaliza o processo administrativo. Quando da decisão final, se patente, evidente e indiscutível a prova contrária à infração, ela deverá ser apreciada.

CAPÍTULO XVI

INCONFORMIDADE DE OFÍCIO

Art. 16. Será objeto de recurso de ofício a decisão que anular ou cancelar o auto de infração, bem como a reconsideração prevista no § 3º do art. 13.

Remissão: art. 13, § 3º, do RPPC.

Trata o art. 16 do recurso obrigatório, instituto técnico do Direito Previdenciário Procedimental que admite poder a Administração Pública se equivocar. Ou seja, a decisão de autuar beneficiada pela presunção de correção do ato, é afetada por esta disposição. Equívoco quando da autuação e por ocasião da anulação, cancelamento ou reconsideração de ato *(sic)*.

Como cabe ao CGPC apreciar os recursos, entende-se que somente atos da SPC possam ser objeto desse duplo grau de jurisdição de ofício, quando ela autuar o sujeito passivo. Até porque a SPC tem o poder de anular, cancelar ou reconsiderar o AI, devendo, porém, dessa decisão, recorrer à autoridade superior.

Decidir e julgar em menor escala, anular e cancelar, são expressões impróprias que levam à confusão. Nulidade e anulabilidade padecem dessa mesma impropriedade, como lembra *Eduardo Marcial Ferreira Jardim* (*in* "Dicionário Jurídico Tributário", 5ª ed., São Paulo: Dialética, 1994, p. 212). Para eles os atos administrativos são válidos ou inválidos.

Nesse sentido, as decisões e, em particular o AI, submetem-se a dois critérios: a) têm validade e, no mérito, sob impugnação conduzirá a procedência ou não e b) não têm validade e então, quem de direito deve declarar-lhe a sua insubsistência. E, dessa solução, recorrer de ofício. Porque, quando a SPC decidir, examinando o mérito da Defesa Prévia que o autuado tem razão, não tem de recorrer de ofício ou simplesmente mandará arquivar os autos. E igual deverá fazer no caso de pagamento da multa, por perda de objeto.

Note-se que a SPC pode rever os seus atos (RPPC, art. 13, § 3º), mas isso não se confunde com a resolução contida na Decisão-Notificação.

Anular não é julgar a Defesa Prévia e entender-se de acolher as suas razões, é conhecer desta impugnação e dar provimento, o que é diferente de anular, ato administrativo que pode ser tomado a qualquer momento, com ou sem a interposição de Defesa Prévia ou Recurso de Apelação. Se o AI é nulo, é como se ele não tivesse existido no mundo jurídico. Cancelar é tornar sem efeito o ato praticado, ou seja, o AI não é nulo, mas padece de vício insanável, o que o leva à perda de substância pela insubsistência.

Acolhida essa distinção ou não, o certo é que se o CGPC é quem pratica a decisão *sub judice*, caberia ouvir o titular do MPS, porque ao contrário os seus atos ficariam sem controle administrativo. Não há no RPPC avocatória, Pedido de Revisão ou técnica de revisão.

Que dirá o recorrente de ofício, quando acabou de decidir que não cabia o AI? Se for o caso de anulação, apontará a causa que inquina de defeito o ato jurídico praticado, impondo-se a sua reedição. Algumas dificuldades opõem-se ao cancelamento e a desconsideração. Se o documento foi cancelado ou reconsiderado indevidamente disso cuidará o recurso de ofício.

CAPÍTULO XVII

JULGAMENTO NO CGPC

Art. 17. Após o julgamento do recurso pelo Conselho de Gestão da Previdência Complementar, o processo administrativo será devolvido à Secretaria de Previdência Complementar para as providências cabíveis.

§ 1º A decisão do julgamento do recurso pelo Conselho de Gestão da Previdência Complementar será publicada no Diário Oficial da União.

§ 2º Não cabe recurso contra decisão do Conselho de Gestão da Previdência Complementar.

Remissão: art. 65 da Lei n. 9.784/99;
art. 60 da Portaria MPS n. 88/04;
art. 17 da Resolução CGPC n. 12/96;
itens 18/19 da IN SPC n. 15/97;
arts. 658/659 da IN SRP n. 3/05.

No ápice da pirâmide procedimental situa-se o CGPC, órgão ministerial superior regulador da previdência fechada e última instância que apreciará a impugnação do autuado (ou o recurso de ofício da SPC). Esse colegiado, assemelhado ao CRPS do RGPS e ao CSRF do Ministério da Fazenda, funciona nas mesmas condições da SPC ou da SUSEP, quando estas examinam a Defesa Prévia do autuado, mas o documento em que externa o seu pensamento é decisão e poderia chamar-se acórdão, em vez de Decisão-Notificação.

Entende-se que o CGPC deveria sopesar apenas o contido no Recurso de Apelação e não impropriedades do AI, mas diante da especificidade do Direito Previdenciário Procedimental, constatando inadequações naquele, tomará outras providências e conforme a natureza dos desvios procedimentais. Até mesmo baixar os autos em diligência à SPC, para que analise ato que possa ser sanado, promovendo a juntada de memorial que foi recusado ou a reapreciação de prova somente apresentada quando do Recurso de Apelação e que modificaria a decisão recorrida.

O que o CGPC faz é um julgamento, em sessão própria para isso sucedida num órgão colegiado e paritário. O resultado será unânime ou não, podendo ser por maioria de votos e com votos em contrário.

Ato contínuo à decisão, diz o *caput* do art. 17, os autos deverão descer à SPC que, então, deles tomará conhecimento e funcionará cartorialmente e, sucessivamente, dando execução ao resolvido.

Providências de variada ordem, e uma delas, se ainda não houve o pagamento da multa, é começar a sua cobrança. Caso a penalidade não seja pecuniária, tomará as medidas necessárias conforme o tipo de sanção aplicada. Quem executa a autuação é a SPC.

A decisão é tomada numa sessão de julgamento, reunião datada, numerada, solene, quando presente o quorum mínimo do CGPC. Dela faz parte a pauta de julgamento em que constará, no mínimo: a) identificação do órgão julgador (CGPC); b) data e horário do início do julgamento; c) designação do conselheiro relator; d) indicação das partes (SPC e nome do autuado); e) número do protocolo do recurso de apelação e, se for o caso, do AI; f) referência à presença de procurador.

Freqüentemente é estabelecida certa ordem dos trabalhos:

1. A abertura — Em ato breve, mas solene, na hora aprazada, o Presidente do CGPC dá início à sessão de julgamento, declarando abertos os trabalhos.

2. Verificação do quorum — Sob procedimento de rotina verifica a presença dos conselheiros e constata se o número deles completa o quorum regimental; se isso não acontece, aguarda esse número ou transfere a sessão.

3. Leitura e discussão da ata da sessão anterior — Ato contínuo o secretário promove a leitura da ata da sessão anterior, que é discutida se for o caso e votada, normalmente pela aprovação. Em alguns casos ela é refeita, sendo, então aprovada.

4. Manifestações e registros diversos — O presidente faz comunicações gerais e registros diversos que interessem à previdência complementar, os quais constarão da ata. No caso de haver solicitação de defesa oral fará constar, anunciando o nome do recorrente e de seu procurador.

5. Voto do relator — O conselheiro relator fala ou lê o seu voto em relação ao primeiro processo em julgamento.

6. Exposição do defensor — Se o recorrente requereu antecipadamente ele poderá fazer sustentação oral ou delegá-la a representante qualificado. Às vezes, ocorre de um conselheiro interpelá-lo, solicitando informações que visem a esclarecimentos das dúvidas. Não é estranho antes o defensor entregar memorial.

7. Debates — Exposta a questão, seguem-se os debates.

8. Voto dos demais conselheiros — Após o voto do relator os demais conselheiros votarão, favoráveis ou contrários. Se for o caso, o conselheiro perdedor pode juntar seu voto vencido.

9. Contagem dos votos — O presidente apura o total de votos, verifica se não houve empate na contagem, quando emitirá o Voto de Minerva.

10. Comunicação da decisão — Por último, dará ciência do resultado nas várias hipóteses.

11. Encerramento — Com o julgamento do último procedimento a sessão é encerrada.

Parte integrante da decisão e de qualquer ato administrativo, nas hipóteses em que cabível, é a publicidade. A divulgação da penalidade parece uma duplicidade da sanção, e acaba sendo; a preocupação do Decreto n. 4.942/03 tem esse sentido educativo e inibidor das infrações, mas pode gerar transtornos para a administração, caso se verifique a gritante impropriedade da conclusão tomada.

A decisão tem de ser publicada no Diário Oficial da União e assim tem sido, indicando-se o número do AI, da DN e a decisão do CGPC, entretanto, diferentemente dos acórdãos do Poder Judiciário, sem notícia da matéria tratada, que seria útil para a formulação da jurisprudência administrativa.

A decisão do CGPC é última e definitiva, dela administrativamente não cabe recurso.

Diferentemente da Portaria MPS n. 88/04, não há um Pedido de Revisão nem mesmo a antiga avocatória. Pela oportunidade e por defender-se a hipótese, reproduz-se a possibilidade ali jacente, indicando-se que cabe esse remédio jurídico no âmbito do CRPS, quando: "I — violarem literal disposição de lei ou decreto; II — divergirem de pareceres da Consultoria Jurídica do MPS aprovados pelo Ministro, bem como do Advogado-Geral da União, na forma da Lei Complementar n. 73, de 10 de fevereiro de 1993; III — depois da decisão, a parte obtiver documento novo, cuja existência ignorava, ou de que não pôde fazer uso, capaz, por si só, de assegurar pronunciamento favorável; IV — for constatado vício insanável" (art. 60, I/IV).

Na mesma linha de raciocínio examine-se o conteúdo do art. 65 da Lei n. 9.784/99: "Os processos administrativos de que resulte sanção poderão ser revistos, a qualquer tempo, a pedido ou de ofício, quando surgirem fatos novos ou circunstâncias relevantes suscetíveis de justificar a inadequação da sanção aplicada. Parágrafo único. Da revisão do processo não poderá resultar agravamento da sanção".

Quer dizer, não só durante o trâmite do expediente impulsionador como após a última decisão, nos limites da competência — pedido de revisão não pode substituir recurso de apelação — e dentro de certo prazo, que pode ser de cinco anos, a qualquer momento, consultado o interesse público e verdade, a decisão pode ser revista. Como se verá adiante, embora sem previsão regulamentar, é bem provável que o CGPC acolha Embargos Declaratórios nas circunstâncias compatíveis.

CAPÍTULO XVIII

ORGANIZAÇÃO DO CGPC

Art. 18. O suporte administrativo ao Conselho de Gestão da Previdência Complementar, como órgão recursal, caberá à Secretaria de Previdência Complementar.

Remissão: art. 74 da LBPC;
Decretos ns. 85.237/80, 87.532/82, 607/92, 1.317/94 e 2.774/98;
arts. 15/18 do Decreto n. 81.240/78;
art. 19 do Decreto n. 81.240/78;
Portarias MPAS ns. 1.057/78, 1.058/78, 1.068/94 e 4.794/98;
Resolução CGPC n. 1/95.

O art. 18 trata de matéria substantiva; ele lembra a diferença institucional entre os dois órgãos ministeriais supervisores da previdência complementar: a) de fiscalização (SPC) e b) regulador e julgador (CGPC).

Respeitante ao contencioso administrativo, são duas divisões distintas: a primeira delas, monocrática, na pessoa do Secretário e a segunda, coletiva, um ente colegiado com estrutura apenas bastante para disciplinar e julgar os feitos. De todo modo, melhor estruturada funcionalmente, a SPC também regula significativamente o segmento, como se fôra um decreto em relação à lei. Normalmente edita instruções normativas enquanto o CGPC baixa resoluções.

Embora pareça estar se referindo apenas ao RPPC, circunstancialmente a SPC é órgão auxiliar do CGPC em outras atividades, mas agora cuida aqui apenas das questões recursais.

Fica clara a enorme diferença que existe em relação aos contenciosos judiciários, porque praticamente uma das partes na relação adjetiva organiza, instrui e impulsiona os autos do procedimento (a SPC). Tal cenário reclama muita prudência por parte do ente fiscalizador que, embora contenciosamente subordinado ao CGPC, pela natureza do seu cargo e em razão de suas atribuições (ela é quem monitora os fundos de pensão e mantém contato diuturno com eles), naturalmente, quando faltar perspicácia, sensibilidade e noção do seu papel, tentará influenciar a decisão superior. Se o CGPC é independente em relação à SPC no que tange à regulação da técnica supletiva, com certeza enfrentará dificuldades no que diz respeito à organização material do contencioso.

A matéria disciplinada no artigo é meramente circunstancial porque o CGPC poderia ter estrutura própria, mas quando não estivesse disciplinando nem julgando, não teria mais atribuições.

Fora dos litígios quem ministra apoio material, funcional e organizacional ao CGPC é o MPS e para isso foi elaborado um Regimento Interno semelhante ao do CRPS.

Durante o XVII Congresso Brasileiro dos Fundos de Pensão, sobre a gestão reproduzimos palavras de *Alfredo Conte Grand*: "qualquer que seja o tipo de organização que venha a assumir a responsabilidade pela gestão, será necessário trabalhar em função dos objetivos aspirados pela Seguridade Social; precisa-se aplicar as técnicas modernas disponíveis em matéria de organização, contudo, elas só darão os bons resultados se forem isentadas num processo de mudança, com características de mudança permanente, dominada pelos responsáveis; com efeito, a organização deve acompanhar a realidade que está mudando, precisa impor um tipo ou estilo de gerência que não ande para trás" ("Previdência Oficial: questões relevantes", *in* Revista do Congresso, Recife: Abrapp, 1996, pp. 80/89).

CAPÍTULO XIX

DEFINITIVIDADE DA DECISÃO

Art. 19. É definitiva a decisão proferida contra a qual não caiba mais recurso.

Remissão: art. 5º, XXXVI, da CF;
art. 63, IV, da Lei n. 9.784/99;
art. 535 da Lei n. 5.869/73 (CPC);
art. 60 da Portaria MPS n. 88/04;
Portaria MPAS n. 4.794/98.

Em artigo declaratório, mas também constitutivo, afirmando uma obviedade adjetiva, verdadeiro postulado do Direito Processual, é declarado que as decisões das quais não caiba recurso são definitivas. Estando inserido na Seção IV do Capítulo II, ainda que não o diga, entende-se que está falando do CGPC.

Primeiro, importará saber o que se deva entender por recurso no contencioso complementar; certamente será a irresignação administrativa de caráter apelatório, mas não um eventual embargo declaratório para que o CGPC explicite o significado da decisão.

Recurso, mas não remédio jurídico, do tipo Pedido de Revisão (art. 60 da Portaria MPS n. 88/04).

Segundo, decisão definitiva em relação à Administração Pública, porque toda a matéria poderá ser reexaminada no Poder Judiciário (o que não entenderá como recurso no sentido atribuído ao dispositivo).

Evidentemente, como já salientado, em virtude da possibilidade da administração poder rever suas decisões, a qualquer momento ela tem atribuição para modificá-la.

Quando o dispositivo fala em decisão definitiva, ele está atribuindo essa qualidade à decisão, se foi observado o devido processo legal e não ocorreu nenhuma ofensa aos princípios do direito processual, principalmente evidentes erros materiais. Neste último caso, o próprio CGPC terá de rever a sua decisão e esta, uma vez promovidas as devidas correções, adquirirá esse caráter de definitividade.

Pode dar-se de o prejudicado em seu direito adjetivo obter junto ao Poder Judiciário o refazimento de algum ato procedimental ilegal cometido na instrução do processo, obrigando o MPS a retomar essa instrução e ter de refazer a decisão final.

Havendo obscuridade ou contradição na decisão e até mesmo omissão em relação à questão relevante do conflito, o CGPC haverá de acolher uma modalidade administrativa de Embargos Declaratórios (CPC, art. 535).

A definitividade da decisão do CGPC (e dos CRPS, CNSP e CSRF e também outros órgãos superiores julgadores da administração) suscita a coisa julgada administrativa, sua existência, sua institucionalidade, sua validade e seus efeitos.

Autores sustentam não haver coisa julgada (CF, art. 5º, XXXVI), mas isso não passa de equívoco de vez que não há comparação entre os dois institutos técnicos. A coisa julgada administrativa tem seu alcance limitado à Administração Pública e, então, tem a mesma eficácia que a judiciária, mas pouca substância, quando submetida ao Poder Judiciário, exceto por sua propriedade. *Aurélio Pitanga Seixa Filho* considera a coisa julgada administrativa "uma decisão proferida por uma autoridade que tem a competência legal de dirimir terminativamente um litígio, ou um conflito de interesses, entre duas ou mais pessoas, isto é, a decisão finaliza ou encerra litígio sem que caiba mais algum recurso jurídico para modificá-la", ao final da exposição admitindo a possibilidade de coisa julgada ser revista por decisão da Justiça, pedido da administração ou do administrado ("Questões Relacionadas à Chamada Coisa Julgada Administrativa em Matéria Fiscal", *in* Processo Administrativo Fiscal, São Paulo: Dialética, 1998, pp. 11/27).

Presentes os pressupostos lógicos e jurídicos da coisa julgada num dissídio (judiciária), entre os quais, no mínimo, as partes, o objeto da discussão, a capitulação legal, as circunstâncias agravantes e atenuantes, etc., tais aspectos não podem mais ser debatidos em outro processo. Se o infrator repete uma ocorrência em outro momento, tornando-se uma nova infração, averiguação terá de ser empreendida considerando-se a anterior em termos de reincidência ("Coisa Julgada Administrativa", *in* jornal do 19º Congresso Brasileiro de Previdência Social, São Paulo: LTr, 2006, p. 32).

CAPÍTULO XX

RESTITUIÇÃO DO DEPOSITADO

Seção V
Do Depósito Antecipado

Art. 20. Em caso de provimento do recurso, o depósito será restituído ao depositante, devidamente corrigido.

Parágrafo único. Quando o depósito efetuado superar a multa aplicada em última e definitiva instância administrativa, o valor excedente será devolvido ao depositante, devidamente corrigido.

Remissão: Medida Provisória n. 1.621/97;
arts. 14 e 22, IV, do RPPC;
Parecer PFN n. 2.078/97.

Depois de ter positivado a obrigação do depósito prévio como condição para que o Recurso de Apelação contra multa pecuniária suba ao CGPC, o Decreto n. 4.942/03 cuida da restituição do valor garantidor.

Supondo-se que o recorrente tenha efetuado o pagamento da importância a que alude o art. 14 e na hipótese de o Recurso de Apelação ser conhecido e provido pelo CGPC, evidentemente o *quantum* correspondente terá de ser entregue de volta ao recorrente. A disciplina é também uma obviedade, mas é melhor que compareça do que se ausente da norma, importando, isso sim, numa determinação também evidente, mas igualmente necessária: a de que o montante será corrigido monetariamente (ainda que o preceito não diga qual o indexador).

Questão que se propõe, pois, é saber qual deve ser o indexador econômico. O Decreto n. 4.942/03 não o especifica e o assunto deveria ser disciplinado em lei. O ideal é que seja aferido a partir dos juros SELIC. Exceto se outro foi indicado *ex vi* art. 22, IV.

O artigo não fixa prazo para a devolução, fixada a partir da publicação da decisão, convindo que seja imediata ainda que sujeita à atualização monetária. Desde que foi tomada a decisão o numerário não mais pertence à União.

A restituição é relação *intuitu personae*, significando que deve caminhar independentemente de outro procedimento que esteja tramitando (em que o recorrente não teve um ganho de causa). Não há compensação, exceto se o próprio interessado assim desejar.

Pode dar-se de o montante original depositado de 30% superar a multa em abstrato fixada na norma e reduzida ao final quando da aplicação. Caso tenha havido regular nova capitulação da infração, resultando em diminuição do *quantum* se terá a possibilidade de o depósito suplantá-lo.

Vale lembrar que a comparação entre os numerários terá de levar em conta os valores originais, sem correção monetária, caso contrário poderá representar prejuízo para uma das partes.

Efetuado o depósito garantidor do recurso de apelação, se ele ultrapassar a multa estabelecida pela autoridade, mesmo que o recorrente busque o Poder Judiciário, a devolução terá de ocorrer porque este último não poderá aumentar a sanção.

CAPÍTULO XXI

ADMINISTRAÇÃO DO DEPÓSITO

Art. 21. A Secretaria de Previdência Complementar definirá as regras para o recolhimento, atualização e levantamento do depósito.

Remissão: arts. 5º, 65, § 3º e 74 da LBPC;
art. 22, IV, do RPPC.

Em mais uma determinação de natureza substantiva, o decreto comete à SPC a atribuição para administrar tudo o que diz respeito ao depósito prévio, deixando seu papel de fiscalizador e assumindo o de regulador. O correto é o CGPC ficar com essa atribuição, de vez que a SPC é parte diretamente interessada no contencioso administrativo.

O pagamento é regulamentado pela SPC, que dirá em que condições será promovida essa arrecadação em favor da União. Falará e modelará a Guia de Recolhimento, elementos mínimos que dela constarão, número de vias e suas características, que podem ser as mesmas da GPS do RGPS.

Atualização consiste em corrigir monetariamente o valor original em algum momento, especialmente quando da restituição (RPPC, art. 20). Como antecipado, pode ser o mesmo indexador mencionado no art. 22, IV.

Por levantamento do depósito se entende a devolução a que alude o art. 20 do Decreto n. 4.942/03.

O dispositivo não suscitou a ação correspondente ao cálculo da diferença entre os 100% da multa e os 30% antecipados, especialmente deixando claro que os 70% nasceram quando da Decisão-Notificação e, portanto, se confirmados pelo CGPC terão de sofrer atualização monetária.

À evidência, dada a sua natureza da devolução, a despeito da atualização monetária, a SPC não pode entrar em mora na restituição, sob pena de cometer danos material e moral.

CAPÍTULO XXII

PENALIDADES APLICÁVEIS

Seção VI

Das Penalidades Administrativas

Art. 22. A inobservância das disposições contidas nas Leis Complementares ns. 108, de 29 de maio de 2001, e 109, de 2001, ou de sua regulamentação, sujeita o infrator às seguintes penalidades administrativas:

I — advertência;

II — suspensão do exercício de atividades em Entidade de Previdência Complementar pelo prazo de até cento e oitenta dias;

III — inabilitação, pelo prazo de dois a dez anos, para o exercício de cargo ou função em entidade de Previdência Complementar, sociedades seguradoras, instituições financeiras e no serviço público; e

IV — multa de R$ 2.000,00 (dois mil reais) a R$ 1.000.000,00 (hum milhão de reais), devendo estes valores, a partir de 30 de maio de 2001, ser reajustados de forma a preservar, em caráter permanente, seus valores reais.

§ 1º A penalidade prevista no inciso IV poderá se aplicada cumulativamente com as constantes dos incisos I, II ou III.

§ 2º Desde que não tenha havido prejuízo à entidade, ao plano de benefícios por ela administrado ou ao participante e não se verifique circunstância agravante prevista no inciso II do art. 23, se o infrator corrigir a irregularidade cometida no prazo fixado pela Secretaria de Previdência Complementar, não será lavrado o auto de infração.

Remissão: art. 23 da LC n. 108/01;
art. 65 da LC n. 109/01;
art. 68 da Lei n. 9.784/99;
arts. 75/79 da Lei n. 6.435/77;
Decreto-lei n. 73/66;
arts. 39/49 da Lei n. 6.024/74;
Lei n. 8.429/92;
art. 133 do PBPS;
Resoluções CNSP ns. 60/01 e 108/04 (PAS);
Resolução CGPC n. 4/03;

Decretos ns. 81.240/78 e 81.402/78;
Decreto n. 4.206/02;
art. 23, II, do RPPC;
Resolução CGPC n. 12/96;
IN SPC n. 15/97.

Diante da semelhança entre o art. 65 da LBPC e este art. 22 do Decreto n. 4.942/03 (e outras disposições anteriores), importa ressaltar e avaliar as distinções que ambos registram. Não há neste dispositivo regulamentar norma sobre a duplicidade da multa no caso de reincidência (RPPC, art. 23, § 5º). Ele também não trata da solidariedade da EFPC em relação ao autor da infração (RPPC, parágrafo único do art. 25).

Infringir a legislação quer dizer não cumprir os mandamentos normativos, quando insofismáveis, claros e legítimos, cientificamente válidos, sustentáveis e vigentes, o operador agindo com plena capacidade jurídica e quando dele não for lícito esperar outra conduta, se desse ato indevido resultar algum dano, de modo geral ou particular, para a previdência complementar. Reeditando, para a EFPC, a diminuição do seu patrimônio, a infração em si com a penalização da entidade.

Por legislação, basicamente entender-se-ão algumas fontes formais, inicialmente a LBPC. Se o fundo de pensão fechado ofende algum princípio, genericamente insculpido na Carta Magna e ausente previsão legal específica para a ocorrência, não caberia a autuação nem a multa, mas em face do art. 110 do Decreto n. 4.942/03 ("Violar quaisquer outros dispositivos das Leis Complementares ns. 108 e 109, de 2001, e dos atos normativos regulamentadores das referidas Leis Complementares"), o entendimento deverá ser outro.

Só interessam as ações cominadas na legislação, ainda que outros atos possam se praticados contra os interesses da EFPC, que digam respeito a outras legislações. Deixar de recolher o INSS retido ou não, parte patronal da contribuição ou o FGTS, constituem infrações sem relevância para o RPPC, em alguns casos procedimentos tão graves que consumam crimes previdenciários.

Sem amparo no *caput* do art. 65 da LC n. 109/01, o *caput* do art. 110 do RPPC incluiu a LC n. 108/01, o que põe em dúvida sua validade. Se a capacidade de punição atribuída ao MPS não estiver contida na delegação da LBPC, ela não existe.

A menção aos atos normativos infralegais suscita questionamento sobre eles. Não existem decretos regulamentadores da LBPC, exceto os ns. 4.206/02 (revogado) e 4.942/03, ambos com poucas disposições substantivas. Mas, por outro lado, subsistem dezenas de instruções normativas da SPC e resoluções do CGPC, além de portarias do MPS e de outros órgãos tutelares com o CMN, a serem entendidas como partes integrantes da legislação complementar.

Tanto quanto a LBPC, o RPPC dificulta a hermenêutica da extensão da norma na medida em que dispõe genericamente sobre as infrações neste art. 22 e especificamente nos arts. 63/110, apontando individualizadamente 48 delas.

No mencionado art. 110, o elaborador da lei e o do decreto adotam a postura do art. 133 do PBPS, que fala em "infração a qualquer dispositivo desta Lei, para a qual não haja penalidade expressamente cominada".

Assim, os arts. 63/109 perdem caráter exemplificativo. Exegese compatível é a de que essas hipóteses podem ser objeto da perseguição punitiva, até porque têm o ato tipificado, mas também outras mais.

Desse modo, atribui-se excessiva competência à SPC que, com base no *caput* e inciso IV poderia autuar e multar alguém com uma pena excessiva, mas a leviandade normativa provém do *caput* do art. 65 da LBPC.

Respeitante à gravidade do procedimento ilícito, característica não referida no RPPC, mas salientada no *caput* do art. 65, avulta-se a tipicidade do fato censurado, cabendo tornar a infração mais objetiva e menos subjetiva possível.

Para tanto são indicados alguns alvitres:

1. Motivação — Para que o MPS sancione e exercite o poder de punir com cabimento, correção e legalidade, é preciso que ele faça a prova, mediante a instrução do procedimento, da materialidade, autoria e responsabilidade, deixando claro o nexo causal entre o gesto humano praticado e as conseqüências dele advindas.

2. Relevância — A conduta imputada ao administrador será comparada com as práticas normais, regulares e legais do dia-a-dia, para saber se não é *lana caprina*, que apenas merece uma observação escrita (sem caráter oficial de advertência) ou meramente verbal. O trabalho administrativo comporta pequenos desencontros com a correção sem que devam ser sancionados com rigor. De igual maneira, se não se trata de um crime, a deflagrar providências imediatas e distintas.

3. Desdobramentos — O papel da penalidade é poder abortar a ilicitude *ab initio*, impedindo que com ela sobrevenham danos maiores aos interessados. O objetivo da sanção é impedir comportamentos prejudiciais ao segmento fechado, incutindo a cultura da organização racional, respeito ao participante, observância da lei, ordem administrativa e trato de coisa pública. Por isso alguma publicidade é sempre útil.

4. Mau exemplo — Se não abortado, o acontecimento reprovado pode se prestar como atitude perniciosa, inspirando ignorantes da lei, desavisados ou inocentes e ser seguida. A impunidade pode ser um mal maior para a sociedade do que o próprio ilícito (ou mais).

5. Conseqüências — Um ato, evento ou negócio eivado dessa natureza indesejável tem de causar prejuízo para que justifique a ação persecutória, cabendo ao agente público a avaliação do ocorrido e quais são os desdobramentos futuros e, se não há dano, impõem-se outras medidas corretoras.

6. Repercussão — A sensação de insegurança contraria a tranqüilidade, fática ou jurídica, e afeta a confiança na gestão. Além de péssimo sinalizador, pode pôr a perder a força educacional da liderança.

7. Risco assumido — A inexistência de punição significa o perigo da aprovação de atos prejudiciais ao segmento. Se alguém pratica a ilicitude e não é punido, deseduca os inexperientes, jovens e incautos.

8. Nuanças atenuantes — É preciso apurar se o autor não tinha outra opção para agir, se não cumpria dever indesculpável ou qualquer outra excludente da responsabilidade. Não só as atenuantes previstas na lei como outras justificativas que possam surgir no dia-a-dia.

9. Nuanças agravantes — Por outro lado, as circunstâncias agravantes devem indicar o caminho a ser seguido e onerar a pena.

10. Efeitos danosos — Dependendo da punição infundada, descabida ou desproporcional, a autuação e a sanção podem agravar o cenário da ilicitude. Um Auto de Infração contra inocente gera escândalo e prejuízo moral quase irreparável.

11. Antecedentes do autor — Além das circunstâncias ambientais, sempre carece avaliar a biografia do agente, ouvi-lo em sua defesa, saber o que está acontecendo.

Além dos quatro incisos do art. 22, a Resolução CNSP n. 60/01 elenca a suspensão temporária de atividade e da profissão (art. 2º, I/IX), mas em relação às sociedades seguradoras e administradoras as quatro penalidades do art. 22, II (art. 3º).

Em qualquer regime de sanções, a advertência é a mais leve das penalidades. Tem lado moral relevante porque atinge quem não é contraventor nem criminoso, mas apenas o que se desviou das suas obrigações usuais, às vezes por ignorância do papel que exerce no contexto, movido apenas pela imperícia, imprudência ou negligência. Ser admoestado, para pessoas sensíveis, é mais grave do que receber uma multa.

Ela merece considerações particulares:

1. Conceito — Advertência é ato formal, revestido de caráter punitivo à pessoa física (*in casu*, também a jurídica), imposta a quem, por culpa ou dolo, descumpriu uma norma a que estava obrigado a observar e capaz de gerar prejuízo sem gravidade. Para *Silvio Wanderley do Nascimento Lima* é a admoestação ou reprimenda escrita aplicável nos casos de infrações consideradas de menor gravidade ("Regulação e Previdência Complementar Fechada", São Paulo: LTr, 2004, p. 164).

2. Papel — Aviso cautelar, tenta inibir nova ocorrência do fato atribuído ao agente para que ele cuide de não incidir em novas infrações e penalidades, ou seja, com seu pequeno constrangimento social, o processo é eminentemente educativo.

3. Forma — Modalidade de emissão solene e documentada, arquivada na entidade e expressada mediante recibo, possivelmente na segunda via, assinada pela autoridade gestora da EFPC.

4. Intensidade — Diz respeito a deslize de pequena monta, limitando-se a ocorrência miúda quando comparada com infrações mais intensas. Às vezes, reclamando muito mais cuidado do que a simples multa.

5. Vínculo — Em face da ocorrência caracterizada, a SPC não tem escolha senão apurar a autoria e a responsabilidade e promover a sua edição.

6. Natureza — Repreensão preambular de caráter administrativo, portanto contida apenas no seio do segmento, dispensada qualquer publicidade externa à previdência complementar.

7. Primariedade — Ultimada a punição, presta-se, para a solução, ser dada a uma conduta reprovável posterior, com a modificação do tipo da pena.

8. Significado — A advertência deve representar um freio em procedimentos que, se não obstados, podem vir em crescente e se tornar infração gravosa para a entidade.

9. Tipo — De modo geral a repreensão pode ser verbal ou escrita, mas a primeira não se recomenda, devendo-se optar pela segunda e até mesmo para ficar documentada.

10. Objetivo — Penalizar faltas de pequena monta e desestimular certos procedimentos contra-indicados à boa administração é a principal função da advertência.

11. Pressuposto — Primariedade (inocência moral), caso contrário a medida reclamará maior severidade.

12. Alcance — A regra do conhecimento público do fato variará conforme as circunstâncias. Em alguns casos, à guisa de exemplo, convém divulgá-la, mas em outros, a notícia poderá pôr a perder o profissional. Sem dar ciência do nome do advertido, o ideal é que o fato que gerou a punição fosse divulgado e que, de tempos em tempos, a SPC publicasse uma condensação.

13. Elementos constituintes — O documento a ser entregue ao advertido, no mínimo, deve conter a identificação e o cargo do advertido, as razões da atitude tomada (descrição dos atos) e a capitulação da norma ofendida.

14. Acumulação — A advertência ser acumulável com multa pecuniária é fato a ser levado em consideração quando da dosimetria da punição.

15. Elemento subjetivo — Diante da simplicidade da ocorrência, não se exige que haja dolo genérico ou específico, bastando a culpa.

A suspensão é o segundo tipo de penalidade prevista no art. 22. O suspenso poderá praticar uma segunda ilicitude, mas outra seria a pena aplicável se, nada obstante a punição, o agente lograr cometer a impropriedade sancionada.

Este tipo de sanção, tanto quanto a do inciso III, é relevante e deve ser sopesada à luz do direito de trabalhar, convindo que seja admitida a atividade, conforme o caso, em ambiente fora da EFPC, por exemplo, na patrocinadora.

O punido não está impedido de operar noutra empresa durante o período de suspensão ou ser autônomo. Não fica muito claro, quando fala em entidade de previdência complementar, sem distinguir se está aludindo à fechada ou à aberta, mas à vista do disposto no inciso III (que, então, torna isso evidente) diz respeito apenas às fechadas.

O prazo máximo da suspensão é de 180 dias e um primeiro tempo tem sido fixado em 90 dias.

Com a suspensão e o afastamento do trabalho, sem previsão na CLT, não haverá pagamento de salários se se tratar de profissional remunerado pelo fundo de pensão. Ela não se confunde com a inabilitação, cenário em que a pessoa não pode operar em qualquer atividade complementar ou no serviço público.

Dispõe o art. 22, III sobre uma punição severa, cabível conforme o caso, que freqüentemente será debatida no que diz respeito à sua constitucionalidade, validade legal e eficácia. Uma delas, saber se a SPC tem atribuição para punir profissionais cujo exercício seja tutelado por órgãos para isso instituídos, caso da OAB, CFM, CFC e até mesmo de entidades do tipo IBA. Quando esse profissional pratica ato contrário ao Estatuto Social da sua ordem, o monitoramento da atividade fica sujeito a essa norma. No caso do advogado, a Lei n. 4.215/63 e os arts. 34/43 da Lei n. 8.906/94. Se servidor público, na Lei n. 8.429/92.

Numa hipótese extrema o trabalhador poderá cumular ato contrário à previdência complementar fechada, ao seu código de ética e até praticar crime e causar prejuízo ao patrimônio, por via de conseqüência sujeitando-se às penas do art. 65 da LBPC, da entidade de classe, do Código Penal e do Código Civil (indenização).

1. Conceito — Inabilitação, *in casu*, significa suspender (e não tirar) provisoriamente a permissão legal para trabalhar, ou seja, vedar à pessoa anteriormente autorizada o exercício da atividade profissional correspondente ao cargo ou função. Obstar por certo tempo, resultando em sério obstáculo à atividade profissional, remunerada ou não (por isso inclui diretores ou conselheiros). O alcançado pela sanção fica proibido de exercer certas atividades, cujo ingresso sobrevenha com contrato ou concurso público.

2. Afastamento — Tratando-se de modalidade agravada da suspensão, na maioria dos casos promoverá o afastamento do culpado da entidade em condições tais que ele não possa de fato reassumir. Ocupando cargo em outra entidade, será de bom alvitre editarem-se as medidas acautelatórias, padecerá de certo estigma.

3. Alcance — Não se vislumbra na medida óbice ao trabalho na patrocinadora ou na instituidora, especialmente em outro cargo ou função.

4. Provisoriedade — A inabilitação não é definitiva; embora de longa duração, tem caráter de provisoriedade. Terá início quando da ciência da punição ao sujeito passivo, perdurando pelo tempo fixado no ato formal.

5. Prazos — O tempo mínimo da pena é de dois anos e o máximo de dez anos. Ambos são drásticos e, portanto, a eles deve corresponder infração gravíssima, a um passo do delito penal. O exercício pressupõe o cargo, e distinção quanto à sua natureza ou nível hierárquico, mas à evidência aqueles que envolvem os gestores terão de ser sopesados em particular. A responsabilidade do presidente da Diretora Executiva é maior do que a de seus administrados.

6. Cargo ou função — Cargo é expressão do Direito Administrativo, representando posição distinta no quadro de carreiras, com título definido, função específica, remuneração própria, a ser preenchido por certa pessoa.

7. Extensão — Se na suspensão havia a idéia de que falava da EFPC, agora, aqui, diante da inclusão das sociedades seguradoras, das instituições financeiras e do serviço público, não há como desacolher a extensão da concepção. E, com isso, concluir-se que a interpretação da abrangência terá de ser extensiva, alcançando, por exemplo, os entes estatais e excluídos os não governamentais.

8. Objetivo — Diante do tempo de afastamento fixado, o escopo do dispositivo é afastar a pessoa do cargo e função e, na verdade, do sistema.

9. Descumprimento da pena — Não há previsão legal para aquele que, punido, não cumpra a punição. Cientificada do fato, a SPC terá de pensar nas medidas cabíveis.

10. Constitucionalidade — A Carta Magna garante o exercício da atividade profissional e isso suscita o exame da constitucionalidade da LBPC e do RPPC. Mas a Lei Maior oferece sustentação à desconstituição da relação de habilitação, se o autor da infração cometeu um ilícito que põe a perder a qualificação para o exercício da atividade. A rigor, a inabilitação não é contrária à Constituição Federal (aliás, freqüentemente praticada pelos órgãos de controle do exercício profissional); o que impressiona é a gravidade da punição e a necessidade de que os fatos sejam bem aclarados, profundamente apurados e definidas com certeza as responsabilidades, sopesadas as conseqüências, pois a sanção é seriamente limitadora. Reclama, mais do que nunca, amplo direito de defesa, liquidez absoluta e o contraditório, sob pena de injustiça.

11. Quarentena — Além da inabilitação, o art. 23 da LC n. 108/01 prevê um afastamento por 12 meses do ex-diretor em relação ao seu trabalho posterior, ainda que possa prestar serviço na EFPC (§ 1º). A Resolução CGPC n. 4/03 define vários aspectos dessa quarenta em relação à informação privilegiada.

O inciso IV cuida de severa punição, afetando o patrimônio do infrator: multa pecuniária. Fica a impressão de incisos ordenados segundo a gravidade da infração, mas o raciocínio é quebrado com a multa mínima, de R$ 2.000,00 (inciso IV), incomparavelmente menor que da inabilitação (inciso III), mesmo por dois anos, ainda que acumulados.

Multa é punição pecuniária, com caráter fiscal ou administrativo. A LBPC fala daquela com feição administrativa.

Suas principais características são:

1. Natureza — Sanção financeira diminuidora do patrimônio do agente culpado.

2. Objetivo — Punir o culpado e servir de exemplo para os demais.

3. Variação — Fixada em montante mínimo e máximo, torna difícil sua aplicação em cada caso, mas permitida a dosimetria. O tempo, a doutrina e a jurisprudência ensinarão o MPS a saber qual deve ser o montante válido.

4. Atualização — Preocupado com a cultura inflacionária e os percentuais de desvalorização da moeda, é preceituado critério de hodiernização dos montantes originais da LBPC.

O § 1º trata de acumulação da penalidade. Garante que as multas podem ser estabelecidas juntamente com a advertência, a suspensão e a inabilitação. Ou seja, duas punições por um mesmo ato ilícito. Por isso, nos arts. 63/110 do RPPC são comuns duas penas.

Não há na LBPC dispositivo correspondente, o que põe em dúvida a legalidade desse § 1º. É preferível que fosse eleita apenas uma delas.

O legislador e o administrador têm de ter consciência de que existem ilícitos que devem ser punidos com as penas formais e não as pecuniárias e, por outro lado, outros em que apenas a diminuição do patrimônio inibirá as ações condenadas. De que serve multar alguém com R$ 2.000,00 (custando o procedimento dez vezes mais do que isso) se o único efeito constrangedor será o desembolso?

Por último, o § 2º disciplina o arrependimento eficaz, mas não tão sabiamente quanto desejável. Se o infrator não praticou as três agravantes, num certo prazo fixado pela SPC, a autuação não terá início. As condições para que isso suceda, uma espécie de perdão oficial, são muito claras nas normas, mas nem tanto na prática.

O Auditor-Fiscal que as sopesar deverá estar municiado de sensibilidade, experiência e sabedoria, caso contrário, ou autuará quem não deve ou deixará de penalizar o infrator.

Em razão dos pressupostos exigidos e da dificuldade de decantação dos mesmos, o § 2º é precário e possivelmente inútil. Dele somente se aproveita o que se colhe na Lei n. 9.983/00, em relação aos crimes previdenciários. Se houve apropriação de valores, que eles sejam restituídos. Quando alguém denigre a imagem de um fundo de pensão, como ele conseguirá resgatar essa imagem? Até hoje, a previdência aberta como um todo padece indevidamente da quebra de duas entidades... Se o mal causado for material *de lege ferenda* o causador deveria, como atenuante, tentar desfazer esse mal.

1. Prejuízo à entidade — Levando em conta as duas condições que se seguem, os prejuízos à entidade só podem ser morais, porque todos os demais danos afetam os planos e os participantes. Ela tem o seu prestígio afetado, cenário de difícil mensuração, exceto se a ocorrência foi *lana caprina*, sem expressão no dia-a-dia. Melhor talvez fosse que isso ficasse por conta da prejudicada, que ingressaria com ação de danos material e moral contra quem lhe causasse o prejuízo.

2. Dano ao plano de benefícios — Somente um fato causa prejuízo ao plano de benefícios: o desequilíbrio, atuarial ou financeiro, situação a que se chega por um conjunto enorme de razões.

3. Prejuízo aos participantes — A generalidade da dicção torna quase impossível a prova do fato. O que é ruim para a entidade é péssimo para o participante; aquilo que afeta o plano erode também o seu destinatário. Porém, quem dirá em que intensidade isso acontecerá?

4. Agravantes — As agravantes assinaladas são duas, uma vez que a terceira é o próprio arrependimento e o redator do RPPC disso não se deu conta: a) reincidência e b) busca de vantagem indevida. A solução não é boa devido à nebulosidade das três primeiras condições e o fato de que a quarta não deveria fazer parte delas. Se o objetivo é desestimular a atuação negativa do agente, talvez devesse caber apenas uma advertência e distinção quanto à intenção de obter vantagem (que merece disciplina à parte).

5. Correção da infração — Como adiantado, refazer o que desfez, diminuir o prejuízo, repor a perda, é a melhor solução para alguém se beneficiar da não autuação.

CAPÍTULO XXIII

CIRCUNSTÂNCIAS ATENUANTES E AGRAVANTES

Art. 23. As penalidades previstas no art. 22 serão aplicadas pela Secretaria de Previdência Complementar, levando em consideração as seguintes circunstâncias atenuantes ou agravantes:

I — atenuantes:

a) a inexistência de prejuízos à entidade fechada de previdência complementar, ao plano de benefícios por ela administrado ou ao participante;

b) a regularização do ato que ensejou a infração, até a decisão administrativa de primeira instância;

II — agravantes:

a) reincidência;

b) cometimento de infração com obtenção de vantagens indevidas, de qualquer espécie, em benefício próprio ou de outrem;

c) não-adoção de providências no sentido de evitar ou reparar atos lesivos dos quais tenha tomado conhecimento.

§ 1º Para cada atenuante verificada, a penalidade de multa será reduzida em vinte por cento do seu valor original e nas hipóteses de suspensão e inabilitação, os prazos serão reduzidos em dez por cento, respeitados os prazos mínimos previstos nos incisos II e III do art. 22.

§ 2º Para cada agravante verificada, a penalidade de multa será aumentada em vinte por cento do seu valor original, exceto no caso de reincidência, ao qual se aplica o § 5º deste artigo, e nas hipóteses de suspensão e inabilitação, os prazos serão aumentados em dez por cento, respeitados os prazos máximos previstos nos incisos II e III do art. 22.

§ 3º A existência de uma das agravantes previstas no inciso II exclui a incidência das atenuantes previstas no inciso I.

§ 4º Caracteriza a reincidência a infração ao mesmo dispositivo legal, pela mesma pessoa, no período de cinco anos, contados da decisão condenatória administrativa definitiva.

§ 5º A penalidade de multa, na reincidência, será aplicada em dobro, respeitado o limite previsto no inciso IV do art. 22 deste Decreto.

§ 6º Não serão consideradas para efeito de reincidência as infrações cometidas na vigência da Lei n. 6.435, de 15 de julho de 1977.

Remissão: art. 22 do RPPC.

Depois de fixar a autoridade instrumentalizada com os poderes de aplicar a penalidade (SPC), nos incisos I/II o art. 23 regula a dosimetria da pena decorrente de certas circunstâncias que envolveram a infração, favorável e contrária ao autor da ação, estabelecendo regras imperativas a serem observadas, inclusive no que diz respeito à reincidência, duplicidade da pena e, em dispositivo que deveria ser separado dos anteriores, anistia para atos cometidos até 29.5.01 *(sic)*.

Fica claro que a fiscalização do MPS não pune, mas apenas averigua, apura e autua; quem adverte, suspende ou desabilita o exercício profissional ou multa é a SPC. Claro, decisão que se submete ao crivo do CGPC, mas apenas em razão do duplo grau de jurisdição.

Quando destas regras, o *caput* não distingue entre advertência, suspensão, habilitação ou multa, mas resta claro que os comandos dos §§ 2º/3º dizem respeito apenas às multas.

Atender às atenuantes e às agravantes é providência obrigatória; as importâncias ditadas nos 48 artigos do decreto são básicas, em abstrato, a partir das quais será feito o cálculo do valor da multa a ser aplicada.

Por ser a SPC a entidade governamental com capacidade para punir, em caso de Recurso de Apelação de sua decisão, caberá a impugnação por parte do punido.

Por ser quantificada numericamente (prazos e valores), não existem atenuantes ou agravantes para a advertência (art. 22, I). Entretanto, presentes as hipóteses elas não deixarão de influenciar psicologicamente quem redigir essa punição.

Atenuantes são comportamentos do autor do ato ilícito a serem apreciados, sopesados e relevados pelo aplicador da norma jurídica, procedimentos levados em conta por ocasião da avaliação do gesto humano tido como inconveniente ao sistema, que com natureza contínua ou única, justifica a diminuição da pena básica em tese. Quem age no estrito cumprimento do dever, por vezes causa danos e não é punido por isso, uma forma de exclusão da responsabilidade, filosoficamente podendo ser tida como atenuante. Abstraindo juízos morais, arrepender-se tecnicamente do que se fez, isto é, corrigir o mal causado tem de ser considerado, não só por conta do resultado consumado como para servir de exemplo para os outros. Essa correção pouco tem a ver com a ética, porque não é isso que agora a norma busca (ainda que a possa lograr). Se assim não for, o autor poderá desistir da ação reparadora.

O inciso I elencou apenas duas modalidades de atenuantes, mas outras poderão ser avaliadas pelo julgador:

1. Prejuízos à entidade — Ajuizando-se com as duas condições que se seguem na mesma oração (I, *a*), prejuízos à entidade só podem sobrevir na órbita moral; os demais danos ali concebidos dizem respeito aos planos, aos partici-

pantes e ao segmento. São diminuições do patrimônio previdenciário que interessam. Se alguém causa outro tipo de dano ou prejuízo, responderá civil e penalmente. E até moralmente, é claro.

Se alguém destrói deliberadamente um arquivo de disquetes com informações relativas ao plano de benefícios ou aos participantes, causará prejuízo material enorme, a ser punido por outras normas jurídicas. Embora os efeitos sejam previdenciários o ato em si ofende diretamente o patrimônio da entidade e não do seu plano de benefícios.

A EFPC tem o seu prestígio afetado, cenário de difícil mensuração, exceto se a ocorrência for *lana caprina*, sem expressão no dia-a-dia. Melhor talvez fosse que isso ficasse por conta da prejudicada, que ingressaria com ação de dano material e moral contra quem lhe causasse o prejuízo.

Perquirindo os arts. 63/110 é possível pinçar algumas infrações mais ligadas às entidades do que aos planos e aos participantes: a) divulgar informação inverídica (art. 66); b) prestar serviços não previdenciários (art. 89); c) descumprir o convencionado (art. 90); d) manter estrutura interna contra a lei (art. 92); e) não cobrar o atraso do patrocinador (art. 99); f) não comunicar à SPC a inadimplência do patrocinador (art. 100); g) alienar bem indisponível (art. 101); h) realizar operação comercial vedada (art. 103); i) conceder benefícios irregulares (art. 104); j) elevar a contribuição de patrocinador sem autorização (art. 106); l) cobrar do patrocinador contribuições excessivas (art. 107); m) cobrar indevidamente despesas administrativas (art. 108); e n) exercer controle de empresa (art. 109).

2. Prejuízos ao plano de benefícios — Fundamentalmente, um fato genérico e amplo causa erosão ao plano de benefícios: o desequilíbrio, atuarial ou financeiro. Consumação atingida por um conjunto enorme de razões. Embora de difícil configuração o cenário, das 48 infrações elencadas nos arts. 63/110 é possível apontar algumas das principais que caracterizariam esses prejuízos: a) deixar de constituir reservas técnicas (art. 63); b) aplicar os recursos em desacordo com as diretrizes gerais (art. 64); c) utilizar no cálculo das reservas matemáticas métodos sem relação com a massa (art. 73); d) não preservar os recursos garantidores das reservas técnicas (art. 74); e) destinar os recursos para outros fins (art. 75); f) desviar o superávit para outros fins (art. 76); g) reduzir a contribuição em desacordo com a legislação (art. 77); h) não equacionar o déficit (art. 78); i) não apurar as responsabilidades (art. 79); j) não segregar o patrimônio do plano em relação ao plano do instituidor (art. 88); e l) permitir o repasse de ganhos de produtividade (art. 105).

Se nada disso sucedeu, a atenuante se impõe.

3. Dano aos participantes — A generalidade da dicção torna quase impossível falar do que seria o fato. O que é ruim para a entidade é péssimo para o participante; aquilo que afeta o plano diminui os direitos do seu destinatário: o participante. As coisas se complicam se alguém tiver de dizer em que intensidade isso aconteceu. Da mesma forma são possíveis hipóteses em que se verifica-

riam essas circunstâncias: a) deixar de fornecer aos participantes os documentos básicos da relação jurídica (art. 65); b) deixar de prever autopatrocínio, resgate, *vesting* e portabilidade (art. 70); c) não universalizar a proteção (art. 72); e d) não divulgar informações (art. 81).

4. Prejuízo ao segmento — Muitas das ilicitudes relatadas no Decreto n. 4.942/03 podem ter como pólo passivo o segmento complementar como um todo, ou seja, afetarem mais efetivamente a proteção social privada (claro, sempre se sabendo que isso não sucede sem que os protegidos sejam também afetados). Talvez seja interessante suscitar alguns deles para que aconteça uma divisão de idéias sobre as condições impostas pelo dispositivo.

O art. 82 sanciona a EFPC que não prestar informações à SPC. Deixar de atender às instruções do CGPC constituem ato ilícito (art. 83). Extinguir um plano de benefícios ou promover a retirada de patrocinadora sem a oitiva dos entes supervisores é medida coibida (art. 85). Permitir que uma pessoa sem as qualificações de participante faça parte do plano não é recomendável (art. 86). Não terceirizar a gestão da entidade fechada associativa é condenado (art. 87). Promover reorganização societária, transferência de patrocínio ou de participantes é vedado (art. 91). Não atender à SPC (art. 94). Não prestar informações à SPC (art. 95).

Algumas dessas atividades são personalíssimas: a) o responsável pelas aplicações não prestar informações (art. 93); b) os gestores da EFPC não municiarem o administrador especial, interventor ou liquidante com informações necessárias (art. 96); c) o interventor não pedir aprovação da SPC (art. 97); d) o liquidante incluir no quadro de credores habilitação indevida (art. 98); e, por último, e) um ilícito seriíssimo que denigre a EFPC, compromete o plano e decepciona os participantes, além de erodir a imagem do sistema: praticar previdência de fato (art. 102).

Concluindo, quando materializada a infração estudada, dificilmente se poderá aplicar alguma atenuante nas condições estabelecidas pelo RPPC, porque todas elas, ou a sua maioria, acabam por causar dano às instituições defendidas (EFPC, plano ou participante).

Finalmente, segundo a alínea *b* do inciso I, ter o agente causador da impropriedade, antes de expedida a Decisão-Notificação, a ser regularizado. Quer dizer, mesmo deflagrando o gesto ilícito que causa o prejuízo enunciado na alínea *a*, se o autor a corrige a tempo, esse fato será tido como atenuante.

Realmente, essa diminuidora da pena é real, palpável e aplicável porque é perceptível o ato comissivo de regularização da ocorrência, igualmente comissiva, mas que admite também até mesmo a omissiva. Se alguém deixou de fazer alguma coisa ou a fez fora do prazo e a refaz, tem-se a atenuante.

Este cenário é mais um daqueles que pressupõem sabedoria do aplicador da norma, pois em se tratando da pesadíssima multa do art. 102, sendo certo que ninguém pretenderia criar um fundo de pensão com outra intenção que não a óbvia, de lograr proteção adicional, imagine-se que a entidade começou a receber contribuições ou pagar benefícios antes da portaria de sua aprovação (às vezes, por inexperiência, julgando ter havido a homologação). Uma vez autuada, antes da Decisão-Notificação (que depende da SPC), que sobrevenha a aludida aprovação.

Neste caso excepcional, agirá conforme os princípios da boa administração o órgão fiscalizador do MPS, primeiro, aprovar o Estatuto Social e o Regulamento Básico da entidade para, depois, apreciar a defesa prévia, tornando, assim, possível a atenuante.

No inciso II dispõe o art. 23 sobre as agravantes. São comportamentos do autor de ato ilícito a serem sopesados por quem tiver de julgá-lo, que indicam sua deliberada intenção de praticar a impropriedade, com desprezo pelo ordenamento.

Agravantes são comportamentos pessoais do autor da ocorrência reveladoras do desprezo pelo ordenamento jurídico, qualquer que seja aquele, pouca consideração pela instituição em que opera, disposição de acrescer ilicitamente o seu patrimônio, juízos antecedentes simultâneos ou sucessivos ao ato contrário que se aprecia sob a hipótese de se constituir numa infração.

No caso, interessam apenas as agravantes descritas nas três alíneas do inciso II. As demais dirão respeito ao Direito do Trabalho ou Direito Penal, mas não ao contencioso administrativo objeto do Decreto n. 4.942/03:

1. Reincidência — Quer dizer a repetição infracional, podendo ser genérica ou específica. Para o RPPC é a específica, ou seja, ter o sujeito passivo da autuação cometido a mesma infração num período de cinco anos (§ 4º). Assim, não se terá a reincidência se as autuações anteriores disseram respeito a outra capitulação da lei ou do decreto ou, ainda que a mesma ocorreu há mais de cinco anos. Descabe ao aplicador da norma, diante desse texto, fazer outro raciocínio, baseado nos antecedentes e na idoneidade do autor.

2. Vantagem indevida — Objetivar vantagem para si ou para terceiros é outra modalidade de agravante. Exceto na figura da culpa sem dolo, dificilmente alguém agirá contrariamente à lei sem pretender algum enriquecimento ilícito ainda mais quando a norma a qualifica como sendo a de qualquer espécie, o que inclui desideratos não pecuniários. Também não importará se age movido em favor de terceiros, como é o caso de conceder benefício de complementação indevida para alguém. A conclusão do julgador a respeito desta agravante derivará das circunstâncias dos fatos apurados, de sua natureza, porque existem tipos infracionais em que é impossível a pretendida vantagem.

3. Arrependimento eficaz — A última hipótese do inciso II, que se divide em dois gestos, é mais delicada. Pressupõe a lesividade do ato. Não é impossível alguém proceder contra a lei ignorando a contrariedade com o ordenamento jurídico. E de todo modo, não será a SPC que caracterizará esse conhecimento, que é subjetivo. Não ter adotado medidas que pudessem evitar a impropriedade

praticada também é agravante, ou seja, reclama o que se poderia designar tecnicamente de arrependimento eficaz. Se alguém percebe que vai ser concedida uma complementação indevida por ato seu e, antes que ela suceda, impede o deferimento ou se já foram feitos pagamentos, susta os seguintes e repõe o indevido, impede a agravante (convindo ver se não é uma atenuante).

À exceção da definição de reincidência do § 4º — a partir do § 1º — (?) dispõe o administrador sobre a dosagem da penalização, indo até o § 6º do art. 23. O aplicador tomará a multa em seu valor original, aquela descrita nos arts. 63/110 e operará com ela, subtraindo ou aumentando-a (§ 2º). Evidentemente cada atenuante reduzirá o *quantum* e, da mesma forma, cada agravante o ampliará.

A cada atenuante caracterizada serão deduzidos 20% da multa original. Nesse caso, se cometida a pior das infrações, a do art. 102, ela cairá até R$ 400.000,00, ficando em R$ 600.000,00. Como o art. 23, I, prevê apenas duas atenuantes, o máximo da redução será, portanto, de 40%.

Em se tratando dos prazos de suspensão e inabilitação, não está bem claro como se operam as reduções e as ampliações, porque, diferentemente da multa, que é sempre um valor atribuído pelo RPPC, os prazos variam de um mínimo até um máximo. O art. 22, II fala em suspensão "de até" 180 dias, podendo ser menor. O art. 22, III, fixa em dois a dez anos. Nos dois casos, não há, por assim dizer, uma penalidade básica. Com isso dá-se ao julgado uma capacidade enorme de fixar, dentro dos limites, um prazo elevado para depois reduzi-lo (parecendo generoso) ou um prazo diminuído para depois elevá-lo (parecendo justiceiro)...

Disciplinando o aumento da pena, diz o § 2º, que a cada agravante a pena pecuniária será aumentada em 20% do valor original e em 10%, caso se trate de pena de suspensão e inabilitação.

Dão-se exemplos dramáticos, como os anteriores. Se a multa básica é de um milhão de reais, a cada agravante do inciso II (excetuada a da reincidência), a pena aumentará em R$ 200.000,00, chegaria até R$ 1.400.000,00 *(sic)* — não fora o § 5º. Em se tratando dos 180 dias de suspensão, eles aumentarão em 18 dias a cada agravante e os dez anos da inabilitação, poderão chegar a 12 anos *(sic)*, ou seja, 10% + 10% = 20% de dez anos.

Segundo o § 3º, quando presente qualquer uma das agravantes previstas no inciso II — reincidência (a), objeto de lucro (b) e não reparação (c) — as atenuantes serão abandonadas. Ou seja, neste caso (presença de agravantes) as atenuantes nada valem, o que não é justo, porque o papel destas últimas é desestimular o ato condenado pela norma. Evidentemente, o contrário seria impossível porque mesmo que aconteçam as duas atenuantes do inciso I, se também ocorreu uma só das agravantes, as atenuantes serão desprezadas e isso novamente é injusto.

Com o § 4º, inicia o RPPC o estudo da reincidência, deixando claro que isso acontecerá se contíguos quatro elementos materiais:

1. Igualdade penal — A hipótese reclama a ocorrência de duas infrações iguais, de sorte que, se distinta a capitulação estará arredada a reincidência, o que não é exatamente correto porque alguém poderia transitar pelos 48 artigos do RPPC sem decantar essa forma de majoração da pena.

2. Identidade da pessoa — Evidentemente que a reincidência tem de ser personalíssima, não ficando claro agora se está falando apenas da física ou inclui a jurídica, porque diferentes gestores de uma EFPC poderão incidir na mesma ocorrência. Diante do silêncio normativo, não distinguindo, ter-se-á de entender que fala das duas. Mas novamente tem-se aqui uma impropriedade, porque dentro do prazo se uma EFPC cometer infração, na próxima decantará a reincidência, com as suas conseqüências. Solução mais correta: caracterizar-se a reincidência quando da repetição da mesma ocorrência na mesma entidade.

3. Período básico — O fato ilícito se submete a critério regulamentar: terá de ter sucedido dentro de cinco anos.

4. Data-base — O prazo anterior de cinco anos será mensurado a partir da decisão condenatória definitiva, ou seja, a daquela a que não mais caiba recurso administrativo.

Dispõe o § 5º sobre a reincidência da infração sujeita à multa pecuniária. Terá de ser dobrada até um máximo de hum milhão de reais (corrigido monetariamente conforme o art. 22, IV). Significa que se alguém incidir numa infração que, afinal, como no exemplo anterior chegar a R$ 600.000,00, o dobro disso não passará de R$ 1.000.000,00.

Por último, em comando generoso e retroativo, indicativo de encaminhamento hermenêutico, o § 6º quer que as infrações cometidas de 15.7.77 até 28.5.01 não sejam consideradas e, para nenhum fim, inclusive para os efeitos da reincidência.

O dispositivo suscita a idéia de que os procedimentos anteriores à LC n. 109/01 que estejam em andamento devessem ser arquivados, diante do perdão determinado pelo § 6º.

CAPÍTULO XXIV

REMUNERAÇÃO DO SUSPENSO

Art. 24. Na hipótese de aplicação da penalidade prevista no inciso II do art. 22, o infrator não fará jus à remuneração paga pela Entidade Fechada de Previdência Complementar, durante o período em que perdurar a suspensão.

Remissão: art. 5º, XII, da CF;
art. 14, IV, da LBPC;
art. 13 do PBPS;
art. 14 do PCSS;
art. 457 do Decreto-lei n. 5.452/43 (CLT);
art. 22, II, do RPPC.

Implicitamente, promovendo distinção entre suspensão e inabilitação, o art. 24 trata do vínculo jurídico laboral subjacente entre o infrator e a EFPC, após transitar em julgado a decisão do contencioso administrativo. Não necessariamente apenas a do CGPC, porque se da Decisão-Notificação da SPC o autuado não recorrer, esta fará coisa julgada. Tema suscitando perquirição de comandos do Direito do Trabalho.

No primeiro caso, o transgressor está impedido de exercer a sua função por até 180 dias, mas não obstado para empreender atividades fora da EFPC. De certa forma, ele será um licenciado sem remuneração.

No segundo caso, trata-se de uma "suspensão" mais rigorosa, porque se estende a outras instituições, atingindo também a previdência aberta e o serviço público, suscitando o direito constitucional de trabalhar. Ou seja, tratando-se de um contador, economista, advogado ou atuário, segundo a disposição do preceito, eles somente poderiam exercer a sua profissão, durante o cumprimento da pena, no âmbito da iniciativa privada (exceto nas seguradoras e financeiras).

O dispositivo enfocado é evidente e óbvio, possivelmente previsto para contornar dúvidas que possam ser suscitadas. Não quer que a EFPC desembolse salários ao infrator. Como antecipado, traduz um cenário laboral correspondente à licença não remunerada, em que o contrato de trabalho está suspenso.

Atingido pela redução da capacidade, se nada mais fizer, o autuado tem permissão de filiar-se como facultativo perante o RGPS (PBPS, art. 13 ou PCSS, art. 14) ou exercer outra atividade e manter a qualidade de segurado do INSS.

Questão delicada diz respeito a continuar filiado ao fundo de pensão mediante o autopatrocínio. À luz do art. 14, IV, da LBPC, sustentamos que: "Perda total significa a não-percepção da remuneração, que, da mesma forma, pode suceder por variados motivos pertinentes à relação empregatícia ou securitária, podendo ser: a) afastamento do trabalho; b) licença sem remuneração; c) trabalho no exterior; d) gozo de benefício por incapacidade, etc." ("Comentários à Lei Básica da Previdência Complementar", São Paulo: LTr, 2003, p. 149). Com efeito, não há vedação na lei ou no decreto para ele pagar a dúplice contribuição.

A obviedade da afirmação normativa produz inquietações sobre o seu alcance; se o punido não está trabalhando na entidade inexiste a contrapartida da retribuição. Com isso cria-se um futuro problema para a entidade: sobrevindo a anulação da condenação, administrativa ou judiciária, com a reabilitação do processado, ele pretenderá essa remuneração (e aí sem ter trabalhado).

O RPPC não tem o poder de decidir sobre o pagamento de salários ao empregado de uma EFPC, no máximo pode declarar ser ou não devida essa retribuição, sem constituir o dever ou a dispensa. Ele não pode disciplinar o assunto, que é questão laboral e pertence à discrição da EFPC. Faz afirmação que ou consta da LC n. 109/01, e não consta, ou não existe, ainda que à evidência, diante do afastamento, raramente alguém cogitará do pagamento.

1. Outro empregador — Suponha-se que o infrator, sem poder operar na EFPC em que ocorreu a infração, venha a prestar serviços noutra EFPC. Em razão dessa contrapartida um trabalho não remunerado dificilmente seria acolhido na Justiça do Trabalho. Por outro lado, imagine-se que, nada obstante a punição, por qualquer motivo a entidade pague-lhe a remuneração mensal. Inexiste previsão para a hipótese de infração, cabendo a aplicação genérica do art. 22 à entidade que descumpriu a legislação ou validade do art. 110.

2. Distinção — Diante do seu significado, estranha que se refira apenas à sanção do inciso II, porque no caso do inciso III, *a fortiori*, também não haverá remuneração.

3. Clientela — O universo dos que prestam serviços para um fundo de pensão fechado compõe-se de empregados *lato sensu*, autônomos e pessoas jurídicas, cada um deles sujeito à incidência do RPPC no caso de infração, exemplificando-se com médicos peritos, advogados, contadores, economistas e atuários; e terceirizados (autônomos e cooperados). Sem falar nos não remunerados, como os membros dos diferentes conselhos. Quando retribuídos todos esses trabalhadores, inexistente o trabalho, não haverá o salário, é o que diz o artigo sob comento.

4. Remuneração — O valor que não pode ser pago é a remuneração, conceito laboral a ser buscado no art. 457 e seguintes da CLT. Importâncias ressarcitórias de despesas e montantes indenizatórios não são abrangidos pelo preceito e, da mesma forma, créditos adquiridos anteriormente ao cumprimento da punição. À vista do objetivo do dispositivo, que quer o afastamento da pessoa do ambiente de trabalho, poderá se entender incluídos os honorários dos autônomos, mas não os das pessoas jurídicas.

5. Administrador designado — Esqueceu-se o elaborador do RPPC de contemplar especificamente as hipóteses da remuneração do administrador especial, interventor e liquidante, mas *a fortiori* a decisão a eles se aplica.

6. Natureza — Não remunerar quem não está trabalhando, ainda que cause prejuízo para a pessoa culpada, não se constitui em duplicidade da punibilidade. Decorre da lógica inerente à condição jurídica do obreiro, pois seu contrato de trabalho está suspenso, numa espécie de licença não remunerada.

7. Situação do contrato — Para os fins de Direito o contrato de trabalho ou de emprego desse trabalhador está suspenso.

CAPÍTULO XXV

RESPONSÁVEL PELA MULTA

Art. 25. A penalidade de multa será imputada ao agente responsável pela infração.

Parágrafo único. O pagamento da multa caberá ao agente responsável pela infração, podendo a Secretaria de Previdência Complementar exigi-lo da Entidade Fechada de Previdência Complementar solidariamente responsável, assegurado o direito de regresso.

Remissão: arts. 22, II e 26 do RRPC.

O *caput* dá a (falsa) impressão de que, exceto a multa, as demais penalidades não seriam aplicadas. A regra vale para as demais punições do art. 22 do RPPC.

Ab initio importa distinguir quem é o autor material do fato punível e o responsável pela infração. Muitas vezes, o agente será autor e culpado juridicamente, mas existem hipóteses de responsáveis não autores da ação cominada. Na maioria dos casos a EFPC será responsabilizada e, ela, por ser pessoa jurídica, só procede mediante a pessoa física (dirigente ou não).

O responsável pela ocorrência, conforme cada uma das infrações dos arts. 63/109 e outras mais, são pessoas físicas ou pessoa jurídica, neste último caso, a EFPC. Assim, o administrador poderá ser pessoalmente autuado e multado e, da mesma forma, a entidade fechada.

O *caput* suscita a questão da responsabilidade de quem está no estrito cumprimento do dever, ou seja, de obedecer ordens não manifestamente ilegais superiores e a distinção entre autor e responsável. Autor é quem age, que cometeu materialmente o ato ilícito e responsável é quem responde por ele.

Da mesma forma, subsistirá a culpa da EFPC caso ela tenha adotado procedimento aprovado pelos entes supervisores do MPS, cabendo-lhe, à evidência, ação regressiva ou processo de indenização de dano material e até moral por culpa *in vigilando* da SPC ou do CGPC.

Resta evidente, pois, que as figuras da suspensão e da inabilitação são pessoais e não se aplicam à entidade, mas apenas aos seus operadores.

A redação do parágrafo único, que se inicia semelhantemente ao *caput* exige que o pagamento da multa seja feito pela pessoa física, em seu nome, deixando claro que a EFPC não poderá registrar na sua contabilidade essa despesa se espontaneamente resolveu quitá-la em nome do culpado.

O parágrafo único configura a solidariedade da EFPC em relação ao seu agente responsável. Nestas condições, o decreto autoriza a SPC a responsabilizá-la por via de solidariedade. O que evidencia que existem penalidades por ação atribuída à entidade e penalidades em que é responsabilizada por solidariedade.

Não há menção ao benefício de ordem nem previsão legal, mas de todo modo a solidariedade só tem possibilidade de existir se não houver o pagamento por parte da pessoa física. Não há possibilidade de dupla punição.

Direito de regresso significa que se a entidade for responsabilizada por ato praticado por um de seus administradores, após pagar a multa, tem o direito de reaver a importância mediante ação civil contra essas pessoas (fato que se não confunde com a falta de remuneração do art. 24).

Se a multa do art. 102 é, em si, excessiva, o que dizer de, tendo ocorrido o pagamento daquele alto valor *(sic)*, sobrevir tentativa de recuperação, caso a culpa seja da pessoa física?

CAPÍTULO XXVI

RECOLHIMENTO DO VALOR

Art. 26. A multa pecuniária, prevista no inciso IV do art. 22:

I — será recolhida ao Tesouro Nacional, por meio de Documento de Arrecadação de Receitas Federais — DARF, no prazo máximo de quinze dias, contado do recebimento da decisão definitiva;

II — se recolhida fora do prazo estabelecido no inciso I deste artigo, será corrigida pelo Índice Nacional de Preços ao Consumidor apurado pela Fundação Instituto Brasileiro de Geografia e Estatística — INPC/IBGE ou índice que vier a substituí-lo, até a data de seu efetivo pagamento;

III — quando não recolhida até a data de seu vencimento, será objeto de inscrição na Dívida Ativa da União.

§ 1º Cabe ao infrator a comprovação de pagamento da multa junto à Secretaria de Previdência Complementar.

§ 2º Ao final de cada exercício, a Secretaria de Previdência Complementar promoverá a atualização, pelo INPC-IBGE ou por outro índice que vier a substituí-lo, do valor das multas aplicáveis e seus limites mínimo e máximo, para vigorar no exercício seguinte.

§ 3º A primeira atualização a que se refere o § 2º considerará todo o período decorrido desde a data da publicação de Lei Complementar n. 109, de 2001.

§ 4º Até que se dê a divulgação dos valores referidos no § 2º deste artigo, serão aplicados os valores nominais e limites vigentes.

Remissão: art. 201, § 4º, da CF;
art. 41, I, do PBPS;
art. 40 do Decreto n. 3.048/99 (RPS);
arts. 487/513 da IN SRP n. 3/05;
Parecer CJ/MPS n. 3.194/03.

O art. 26 regra o *modus operandi* mediante o qual o infrator faz o pagamento da multa e como ele fará a comunicação do desembolso à SPC, determinando-se, ato contínuo, o arquivamento dos autos.

O credor do valor é o Tesouro Nacional, ou seja, a União, que se apropriará do montante. O prazo para que o *quantum* estabelecido seja recolhido aos cofres públicos é de 15 dias. Contados da ciência da decisão final.

Quitada na rede bancária, a guia de recolhimento é o DARF — Documento de Arrecadação de Receitas Federais. Na hipótese de se insurgir com a punição, o infrator poderá depositar o montante da multa, administrativa ou judicialmente, com isso elidindo eventuais encargos futuros, no caso de não obter ganho de causa na Justiça Federal.

Tal documento conterá, no mínimo:

1. Identificação do infrator — Em se tratando de pessoa física o nome do autuado e punido (com o número do seu CPF) e, de preferência, com a indicação da EFPC em que ocorreu a infração. Caso seja pessoa jurídica, a razão social, o CNPJ e o endereço.

2. Código do pagamento — De acordo com as instruções próprias, o número do código do recolhimento e, se ausente alusão específica no DARF, o número geral.

3. Indicação do processo — Menção a número do AI, da DN, da decisão final ou número do processo que permitiu a tramitação da infração.

4. Mês de competência — Dia, mês e ano em que o infrator tomou conhecimento da decisão final (para determinação do prazo regulamentar e fins de cálculo ou não dos acréscimos).

5. Valor recolhido — Importância da multa consignada na comunicação recebida pelo contribuinte.

6. Acréscimo legal — Numerário correspondente ao acréscimo regulamentar em virtude da mora e da atualização monetária.

7. Total — Importância recolhida à rede bancária.

8. Autenticação bancária — Número, data, identificação da entidade arrecadadora e *quantum* autenticado.

9. Número de cópias — Dependendo da regulamentação administrativa, no mínimo, devem ser emitidas três cópias: a) para o contribuinte; b) para a rede bancária; e c) para controle da SPC.

Destaca o inciso II o comando relativo à correção monetária do valor da multa se recolhida fora do prazo, idêntica à do art. 41 do PBPS, isto é, variação integral do INPC, apurado pelo IBGE que vai do vencimento até a data do pagamento.

Por último, caso o contribuinte não faça o recolhimento, exceto se a pendência estiver *sub judice*, inicia-se a cobrança executiva na condição de dívida ativa da União.

Tomada a conclusão por analogia de idéias, porque formulada em relação ao AI lavrado pelo INSS contra as empresas contribuintes do RGPS, o Parecer CJ/MPS n. 3.194/03 (*in* DOU de 17.12.03) entendeu que "o pedido de relevação da multa — previsto no art. 291, § 1º do Regulamento da Previdência Social — deve ser feito no prazo de impugnação ao auto de infração lavrado pela fiscalização do INSS" (item 23.*a*) e que "a multa somente será relevada na hipótese de o infrator ter corrigido a falta até decisão originária, ou seja, do órgão próprio do INSS" (item 23.*c*).

Onerando ainda mais o infrator, agora formalmente, de vez que a rede bancária deve comunicar o recebimento de qualquer receita ao órgão destinatário, o infrator encaminhará cópia do DARF para que a SPC dela tome conhecimento e encerre o dissídio. Nada impede que esse ônus seja resolvido pela própria EFPC.

As multas elencadas nos arts. 68/110 do RPPC serão anualmente hodiernizadas pela SPC, configurando, em cada caso, o *quantum* mínimo e máximo e eles adquirirão eficácia a partir do primeiro dia do ano seguinte.

Se isso não acontecer por culpa do MPS, ainda que a esse respeito silencie o § 2º, prevalecerá o anterior (§ 4º).

O Decreto n. 4.942/03 é de 30.12.03 (DOU de 31.12.03) e entrou em vigor em 5.1.04, estabelecendo multas básicas para as 48 infrações ali contempladas (como se elas se referissem a 29.5.01). A primeira atualização de valores, portanto, contará a variação integral do INPC de junho de 2001 até dezembro de 2003.

Prevendo a inércia administrativa, por último dispõe o § 4º que valerão as multas e os valores mínimos e máximos da edição original do RPPC, firmadas em 31.12.03.

CAPÍTULO XXVII

NOTÍCIA AO MINISTÉRIO PÚBLICO

Art. 27. Sem prejuízo da aplicação da penalidade cabível, será notificado ao Ministério Público o exercício de atividade no âmbito do regime de previdência complementar por qualquer pessoa, física ou jurídica, sem a autorização devida da Secretaria de Previdência Complementar, inclusive a comercialização de planos de benefícios, bem como a captação ou a administração de recursos de terceiros com o objetivo de, direta ou indiretamente, adquirir ou conceder benefícios previdenciários sob qualquer forma.

Parágrafo único. A Secretaria de Previdência Complementar poderá requisitar, por escrito, documentos ou informações à pessoa física ou jurídica, para o fim de apuração das irregularidades descritas no *caput*.

Remissão: art. 5º, XXII, da CF;
art. 64 da LBPC;
LC n. 73/93;
Lei n. 4.595/64;
art. 197 da Lei n. 5.172/66 (CTN);
Lei n. 5.869/73 (CPC);
Lei n. 6.024/74;
Lei n. 7.347/85;
Lei n. 8.625/93 (LOMP);
Lei n. 9.983/00;
art. 102 do RPPC.

Além de dispor sobre a *notitia criminis*, o *caput* do art. 27 praticamente repete o texto do art. 102, embora o inicie de forma distinta quando diz que são as atividades "no âmbito do regime de Previdência Complementar", enquanto o art. 102 prefere limitá-las às "Entidades Fechadas de Previdência Complementar".

Ou seja, para este art. 27 o exercício de Previdência aberta ou fechada constitui fato ilícito a ser comunicado ao Ministério Público, mas o art. 102 alude apenas à fechada. Nenhum dos dois preceitos diz que é uma ação criminosa.

São dois atos a serem praticados pela SPC: a) aplicar a penalidade cabível e b) dar ciência ao Ministério Público. Este último verificará as implicações possíveis, em matéria civil e penal porque pode dar-se de o infrator previdenciário complementar ter cometido, além da infração administrativa, uma contravenção penal ou até mesmo um crime.

Fica evidente a excessiva preocupação do MPS com a formalização de entidades ou planos de benefícios de fato, prática certamente rara e improvável e se acontecer com as características apontadas, principalmente presente a boa vontade de alguém pretender a proteção de trabalhadores e a possibilidade de desconhecimento da norma jurídica acabará por aconselhar certa contemporanização da providência persecutória da punição.

Não há na medida nem na punição estabelecida nos arts. 64 da LBPC e 102 do RPPC, observância do princípio da proporcionalidade e se o MPS exagerou na regulamentação da LC n. 109/01, foi aqui.

Hugo César Amaral insurge-se contra o parágrafo único do art. 64 da LBPC, que diz: "o sigilo de operações não poderá ser invocado como óbice à troca de informações entre os órgãos mencionados no *caput*, nem ao fornecimento de informações requisitadas pelo Ministério Público". Para ele: "o parágrafo único parece-nos colidir frontalmente com a norma constitucional do art. 5º, X, que garantiu o direito ao sigilo. Está, pois, irremediavelmente eivada de inconstitucionalidade, não merecendo vigor algum" ("Aspecto do regime disciplinar aplicado no âmbito das Entidades de Previdência Complementar", *in* Jornal do 3º Congresso Brasileiro de Previdência Complementar, São Paulo: LTr, 2003, pp. 18/20).

O parágrafo único atribuiu competência à SPC para requisitar epistolarmente — que não é a figura da apreensão — "documentos ou informações" que permitam caracterizar as infrações, com vistas ao Auto de Infração e até mesmo para municiar diretamente o Ministério Público.

CAPÍTULO XXVIII

CONTAGEM DOS PRAZOS

Seção VII
Da Contagem dos Prazos

Art. 28. Computar-se-ão os prazos excluindo o dia de começo e incluindo o do vencimento.

§ 1º Considera-se prorrogado o prazo até o primeiro dia útil seguinte se o vencimento cair em feriado nacional ou em dia que não houver expediente na Secretaria de Previdência Complementar ou quando este for encerrado antes da hora normal.

§ 2º Os prazos somente começam a correr a partir do primeiro dia útil após a notificação.

§ 3º Havendo dois ou mais autuados no mesmo processo, os prazos processuais serão comuns.

Remissão: art. 184 da Lei n. 5.869/73 (CPC);
art. 10 do Decreto-lei n. 2.848/40 (CP);
art. 789, § 1º, do Decreto-lei n. 3.689/41 (CPP);
art. 210 da Lei n. 5.172/66 (CTN);
art. 66, § 3º, da Lei n. 9.784/99;
art. 25 da Portaria MPS n. 88/04;
IN SRP n. 3/05.

Dies a quo non computatur in termine. Ou seja, os prazos do contencioso administrativo de que trata o Decreto n. 4.942/03 contam-se a partir do dia seguinte da ciência do fato, se esse dia for útil. Inclui o do vencimento, ou seja, se o AI foi lavrado em 7 de março, e nesse dia o atuado tomou conhecimento do documento, os 15 dias contam-se de 8 de março e vão até o dia 22 de março do mesmo ano.

O dispositivo é amplo, ou seja, vale para todas as situações em que no âmbito do RPPC, tenha-se de observar um termo fatal para agir. Nessas condições, se a SPC requisitar documentos e informações, como se vê no parágrafo único do art. 27, o cômputo do tempo para o atendimento segue esta norma. Claro, não só para a Defesa Prévia que o decreto chama de impugnação, como para o Recurso de Apelação da Decisão-Notificação. E outros mais.

Os 15 dias são corridos, isto é, no seu curso incluem-se os sábados e domingos contidos no lapso do tempo. Na hipótese do 15º dia cair num sábado ou domingo, em feriado nacional ou em dia que a SPC não funcionar (por qualquer motivo) ou se encerrar antes do tempo normal, é prorrogado para o dia útil seguinte. Quer dizer, a idéia é que os 15 dias sejam respeitados integralmente para não prejudicar o direito constitucional da ampla defesa.

Dias 13/14 de maio de 2006 a cidade de São Paulo viveu momentos de tumulto urbano, facilmente comprovados pela divulgação midiática; fato como esse pode ser tido como excepcional e a ser considerado para ampliar o prazo regulamentar. Durante a Copa do Mundo de 2006 muitas repartições encerraram o expediente antes do jogo e esse é outro exemplo. Às vezes é feriado apenas em Brasília, onde funciona a SPC e isso deve ser levado em conta.

Evidentemente, como preliminar de tempestividade, o defendente ou recorrente tem de provar materialmente a ocorrência prorrogadora do prazo.

Conforme regra tradicional em Direito Processual, é explicitado no § 2º que o prazo se inicia no dia seguinte ao da ciência do AI ou da DN, se ele for dia útil, seguindo a linha de raciocínio do § 1º, de que, à exceção dos dias não úteis contidos dentro do curso, o do primeiro e do último dia da contagem têm de ser úteis.

Reeditam-se as observações feitas ao parágrafo anterior, já que existem outros prazos procedimentais não só no RPPC como decorrentes de inúmeras relações entre o MPS e as EFPC ou administradores e participantes.

Para efeito das prescrições, convém reproduzir o art. 66, § 3º, da Lei n. 9.784/99: "Os prazos fixados em meses ou anos contam-se de data a data. Se no mês do vencimento não houver o dia equivalente àquele do início do prazo, tem-se como termo o último dia do mês".

Conforme o § 3º, se presente mais do que um infrator não há dilação de prazos ou adição deles, continuam sendo os mesmos para todos. Mas sempre é bom lembrar que se trata de uma relação *intuitu personae* e, destarte, se um sujeito passivo da ação persecutória demonstrar que ocorreram as circunstâncias dos parágrafos, diferentemente dos demais, ele se beneficiará do que ali está contemplado.

O parágrafo dá a entender que é possível autuar mais do que uma pessoa num mesmo AI, o que não é recomendável.

Como lembrado na abertura do livro, os postulados da busca da verdade material e a possibilidade de a administração rever os seus atos, em cada caso e conforme as circunstâncias, devem ser lembrados por ocasião da análise da contagem dos prazos.

CAPÍTULO XXIX

NOTIFICAÇÃO POSTAL

Art. 29. Para a notificação postal, sempre será utilizado o aviso de recebimento ou documento similar expedido pelo serviço postal.

Parágrafo único. O início da contagem do prazo dar-se-á a partir do primeiro dia útil após a notificação.

Remissão: art. 26, § 3º, da Lei n. 9.784/99;
art. 28, § 2º, do RPPC.

A regra do art. 29 vale para as duas partes envolvidas na relação jurídica procedimental: SPC e notificado. Segundo o art. 26, § 3º, da Lei n. 9.784/99, a "intimação pode ser efetuada por ciência no processo, por via postal com aviso de recebimento, por telegrama ou outro meio que assegure a certeza da ciência do interessado". Com isso pensa-se em via e-mail, desde que fique comprovada a sua recepção.

Não deixando margem à dúvida quanto a certeza da comunicação do fato ocorrido e do cumprimento dos prazos, quando a correspondência for enviada através dos correios, terá de ser com comprovante de recebimento (AR).

Não significa que se acontecer por outro veículo, como carta comum (claro, não recomendada), ciência nos autos ou protocolo na própria SPC, não tenha validade.

A rigor, até mesmo por meio virtual será possível desde que tomado o cuidado de a parte notificada dar recibo, igualmente virtual, de que recebeu a informação.

Fica evidente, por outro lado, que qualquer modalidade de prova de ter havido o recebimento da notificação será reconhecida não só para efeito do contraditório e da ampla defesa como também para fins de contagem dos prazos.

Fora da notificação postal subsiste o mais comum dos casos que é o conhecimento nos autos ou o protocolo de algum documento na própria sede do notificado, recomendando-se que seja feito na segunda via desse documento.

À evidência, quando a notificação ocorrer na pessoa do procurador, tal fato deverá ser consignado.

O parágrafo único reedita praticamente o texto do art. 28, § 2º, deixando ainda mais claro que o início do prazo se dá, quando do envio de correspondência pelo correio, no primeiro dia útil seguinte ao recebimento da notificação.

CAPÍTULO XXX

ATUALIZAÇÃO DO ENDEREÇO

Art. 30. É ônus do autuado manter atualizado nos autos seu endereço, assim como o de seu procurador, sob pena de ser considerada válida a notificação promovida no endereço que deles constar.

Remissão: art. 5º, LV, da CF;
arts. 28/29 do RPPC.

Este é um dispositivo infeliz e destituído de validade, contrariando claramente o princípio constitucional da ampla defesa. Se a pessoa não foi encontrada, ela não foi notificada e o procedimento só seguirá quando a ciência vier a suceder. Uma obrigação dessa natureza (manter atualizado os endereços) ou consta da lei — e não consta embora moralmente exigida — ou inexiste e não pode impugnar ou sancionar procedimentalmente.

Claro que alguma penalidade poderia ser fixada para quem não atualiza seu endereço ou o do procurador, mas esta pessoa pode ser dar por intimada.

Evidentemente, da mesma forma como a impugnação ou a apelação epistolar reclama AR, não conseguirá a SPC notificar a pessoa física ou jurídica, se ela não mais estiver no domicílio antes indicado. Não poderá deixar o documento na portaria ou entregar para terceiros, ainda que sob recibo.

Curiosamente, o dispositivo não alude ao domicílio e sim ao endereço, que corresponde ao lugar da residência da pessoa e sede social da EFPC.

A notificação não entregue ao sujeito passivo não aconteceu e resta sem validade se fornecida a terceiros.

Por isso mesmo que a legislação prevê o edital, cabendo, se for o caso e assim normatizado, cobrar-se do inadimplente o custo dessa publicação como forma de sanção a quem não comunica a mudança de endereço.

CAPÍTULO XXXI

PRESCRIÇÃO INFRACIONAL

Seção VIII

Da Prescrição e da Extinção da Punibilidade

Art. 31. Prescreve em cinco anos a ação punitiva da Secretaria de Previdência Complementar, no exercício do poder de polícia, objetivando aplicar penalidade e apurar infração à legislação em vigor, contados da data da prática do ato ou, no caso de infração permanente, do dia em que tiver ela cessado, ou, no caso de infração continuada, do último ato praticado.

Remissão: art. 75 da LBPC;
art. 6º, § 2º, da Lei n. 4.657/42 (LICC);
arts. 5º e 178 da Lei n. 3.071/16 (CCb);
Decreto n. 20.910/32;
art. 26, § 3º, da Lei n. 9.784/99;
arts. 44/45 do PCSS;
arts. 103/103-A do PBPS;
art. 187 do RPS;
art. 27 do RPPC.

Em norma melhor situada na LPBC — aliás, silente a respeito e que apenas dispõe sobre a prescrição de benefícios (art. 75) —, dispõe o Decreto n. 4.942/03 sobre a decadência do direito da SPC de investigar a infração, autuar e, no término do procedimento, efetivar a punição correspondente.

Quer dizer, passados os cinco anos (contados de algum momento), ainda que decantada a ocorrência sancionada não se processará a ação persecutória do MPS, restando à SPC, se assim entender, registrar historicamente o fato (sem considerá-lo para efeito de agravante).

A norma é cientificamente válida porque se insere nas medidas que têm por escopo a tranqüilidade jurídica da relação previdenciária. Não punido o infrator, por assim dizer, o tempo se encarregou de apagar a impropriedade praticada. Todavia, *sponte propria* a EFPC civilmente não está impedida de tentar buscar reparação de dano a ela causado por alguém.

E, como se verá no art. 32, mesmo se a autuação sobreveio no prazo regulamentar à inação do procedimento administrativo por mais de três anos, implicará no seu encerramento.

Ao fixar termo uniforme, pena que nivelou todas as infrações, desde a simples advertência até a mais grave delas, com um único prazo. Deveria ter estabelecido períodos distintos para cada um dos quatro incisos do art. 22.

O que decai é a ação persecutória do MPS, sem prejuízo de outras providências a serem tomadas, inclusive aquelas que dizem respeito aos danos causados às pessoas, que poderão se sentir com pretensão de perquirir os seus direitos prejudicados na esfera civil. Nada impede, nestas circunstâncias, que a EFPC seja fiscalizada e que essa fiscalização oriente e recomende a correção dos procedimentos.

A despeito do uso do "prescreve" na oração, o prazo é nitidamente decadencial, ou seja, não é interrompido por qualquer ato, exceto a própria ação persecutória.

Assim, as providências, que não são previdenciárias, deflagradas pelo Ministério Público, conforme o caso, observarão outros prazos.

Normalmente, a decadência é argüida como preliminar de direito na Defesa Prévia ou no Recurso de Apelação; uma vez demonstrada, consiste em questão prejudicial, a ser considerada inicialmente quando do julgamento do mérito.

Problema hermenêutico sério é determinar desde quando se contam os cinco anos. O dispositivo elenca três situações diferentes, a serem consideradas em particular. Razões terão de ser desenvolvidas para as diferentes hipóteses de ação e omissão, desde já se sabendo que as últimas suscitarão maiores ônus para o exegeta.

Precariamente o texto fala em "aplicar penalidade e apurar infração", quando didaticamente é ao contrário que sucede, não restando dúvidas de que primeiro a SPC averiguará os fatos, depois instruirá a perseguição infracional para, ao final, se for o caso, proceder à punição.

Supondo-se ato instantaneamente datado, não será difícil mensurar o prazo; mede-se do dia seguinte. Exemplificativamente, quem pratica a ilicitude do art. 64, tratando-se de ato comissivo, o fará em momento determinado. Quem inicia a operação de um plano o fará num certo instante (art. 69). Aquele que reduz as contribuições em desacordo com a legislação age em certo dia (art. 77). Diferente, porém, será saber essa data certa para a EFPC que deixar de constituir reservas técnicas (art. 63), não providenciar o resseguro (art. 67) ou deixar de adotar as providências para equacionar o déficit (art. 79). Vale dizer, se a SPC não quiser ter problemas jurídicos nesta seara terá de ser eficiente na fiscalização e tomar as providências imediatamente. Mais ainda, se norma superveniente definir a contagem para essas situações particulares.

Nas 48 hipóteses dos arts. 63/110 e em outras mais estarão presentes infrações permanentes, como é o caso de não entregar os documentos constitutivos da relação jurídica de previdência complementar aos participantes (art. 65), quando o prazo será contado a partir do momento em que a lei foi atendida. Supondo uma EFPC que inicie atividades em 1º.1.06 e somente em 1º.1.10, ou seja, quatro anos depois, entregou o primeiro documento, a SPC tem cinco anos, ou seja, até 31.12.14, para autuar a EFPC.

A partir da redação é possível perceber que a infração continuada corresponde à infração permanente não cessada, ou seja, não há aí prazo algum a ser observado, que não seja o anterior. Se não cessou a atividade ilícita, no exemplo a EFPC continua não entregando o documento, a SPC tem à frente cinco anos para tomar providências e se a ação omissiva teve fim, desse termo é que será medido prazo, que é a situação anterior.

O término do prazo de 60 meses tem de ficar bem claro para todos, ou seja, se a SPC não toma nenhuma atitude, com a lavratura do AI até o final desse termo, deu-se a decadência do seu direito.

CAPÍTULO XXXII

PRESCRIÇÃO DO PROCEDIMENTO

Art. 32. Ocorre a prescrição no procedimento administrativo paralisado por mais de três anos, pendente de julgamento ou despacho, sendo os autos arquivados de ofício ou mediante requerimento da parte interessada, sem prejuízo da apuração da responsabilidade funcional decorrente da paralisação, se for o caso.

Remissão: art. 75 da LBPC;
art. 6º, § 2º da LICC;
arts. 5º e 178 do CCb;
arts. 44/45 do PCSS;
arts. 103/103-A do PBPS;
Decreto n. 20.910/32;
art. 16, § 3º, da Lei n. 9.784/99;
art. 187 do RPS;
arts. 27 e 31 do RPPC.

Caso o expediente de apuração da infração tenha ficado inerte, sem dinamicidade administrativa (inércia e movimento a serem definidos), isto é, declaradamente paralisado e não importando o motivo — que, para este fim pode ser torpe — ficará evidenciado que a Administração Pública não tem interesse na perseguição da verdade material. No mínimo, a SPC deverá monitorar os impulsos dos autos para que não sobrevenha malícia nessa estagnação.

Entende-se como paralisação não haver despacho, decisão interlocutória ou julgamento. A última idéia pressupõe inconformidade, hipótese a ser abandonada, se ausentes impugnação ou Recurso de Apelação, mas não rejeição da interposição por uma questão prejudicial.

Despacho, a ser entendido como cota impulsionadora do processo e não simples expediente (que vise a quebrar o prazo regulamentar de três anos).

Se os autos estão sem qualquer manifestação dentro do prazo do Decreto n. 4.942/03, a autoridade *sponte propria* determinará o seu arquivamento (e desse ato deve caber recurso obrigatório ao CGPC). Mas a extinção do processo também poderá sobrevir por requerimento da parte interessada.

Diante da possibilidade de que a não movimentação dos autos se deva à malícia de alguém, a SPC reserva-se o direito de determinar a averiguação da responsabilidade do servidor que a causou, gerando investigação submetida aos princípios do Direito Administrativo contidos na Lei n. 8.112/90 (ESPCU) e observada a Lei n. 9.784/99.

O prazo de paralisação fixado pela norma é de três anos, medidos conforme o art. 26, § 3º, da Lei n. 9.784/99.

Ab initio será preciso decantar em que período de tempo se tomará o prazo, ou seja, desde quando se entenderá haver um procedimento administrativo, já que não há, *in casu* um MFP identificador da ação fiscal. São vários estágios a serem considerados: a) da falta cometida; b) da representação ou denúncia; c) do inquérito administrativo; d) do AI; e) da Decisão-Notificação e assim por diante.

1. Data da infração — Descabe considerar o momento da infração como elemento determinante do prazo de três anos porque ele não decanta o procedimento administrativo, que poderá ter início até mesmo cinco anos depois.

2. *Notitia criminis* — A data da representação ou da denúncia (art. 36 e seguintes) ainda não representa também o início do procedimento administrativo contencioso. De plano, a SPC poderá desprezar as informações ali contidas, mandando arquivá-las.

3. Inquérito administrativo — O inquérito administrativo (art. 40 *usque* 56), por seu turno, tem começo e fim, mas é procedimento de apuração da responsabilidade e, assim, pode ser eleito como a data do início do contencioso administrativo.

4. Auto de Infração — Quando de Auto de Infração, o prazo dele será contado.

CAPÍTULO XXXIII

INTERRUPÇÃO DA PRESCRIÇÃO

Art. 33. Interrompe-se a prescrição:

I — pela notificação do autuado, inclusive por meio de edital;

II — por qualquer ato inequívoco que importe apuração do fato; ou

III — pela decisão condenatória recorrível.

Parágrafo único. Ocorrendo interrupção da prescrição, o prazo prescricional recomeçará a fluir desde o seu início.

Remissão: art. 219 da Lei n. 5.869/73 (CPC);
arts. 107 e 117 do Decreto-lei n. 2.048/40 (CP);
art. 32 do RPPC.

O RPPC define as três providências que sustam o curso da prescrição da ação persecutória da SPC, e qualquer uma delas poderá ser tomada no dia final dos três anos. Uma vez promovida uma dessas ocorrências, o fluir do prazo prescricional é sustado. Quer dizer que se a administração não deseja que ocorra a prescrição ela terá de tomar uma das três medidas elencadas nos incisos I/III do art. 33 e, note-se que à vista do parágrafo único, assim agindo sempre no final do prazo poderá estender a ação por muitos anos *(sic)*.

Na órbita penal o curso da prescrição interrompe-se com:

"I — pelo recebimento da denúncia ou da queixa;

II — pela pronúncia;

III — pela decisão confirmatória da pronúncia;

IV — pela sentença condenatória recorrível;

V — pelo início ou continuação do cumprimento da pena;

VI — pela reincidência" (CP, art. 117, I/VI).

A primeira hipótese (inciso I) é sobrevir a notificação do autuado. Com isso, o prazo é interrompido no dia que ele foi intimado do fato a ele atribuído.

Diante da recusa do autuado de tomar ciência da notificação, a SPC valer-se-á do edital, que é atitude unilateral. Significa que o MPS não pode deixar para o último dia a notificação pessoal ou via postal, porque se não realizadas, talvez não haja tempo para a publicação do edital nos jornais de grande circulação.

A segunda hipótese (inciso II) diz respeito a ato praticado no bojo do processo, mas não será qualquer e, sim, aquele relacionado com apuração dos fatos (o que, *per se*, demandará celeuma). O universo dessa descrição é enorme e algumas das modalidades poderão ser contestadas pelo interessado, porque poderá o MPS praticar ato simples apenas com o objetivo de sustar o curso da prescrição.

Para caracterizar o dispositivo e obter-se o efeito jurídico necessário terá de ser praticado um ato de investigação, entre os quais: a) convocação de testemunha; b) apresentação de provas; c) determinação de diligência externa; d) exame de documentação da EFPC; e) acareação; f) levantamento contábil; g) verificação de fato relativo à averiguação, etc.

Segundo o art. 219 do CPC, aqui trazido à colação por analogia de idéias: "A citação válida torna prevento o juízo, induz litispendência e faz litigiosa a coisa; e, ainda quando ordenada pelo juiz incompetente, constitui em mora o devedor e interrompe a prescrição". Para o art. 107, IV, do CP, extingue-se a punibilidade com a prescrição.

Por último (inciso III), se sobrevém condenação da qual caiba recurso, ou seja, a da SPC, da mesma forma interromper-se-á o prazo da prescrição. Entende-se que se a decisão é absolutória perde sentido o prazo prescricional.

Quando de decisão que conheça da impugnação e dê provimento parcial, entender-se-á que houve condenação recorrível. No caso da condenação por parte do CGPC, por não ser recorrível, não há de se falar em interrupção. Os embargos declaratórios, nesse sentido, podem ser considerados forma e recurso.

Em consonância com o art. 117, § 2º, do CP, interrompida a prescrição, salvo a hipótese do inciso V deste artigo ("pelo início ou continuação do cumprimento da pena") todo o prazo começa a correr, novamente, do dia da interrupção. Praticamente o mesmo é dito pelo parágrafo único do art. 33.

CAPÍTULO XXXIV

EXTINÇÃO DA PUNIBILIDADE

Art. 34. Extingue-se a punibilidade:

I — pela morte do infrator; ou

II — pela prescrição administrativa.

Remissão: arts. 107/120 do CP;
Lei n. 5.869/73 (CPC);
arts. 31/32 do RPPC.

Nos arts. 31/32 fica claro que algumas infrações não serão objeto de punição. Seja porque a ação persecutória já não é mais possível em virtude de o tempo haver passado ou porque essa ação não foi suficientemente célere. Ou seja, é o tempo afetando a natureza das coisas.

No *caput* do art. 34 dispõe o decreto sobre o fim da punibilidade antes que a pena tenha sido aplicada, porque a condenação *per se* não extingue a punibilidade e ela continuará, mesmo depois de executada, a produzir efeitos jurídicos (como em relação à reincidência).

Importa saber em que momento a cessação da punibilidade será considerada; depois de transitada em julgado a decisão do CGPC, as duas razões não mais serão avaliadas. Assim, se condenado, antes de pagar a pena, o autor da infração falece, desaparece a punibilidade e a ação prosseguirá.

O fim da punibilidade não é o fim da infração, que continuará registrada no segmento, anotação com outras finalidades como ações preventivas, papel educativo, etc. Significa que o autor da ação condenada não pode ser atingido (e não a segunda hipótese, mesmo para fundar a reincidência).

Essa extinção da punição não tem de ser declarada, encerrando-se o procedimento segundo os termos dos arts. 31/32, mas o beneficiário pode invocá-la e também os seus sucessores, com o objetivo de tentar ver restaurada a sua idoneidade, mediante procedimento administrativo distinto do ora considerado. Ou seja, o próprio ou a família do administrador que não foi punido em virtude de uma ou das duas causas dos incisos não podem pretender prosseguir o procedimento com esse fim. Terão de atingir o desiderato por outros meios admitidos em Direito.

O art. 34 diz que a punibilidade cessa em duas hipóteses (incisos I/II), mas existem outras possibilidades elencadas no CPC e que aproveitam à interpretação da matéria:

1. Perdão — Como aconteceu com o RPPC as infrações podem ser perdoadas pelo legislador. Para o art. 58 do CPC é preciso que o interessado se manifeste pelo perdão, porque pode dar-se de ele pretender que a ação vá até o final e ele seja absolvido da acusação.

2. Rejeição da denúncia ou representação — Apreciando estas duas *notitia criminis*, a SPC poderá entender *ab initio* de não haver infração a ser averiguada.

3. Arrependimento eficaz — Em determinadas circunstâncias, convindo à Administração Pública, ocorrendo a imediata correção da impropriedade, a SPC poderá preferir eleger a correção como forma extintiva em vez de tê-la como atenuante (RPPC, art. 23, I, *b*).

4. Anistia — Quando a lei anistia os acusados ou condenados, ainda que eles não tenham requerido o perdão.

5. Comutação — Substituição por outra pena.

6. Indulto — O indulto é outra forma de graça ou de anistia, de certa forma também um perdão estatal, mas que exige condições para que ele aconteça.

Segundo o inciso I do art. 34, a morte põe fim à punibilidade. *Mors omnia solvit*. Desenlace entendido como o falecimento, feita a prova com a certidão de óbito, e a ausência, declarada pela autoridade competente e, da mesma forma, o desaparecimento. Reaparecendo o ausente ou reencontrado o desaparecido, se não fulminado pela prescrição, reabrir-se-á o procedimento, e ele prosseguirá. E, claro, caberá à SPC determinar se a alegação da ocorrência de um desses fatos não é maliciosa.

Então, em qualquer momento do curso do procedimento antes da decisão final (e não necessariamente da ciência da decisão), se o infrator falece, desaparece o poder de ser punido, cuja punição perde a razão de ser.

Por último, também não acontece a possível sanção se ocorre a prescrição da ação administrativa, e o MPS fica sem saber se a infração consumou-se ou não, podendo os autos, agora arquivados, apenas servirem como prova emprestada para futura análise da responsabilidade (mas não funcionar para fins de reincidência).

Prescrita a ação conforme cada um dos arts. 31/32, por ato de ofício da SPC, o expediente interno terá de ser arquivado.

Em todo o momento, se a EFPC é declarada extinta, isto é, para fins jurídicos ela desaparece, a ação persecutória também não se realiza. Na verdade, a SPC teria dificuldades de praticar as diferentes modalidades de penas quando do encerramento de atividades da entidade.

Cenário que se repete por ocasião do processo de liquidação extrajudicial, sendo preferível que o Estado renuncie ao seu crédito, no caso de multa pecuniária, em favor da realização dos ativos.

CAPÍTULO XXXV

DECLARAÇÃO DE NULIDADE

Seção IX
Das Nulidades

Art. 35. A inobservância de forma não acarreta nulidade do ato processual quando não houver prejuízo para a defesa.

§ 1º A nulidade somente prejudica os atos posteriores àquele declarado nulo se dele diretamente dependentes ou se dele forem conseqüência.

§ 2º À autoridade responsável pela declaração de nulidade caberá a indicação dos atos nulos por força do § 1º, bem como a determinação dos procedimentos saneadores.

Remissão: arts. 166/184 da Lei n. 10.406/02 (NCC);
arts. 243/250 da Lei n. 5.869/73 (CPC);
arts. 563/573 do Decreto-lei n. 3.689/41 (CPP);
Lei n. 8.748/93;
arts. 53/55 da Lei n. 9.784/99 (PAF);
arts. 59/61 do Decreto n. 70.235/72;
arts. 28/30 da Portaria MPS n. 357/02.

Segundo o art. 166 do Código Civil é nulo o ato jurídico quando:

"I — celebrado por pessoa absolutamente incapaz;

II — for ilícito, impossível ou indeterminável o seu objeto;

III — o motivo determinante, comum a ambas as partes, for ilícito;

IV — não revestir a forma prescrita em lei;

V — for preterida alguma solenidade que a lei considere essencial para a sua validade;

VI — tiver por objeto fraudar lei imperativa;

VII — a lei taxativamente a declarar nulo, ou proibir-lhe a prática, sem cominar sanção".

Acresce o art. 171 do NCC que também é nulo:

"I — por incapacidade relativa do agente;

II — por vício resultante de erro, dolo, coação, estado de perigo, lesão ou fraude contra credores".

Cuida o art. 35 do RPPC de algumas nulidades e dos seus efeitos nos procedimentos administrativos. O dispositivo pressupõe a distinção entre ato nulo, anulado e anulável, conceitos que variam significativamente entre os doutrinadores. Eventuais questionamentos dizem respeito, como lembra *Eduardo Marcial Ferreira Jardim*, à validade do ato praticado (*in* "Dicionário Jurídico Tributário", 5ª ed., São Paulo: Dialética, 1994, p. 212).

Se o ato é inválido, de duas uma: ou ele pode ser corrigido ou não. O tema chamou a atenção de *Celso Alves Feitosa*, embora ele tivesse se preocupado globalmente com a formalização do procedimento como um todo em vez de sopesar todo ato praticado ("A Crescente Formalização do Processo Administrativo Fiscal, sua Transformação e Conseqüências", *in* "Processo Administrativo Fiscal", 3º vol., São Paulo: Dialética, 1998, p. 33).

O *caput* do art. 35 diz respeito ao direito de defesa, esposando certa despreocupação com a forma, se o ato sob consideração e a ser anulado não causar prejuízo para a defesa. Destarte, protocolada tempestivamente a Defesa Prévia do AI, a eventual informalidade praticada pela SPC na lavratura do documento não afetará a impugnação, caso a dita inconformidade não tenha sido prejudicada.

Evidentemente que se trata aqui de falha em matéria formal e não material, porque o AI é ato solene e padronizado de inteligência e vontade da Auditoria-Fiscal e suscita muitos motivos para ser desconstituído. Lógico se alguma insuficiência do ato causar dano ao direito de defesa, ela terá de ser considerada e, conforme o caso, anulada.

À exceção do CTN, os grandes códigos contemplam diversas disposições sobre a anulação de atos, cada um deles válido em sua área de competência, mas consultável por similitude, quando baseados em princípios úteis de Direito adjetivo.

A primeira fonte formal a ser consultada são os arts. 59, §§ 1º/2º e 60/61 da Lei n. 9.784/99, em que fica claro que o ato ou o termo lavrado por pessoa sem poder para isso é nulo. Esta última condição é praticamente tão ampla quanto o próprio direito de defesa...

O Decreto-lei n. 3.689/41, ainda que dispondo sobre matéria penal, fixa regra fundamental sobre a nulidade dos atos jurídicos: "Nenhum ato será declarado nulo, se da nulidade não resultar prejuízo para a acusação ou para a defesa" (CPP, art. 563). Claro que a alternativa implica em que a ausência de prejuízo num pólo não pode significar dano adjetivo para o outro. Por isso o art. 53 da Lei n. 9.784/99 diz que: "Em decisão na qual se evidencie não acarretarem lesão ao interesse público nem prejuízo a terceiros, os atos que apresentarem defeitos sanáveis poderão ser convalidados pela própria Administração". Quer dizer, se a intimação foi mal feita, mas o interessado tomou pleno conhecimento do que continha a notificação, tal fato não anulará o procedimento. Em matéria fiscal, se "puder decidir o mérito a favor do sujeito passivo, a quem aproveitaria a declaração de nulidade, a autoridade julgadora não a pronunciará nem mandará repetir o ato ou suprir-lhe a falta" (art. 28, § 3º, da Portaria MPAS n. 357/02).

De toda a teoria das nulidades, em matéria de contencioso complementar, resultam algumas idéias básicas:

1. Capacidade da pessoa — Quem não detém o poder de praticar o ato administrativo retira a eficácia deste. Logo, o AI só pode ser lavrado pelo Auditor-Fiscal e a DN, exclusivamente, ser emitida pela SPC. O ato jurídico praticado por aquele que não detém autoridade oficial para isso não vale e é nulo de pleno direito. Exceto se promovido por Auditor-Fiscal da SPC, autuação de EFPC resta sem existência formal e não produz efeitos, devendo ser declarado inexistente pela Administração Pública. A ação persecutória que tiver objeto ilícito, impossível ou indeterminado, carece de substância adjetiva.

2. Objeto inadequado — Não tem existência jurídica a ação persecutória relativa a objeto contrário à lei, aquele que é impossível de ser averiguado ou cuja autoria e responsabilidade são inatingíveis. O instituto técnico regulado no Decreto n. 4.942/03 tem amplitude, escopo e natureza próprios do contencioso administrativo. No âmbito do contencioso do RPPC, falta legalidade à SPC para apurar crimes previdenciários (ou outros quaisquer). Se a ocorrência, por sua natureza, oportunidade ou possibilidade não suscita qualquer chance de averiguação ela não deve prosseguir. *Ab initio*, sendo indeterminados as infrações, os autores ou os responsáveis, quais atos praticados por quem quer que seja, não têm utilidade.

3. Desobediência da lei — Em qualquer instante do andamento desse desdobramento complementar sobrevindo descumprimento da lei adjetiva, por qualquer das partes, o eiva de nulidade. Assim, provas obtidas de forma ilegítima não são aceitas.

4. Falta de formalismo — Por vezes, mas nem sempre, a lei deseja que o comportamento humano seja revestido de formalismo, atribuindo força jurídica igual à essência desse gesto. *Ipso facto*, se desrespeitada essa exigência nuclear, as providências de apuração não têm valor para o Direito. O AI, a DN, o acórdão da decisão final do CGPC são manifestações que reclamam formalidade; ausentes por qualquer motivo, essa omissão impugna esses procedimentos.

5. Fraude à lei — Cometida fraude à lei o ato praticado não tem validade. A principal delas é o descumprimento do devido processo legal.

6. Nulidade oficial — Quando a própria lei declara que aquele procedimento é nulo, ele nasce ilegítimo e deve ser considerado como inexistente.

7. Direito de defesa — Qualquer ato praticado nos autos ou fora deles que ofenda o direito de defesa é nulo. Não permitir o protocolo da Defesa Prévia ou do Recurso de Apelação no último dia, porque faltante providência que pode ser tomada *a posteriori,* atribui a essa atitude a substância do ato reprovado, devendo-se reabrir o prazo.

8. Ausência de prejuízo — Quando a conduta exercitada, como recusar o depoimento de uma testemunha idônea ou rejeitar a acareação, não causar prejuízo à defesa (conclusão objetiva a ser extraída do conjunto e não subjetivamente), não há necessidade de refazê-la.

9. Autor da declaração — Somente a autoridade, *in casu* a SPC, diante de sua presença, pode declarar a nulidade de um ato.

10. Iniciativa — O pedido de desfazimento de um ato pode partir do sujeito passivo da ação e, também, por iniciativa do sujeito ativo.

11. Decisão a favor — Ainda que o procedimento padeça de vício insanável — e não se está falando dos meios de averiguação, que têm de ser técnicos sob pena de perda do objeto —, se a decisão encaminha-se no sentido de absolver o acusado, eventual vício não desautoriza a conclusão final.

12. Reconhecimento do válido — No conjunto dos vários procedimentos, se apenas um ou alguns deles não se revestem de validade, os demais continuam em vigor.

13. Vitupério — Aquele que deu causa à nulidade não pode invocá-la em seu benefício.

14. Dever de correção — É ônus vinculado da Administração Pública, depois de constatada e declarada a nulidade, refazer o ato impugnado.

15. Motivação — Os postulados do Decreto n. 4.942/03 estão compromissados com a apuração da verdade com vistas à ordem do segmento complementar. Se os meios ali previstos são empregados para outros fins distantes como estes, como políticos, revanchismo, perseguição, etc., todo o procedimento é inválido.

Praticada uma invalidade adjetiva no curso do andamento procedimental somente são afetados os atos subseqüentes ao considerado, se eles dependerem ou forem conseqüência dele.

De acordo com o art. 250 do CPC: "O erro de forma do processo acarreta unicamente a anulação dos atos que não possam ser aproveitados, devendo praticar-se os que forem necessários, a fim de se observarem, quando possível, as prescrições legais".

Quem declara a nulidade de um ato inválido é a autoridade (SPC), de ofício ou mediante requerimento do interessado. Em relação ao acusado é bom lembrar o art. 243 do CPC: "Quando a lei prescrever determinada forma, sob pena de nulidade, a decretação desta não pode ser requerida pela parte que lhe causa". O mesmo se colhe no art. 29 da Portaria MPS n. 357/02.

O RPPC impõe ônus para a SPC que consiste em indicar o ato ou atos nulos e, ao mesmo tempo, indicar também quais são as providências que visem a saneá-los.

CAPÍTULO XXXVI

REPRESENTAÇÃO OFICIAL

Capítulo III

Da Representação ou da Denúncia

Seção Única

Da Administração da Representação e da Denúncia

Art. 36. A representação é o documento pelo qual uma autoridade ou órgão do poder público, ao tomar ciência de irregularidade praticada no âmbito da entidade fechada de previdência complementar ou de seus planos de benefícios, comunica o fato à Secretaria de Previdência Complementar em relatório circunstanciado, para registro e apuração.

Remissão: art. 202, § 1º, da CF;
art. 41 do CPP;
art. 177 do CP;
Lei n. 4.898/65;
art. 83 da Lei n. 9.430/96;
arts. 37/38 do RPPC.

Ao mesmo tempo em que conceitua, o art. 36 aparentemente fixa um dever próprio do Direito Administrativo, o de dar conhecimento a quem de direito de um fato que alguém considera ilícito, embora sem a clareza necessária, a certeza técnica e a propriedade de avaliação.

A comunicação oficial da ocorrência de uma impropriedade administrativa, conforme a norma, conhece algumas modalidades: a) notificação; b) ciência; c) conhecimento; d) representação; e) denúncia. O Decreto n. 4.942/03 elegeu duas delas, verdadeiros sinônimos, mas distinguidas nos arts. 36/37, praticamente separando-as conforme o âmbito público e privado.

No passado, a Lei n. 4.898/65 regulamentou o instituto administrativo da representação (para os casos de abuso da autoridade), aliás, fixando um princípio a ser observado: "O processo administrativo não poderá ser sobrestado para o fim de aguardar a decisão da ação penal ou civil" (art. 7º, § 3º).

Normalmente a representação, então definida, é precedida de uma modalidade de ciência, que pode ser uma carta do participante, um ofício e até uma comunicação anônima e, também, a simples notícia verbal.

Tomando conhecimento do fato, depois de avaliá-lo em seus vários aspectos institucionais, políticos e jurídicos, a autoridade ou órgão público, qualquer que seja ela, não necessariamente do segmento complementar, encaminhará o documento que deflagra o procedimento de apuração à SPC. Expediente administrativamente designado como representação.

Essa *notitia crimins* é um relatório, verdadeira denúncia processual, em que são reunidas informações e, se for o caso, provas e depoimentos obtidos isoladamente ou tomados emprestados. Uma breve leitura do art. 41 do Código de Processo Penal acrescerá informações úteis sobre os elementos mínimos.

Mais uma vez o elaborador da norma administrativa, visando a esclarecer exaustivamente, descreve o gênero ("âmbito da entidade fechada") e exemplifica com uma espécie ("planos de benefícios").

O objetivo da medida é duplo: a) ser registrado o fato, especialmente se a SPC entender de não haver razões para a seqüência e b) averiguação, quando sentir que há motivação para a verificação de eventuais infrações, autorias e responsabilidades.

Não há modelo oficial para isso, mas tal peça deve consignar alguns elementos básicos:

1. Natureza do instituto — A representação é uma notícia de fato ilícito em face de determinada disposição normativa, acontecido ou acontecendo e que pelo seu vulto e implicações deva chegar ao conhecimento do MPS.

2. Identificação do representante — Quem emite a representação identificar-se-á, qualificando-se no requerimento emitido. Uma informação anônima não é representação nem denúncia, ainda que possa deflagrar verificação por parte de quem de direito. Feita uma averiguação prévia, ela poderá ser substituída por ato oficial.

3. Destinatário do documento — A representação deve indicar a quem é enviada, à Secretaria de Previdência Complementar. Se o emitente se equivocou, a ela deverá ser remetida. A EFPC que a protocolou tem a obrigação de encaminhá-la.

4. Descrição da irregularidade — O fato objeto da comunicação deve ser descrito, narrado circunstancialmente, se possível com a indicação dos prováveis agentes infratores. Embora o art. 37 fale em suspeita, também na representação isso possa se dar, porque às vezes a autoridade deve comunicar tentativas de infrações ou prestar esclarecimentos que venham a não ser comprovados.

5. Capitulação legal — Se o representante souber, *ab initio*, ele indicará qual o dispositivo que foi ou está sendo infringido. Esta exigência de vínculo entre o gesto e a capitulação forçará uma análise preambular do denunciante, filtrando representações desnecessárias.

6. Provas documentais — Detendo as provas materiais, elas deverão ser juntadas à representação ou indicando-se onde elas se encontrem.

7. Depoimentos testemunhais — Às vezes é possível, quase sempre recomendável, que a persuasão do fato censurado seja acompanhada do depoimento testemunhal ou de declaração escrita.

8. Conteúdo mínimo — O conteúdo mínimo da representação faz parte do art. 38.

9. Distinção da denúncia — A representação só difere da denúncia em razão do ente emissor.

CAPÍTULO XXXVII

DENÚNCIA À SPC

Art. 37. A denúncia é o instrumento utilizado por qualquer pessoa física ou jurídica para noticiar, perante a Secretaria de Previdência Complementar, a existência de suspeita de infração às disposições legais ou disciplinadoras das entidades fechadas de previdência complementar.

Remissão: art. 202, § 1º, da CF;
art. 117 do CP;
art. 41 do CPP;
arts. 36 e 38 do RPPC.

Depois de explicitar o que seja a representação (art. 36), o Decreto n. 4.942/03 descreve a denúncia, expressão com amplo significado no Direito. Se o administrador a contemplou é porque deseja que somente esta narrativa dos fatos deflagradora à ação persecutória seja a válida.

A norma adota aqui infração em vez de irregularidade, mas em todos os casos, as duas palavras são praticamente sinônimas, embora esta última possa ser tida como um ilícito de menor gravidade. Infração é a irregularidade prevista na lei.

Considerando-se o escopo dos dois dispositivos chega-se à conclusão de que somente a impropriedade que se constitua em infração, avaliada comparadamente com as descrições dos arts. 63/110, deve ser comunicada. Decisão subjetiva que, entretanto, não suprime o direito ou o dever da pessoa de cientificar a autoridade de outras ações, que esta apreciará em cada caso.

A fim de atingir o desiderato do princípio da transparência, insculpido claramente no texto constitucional, além da participação na gestão das EFPC e do controle coletivo operado por associações, sindicatos e outros organismos, até mesmo pela patrocinadora, o Estado comete ao indivíduo protegido o direito e certo dever de fiscalizar o segmento, o que o posiciona como auxiliar do MPS na verificação do cumprimento das obrigações. O participante tem o legítimo poder e a obrigação de acompanhar os atos internos, pertencendo ou não ao Conselho Fiscal e Deliberativo e, sempre que suspeitar de alguma irregularidade ou tentativa de infração, de comunicar esse sentimento à SPC.

1. Essência da providência — A denúncia é o instrumento de comunicação que permite a ciência de uma suspeita de infração ou da própria infração em face da lei ou da legislação complementar, que sucede ou esteja sucedendo e que deva chegar ao conhecimento da Administração Pública.

2. Qualificação do denunciante — Quem emite a denúncia deve identificar-se, qualificando-se no requerimento emitido. Uma informação anônima não é representação nem denúncia, ainda que possa determinar averiguação por parte de quem de direito. Será um participante ativo ou assistido, dependente do segurado, empregado da EFPC, até mesmo alguém estranho ao sistema, enfim qualquer pessoa. Pode ser também pessoa jurídica, a própria entidade, a patrocinadora ou a empresa que tenha tomado conhecimento do fato. Principalmente um Auditor-Fiscal do INSS com atribuição exclusiva para fiscalizar as obrigações do PCSS.

3. Destinatário da denúncia — A denúncia é dirigida à Secretaria de Previdência Complementar. No caso de ter sido enviada ao MPS ou CGPC, será encaminhada à SPC.

4. Narrativa da infração — O acontecimento objeto da comunicação deve ser descrito, narrado circunstancialmente, se possível com a indicação dos prováveis agentes infratores. O art. 37 fala em suspeita, e isso obriga certo cuidado por parte do denunciante porque a alegação pode não ser verdadeira.

5. Capitulação normativa — Sabendo o denunciante, ele deverá indicar qual o dispositivo da lei ou da norma administrativa que foi ou está sendo infringido.

6. Provas materiais — Detendo as provas materiais, elas deverão ser juntadas nessa ou na ocasião oportuna.

7. Provas testemunhais — Às vezes, é possível, quase sempre recomendável, que a prova do fato seja acompanhada do depoimento testemunhal ou de declaração escrita.

8. Conteúdo mínimo — O conteúdo mínimo da denúncia faz parte do art. 38.

9. Modalidade verbal — A denúncia pode ser verbal, quando será tomada a termo na SPC (art. 38, § 2º).

10. Distinção da representação — A denúncia difere da representação em razão de quem a emite.

CAPÍTULO XXXVIII

REPRESENTAÇÃO E DENÚNCIA

Art. 38. A representação ou denúncia formalizada será protocolada na Secretaria de Previdência Complementar e deverá conter:

I — a identificação do órgão e cargo, no caso de representação, ou qualificação do denunciante ou de quem o represente, com indicação de domicílio ou local para recebimento de comunicação;

II — a identificação e qualificação do representado ou denunciado, com a precisão possível;

III — a indicação das possíveis irregularidades cometidas, dos danos ou prejuízos causados à entidade fechada de previdência complementar ou dos indícios de crime, com a precisão possível;

IV — os documentos ou quaisquer outros elementos de prova que, porventura, sustentam a representação ou denúncia; e

V — data e assinatura.

§ 1º Não atendidos os requisitos formais de que trata este artigo ou não contendo os elementos de convicção para instauração do processo administrativo, a autoridade poderá realizar diligências, bem como oficiar ao representante ou denunciante para complementar o expediente.

§ 2º A denúncia feita verbal e pessoalmente perante a Secretaria de Previdência Complementar deverá ser reduzida a termo, preservando-se a identidade do denunciante.

Remissão: arts. 36/37 do RPPC.

O art. 38 aborda tema de grande interesse para o monitoramento do segmento fechado. Ao disciplinar a representação e a denúncia, que são formas de se dar conhecimento de ilegalidades, irregularidades e impropriedades e, principalmente, quando considerar tais fatos denunciados, é preciso se lembrar de que tais instrumentos de acompanhamento podem se prestar para outras finalidades, menos honrosas.

Comunicações anônimas devem ser examinadas com muito cuidado, atenção e sensibilidade. Por outro lado, tais notícias são naturalmente inibidas, mesmo quando se tratar de infrações reais; os denunciantes sempre têm medo de sofrer represálias.

O instituto técnico ideal para apuração de impropriedades é a auditoria fiscal da SPC. Se essa inspeção acontece com a regularidade necessária e de forma consistente, tornará desnecessária a denúncia, ainda que não dispense a representação (porque não necessariamente individualizada).

O *caput* dispõe que o documento formalizador, quando escrito, deve ser protocolado na SPC, em Brasília. Quer dizer, haverá um registro formal da sua apresentação, que deve tramitar o mais discretamente possível, preservando-se a privacidade das pessoas e das instituições, procedimento o mais próximo possível do segredo de justiça.

Nada impede, entretanto, diante da continentalidade do País que seja enviada pelos correios e até mesmo via e-mail (obviamente, se atendidos os demais requisitos).

Um dos primeiros requisitos dessas comunicações de eventuais impropriedades é a descrição do órgão ou cargo do administrador que os firma, quando se tratar da representação. No que diz respeito à denúncia será necessário o signatário identificar-se ou fazê-lo alguém que eventualmente o esteja substituindo (procurador). Tornando mais formal os dois documentos, ela exige o endereço do emitente, que deveria ser dispensado em se tratando de denúncia, pelos motivos óbvios.

No inciso II, pressupondo que isso seja viável, esses requerimentos deveriam indicar a pessoa representada ou denunciada, isto é, aquela que possivelmente seja a autora ou responsável pela possível infração.

Já nesta fase preambular da averiguação deve presidir o princípio da inocência do acusado.

O inciso III aponta três itens a serem destacados, na medida do possível, com alguma precisão: a) as irregularidades; b) os danos causados ao segmento; e c) indícios de crimes.

Com isso, pretende a SPC que o autor da comunicação, bem mais próximo do fato ocorrido que o MPS, tenha uma idéia inicial do evento a ser investigado.

1. Irregularidade — É irregular aquilo que afeta a instituição como um todo, seu patrimônio físico ou moral, produz prejuízos ao plano de benefícios ou danos aos participantes, quando presente recomendação, regulamentação ou dever oficial contemplado na legislação. Um plano que contemple benefícios superiores à previsão do custeio é uma irregularidade técnica. Conceder complementação de auxílio-doença, aposentadoria para participante não incapaz é uma impropriedade. Mas deferir complementação de aposentadoria especial, segundo critérios do Regulamento Básico distintos do RGPS, não é uma infração.

2. Danos — Os prejuízos que o RPPC visa a inibir, coibir e punir, de modo geral, são aqueles que afetam a objetividade jurídica, que varia conforme cada um dos cerca de 50 procedimentos previstos no Decreto n. 4.942/03. Normalmente são morais (idoneidade da instituição), organizacionais (estrutura) e econômicos ou financeiros.

3. Indício de crime — A LC e o RPPC não têm previsão de crimes. Em seu art. 95 o PCSS contemplava vários deles, mas foram transportados para o Código Penal pela Lei n. 9.883/00, norma que, aliás, concebe crimes previdenciários (embora tivesse havido maior concentração naqueles delitos contra o INSS). Os vários crimes que possam ser cometidos contra a instituição podem ser colhidos no Decreto-lei n. 2.848/40, na Lei n. 6.024/74 e em muitíssimas outras normas jurídicas vigentes.

4. Precisão — Na medida do possível o denunciante terá de ser objetivo, conciso e preciso na identificação da irregularidade, mas sabe-se que essa é tarefa difícil até mesmo para os julgadores.

O último inciso trata das provas, exigência que, na maioria dos casos, será de difícil solução para o comunicador. Mas como lembrado por ocasião dos comentários aos arts. 36/37, se ele a possuir deverá encaminhá-las.

Caso a representação ou a denúncia não venha cercada dos cuidados necessários nem das provas possíveis e a SPC se convença de que não cabe a investigação, ela promoverá diligência fiscal e, conforme o caso, solicitará ao comunicador que reforce sua informação com mais elementos.

Comunicação verbal não será aceita; feita perante a SPC, será tomada a termo. Normalmente quem assim procede é porque não quer se identificar, cabendo, então, consoante a natureza de quem faz a comunicação, que o fato seja investigado mediante ação fiscalizadora.

CAPÍTULO XXXIX

SOLUÇÃO DA *NOTITIA CRIMINIS*

Art. 39. Recebida a representação ou denúncia e efetuadas as eventuais diligências necessárias, a Secretaria de Previdência Complementar decidirá:

I — pelo arquivamento, se concluir pela prescrição ou pela manifesta improcedência, dando-se ciência ao denunciante ou representante; ou

II — quando configurada a prática de ato, omissivo ou comissivo, que possa constituir infração nos termos deste Decreto:

a) pela lavratura de auto de infração, observado o disposto no Capítulo II deste Decreto; ou

b) pela instauração do inquérito administrativo, quando a complexidade dos fatos assim o recomendar.

Parágrafo único. O inquérito administrativo previsto na alínea *b* do inciso II pode ser instaurado ainda que não estabelecida a autoria, se houver indício ou constatação da materialidade dos fatos ditos irregulares.

Remissão: arts. 36/38 do RPPC.

Finalmente, concluindo o Capítulo III — Da Representação ou da Denúncia, dispõe o art. 39 sobre o destino dessas informações administrativas. Recebido internamente um desses dois documentos segue-se a fase da investigação, uma espécie de sindicância, quando operadas verificações, diligências, apreensões de documentos, visitas à EFPC ou a outros órgãos, que permitam concluir pela procedência ou não do alegado.

Não deixa de ser uma primeira avaliação dos fatos, submetida ao crivo de quem a faz, com vistas ao desdobramento que se segue. Quem a operar levará em conta que o ato seguinte será o arquivamento dos autos ou o início de um contencioso administrativo, critério que balizará as providências acautelatórias e celeridade do andamento do expediente.

Neste momento significativo e que reclama experiência, coragem e certa sabedoria para distinguir entre o lícito e o ilícito e que afastará posturas simplificadoras do tipo: na dúvida, será melhor autuar do que não fazê-lo.

A decisão é um julgamento subjetivo que onera o titular da SPC, terrível ônus cometido ao cargo, que recomenda enorme responsabilidade, objetividade e disposição de cumprir a lei.

O expediente será arquivado por vários motivos, embora o inciso II apenas indique duas modalidades, tendo se esquecido do art. 34, I (morte do infrator). Embora possivelmente verdadeiro o fato, ele pode não dizer respeito à previdência complementar.

A primeira prejudicial é a prescrição, objeto do art. 32 do RPPC. Se a ação estiver prescrita, restará apenas registrar o fato, determinando-se, da mesma forma, o arquivamento dos autos.

Caso os fatos relatados, ainda que verdadeiros, não constituam infrações, também o destino será o mesmo. Pode dar-se de serem procedentes, mas insignificantes.

A norma é incisiva em falar em manifesta improcedência, fixando cultura perigosa de transferir encargo àquele que tem de decidir, porque em cada caso essa conclusão é sempre difícil. Por isso, em muitos casos, com receio de errar, o expediente prosseguirá, restando ao sujeito passivo da ação a prova em contrário de sua inocência.

Entendendo de não haver o que investigar, a SPC deve dar ciência do fato aos interessados, não só ao representante ou denunciante, mas também ao sujeito passivo da apuração dos fatos.

A Administração Pública deveria adotar a idéia de que divulgar a absolvição é tão importante como dar publicidade à condenação. Quem sabe, assim, evite um processo de dano moral.

Fora das circunstâncias do inciso I, em ato administrativo vinculado, a SPC terá de tomar uma de duas providências, previstas nas alíneas *a* e *b*. Não há opção: prosseguirá na ação, esperando que as medidas subseqüentes determinem as conseqüências seguintes.

Ato contínuo, o Auditor-Fiscal da SPC lavrará o Auto de Infração disciplinado no Capítulo II — Do Processo Administrativo decorrente do Auto de Infração (arts. 3º/35), prosseguindo o procedimento administrativo.

Se não lavrar esse auto, terá de ser aberto um inquérito administrativo, cujo objetivo é a constatação ou não da infração, determinação da autoria e apuração da responsabilidade. Essa providência é objeto do Capítulo IV — Do Inquérito Administrativo (arts. 40/56).

O pressuposto dessa providência é a "complexidade dos fatos", vale dizer a SPC optará por essa solução quando entender que a propriedade do AI não está caracterizada e que a natureza, vulto e profundidade dos fatos, reclama um procedimento específico em que, por sua vez, subsista o contraditório e o amplo direito de defesa.

O parágrafo único do art. 39, que deveria fazer parte do Capítulo IV, *ab initio* deixa claro que será possível a instauração do inquérito mesmo não estando clara a autoria, mas constatada a materialidade da irregularidade. Significando que entre outros, um dos papéis dessa averiguação formal será precisar quem é o autor da infração.

CAPÍTULO XL

INQUÉRITO ADMINISTRATIVO

Capítulo IV

Do Inquérito Administrativo

Seção I

Da Instauração

Art. 40. O inquérito administrativo instaurar-se-á com a publicação no Diário Oficial da União de portaria expedida pelo Secretário de Previdência Complementar, que designará comissão de inquérito, composta por, no mínimo, três servidores federais ocupantes de cargo efetivo.

Parágrafo único. A portaria deverá conter o objeto do inquérito, a indicação do presidente da comissão e prazo para a conclusão dos trabalhos.

Remissão: arts. 129, VIII e 144, § 1º, IV, da CF;
arts. 217/239 da Lei n. 1.711/52 (EFPCU);
arts. 153/173 da Lei n. 8.112/90 (ESPCU);
arts. 4º/23 do Dec.-lei n. 3.689/41 (CPP);
Lei n. 9.784/99;
arts. 770/836 da CLT;
art. 61 da LBPC;
Resolução CNSP n. 60/01;
Resolução CNSP n. 108/04 (PAS);
arts. 41/56 do RPPC.

No bojo do contencioso de que trata o Decreto n. 4.942/03 é previsto um procedimento específico praticamente com as mesmas disposições e com longa tradição no Direito Administrativo, conhecido como inquérito administrativo. A providência guarda alguma semelhança com o inquérito policial e celetista, o que remete o aplicador da norma ao Código de Processo Penal e à CLT.

A matéria suscita problemas semânticos. Em diversos dispositivos o decreto refere-se aos investigados como representados, denunciados, notificados, indiciados, agentes, acusados, etc., revelando o cuidado em não ferir suscetibilidades, numa disposição de respeitar sempre aquelas pessoas.

1. Conceito mínimo — Inquérito administrativo é expediente de iniciativa do Secretário de Previdência Complementar, instrumentalizado mediante portaria ministerial publicada no Diário Oficial da União, quando manifesta a convicção de que houve, está havendo ou pode ter havido infringência à legislação da Previdência Complementar, com objetivo de apurar a autoria e a responsabilidade de uma possível infração contemplada na legislação. Resta evidente que a deflagração desse encaminhamento pertence à subjetividade vinculada do titular da SPC, que opera a partir de informações que lhe foram repassadas por representação, denúncia ou outras modalidades de ciência admitidas em Direito. Providência formalizada somente possível por ato solene do MPS (portaria) e cercada de alguma publicidade.

2. Natureza jurídica — Tal averiguação tem a mesma natureza do inquérito policial, isto é, consiste num mecanismo oficial de investigação administrativa, encaminhada por andamento interno formal, em que oferecidos a ampla defesa e o contraditório constitucionais. À evidência, observados os inspirados comandos do devido processo legal.

3. Fontes jurídicas — O Direito Administrativo nunca sistematizou, consolidou ou regulamentou o inquérito nem a sindicância. Comandos esparsos podem ser colhidos em normas legais como o CPP, o ESPCU, a Lei n. 9.784/99 e uma grande variedade de preceitos burocráticos, dispondo sobre um ou outro aspecto (IN SRP n. 3/05).

4. Portaria ministerial — Diante da relevância da providência intramuros, evidente oficialidade procedimental, respeitável solenidade e as conseqüências no mundo jurídico, especialmente a necessidade de certa divulgação, a decisão da SPC tem de ser objeto de portaria ministerial publicada no Diário Oficial da União, em ato que respeitará a individualidade, a privacidade e o respeito às pessoas.

5. Comissão inquiridora — O inquérito é processado por uma comissão constituída de três membros designados pela SPC, todos servidores federais ocupantes de cargos efetivos, de preferência do MPS por serem conhecedores do assunto e presidida por um deles, recomendando-se que este último seja formado em Direito. O número indicado é mínimo; conforme a gravidade, profundidade ou extensão da apuração, esse número poderá ser maior.

6. Principais aspectos — Um roteiro mínimo aponta os aspectos importantes do inquérito. São eles:

a) Ciência da ocorrência;

b) Decisão do Secretário;

c) Escolha dos membros;

d) Elaboração da portaria ministerial;

e) Fixação do prazo de duração;

f) Publicação no DOU;

g) Instauração do procedimento;

h) Notificação aos denunciados;

i) Investigações preliminares (apuração preambular dos fatos);

j) Apuração efetiva da infração;

l) Diligências externas;

m) Tomada de depoimento dos envolvidos;

n) Oitiva de testemunhas;

o) Apreensão de documentos;

p) Comunicação da conclusão;

q) Protocolo de Defesa Prévia;

r) Análise derradeira;

s) Relatório conclusivo;

t) Decisão final;

u) Defesa dos acusados;

v) Apreciação da defesa final;

x) Encerramento do inquérito, com encaminhamento para execução ou não e arquivamento dos autos.

7. Sujeitos da relação — Um procedimento dessa natureza propicia a presença de dois pólos: a) comissão ministerial e b) sujeito passivo da investigação (os notificados), sendo que todo e qualquer documento protocolado deve ser encaminhado ao presidente da comissão.

8. Sindicância interna — O Decreto n. 4.942/03, diferentemente de outras normas administrativas, não alude à sindicância, que é mecanismo preambular em relação ao inquérito, mas ela sobrevém com as investigações, não se confundindo com o inquérito. Ela é ato discricionário, unilateral, direcionado que é pressuposto do inquérito.

9. Instauração do procedimento — O inquérito tem início com a instalação dos trabalhos, normalmente mediante ata elaborada pelo secretário da comissão, documento que consignará a portaria de nomeação, nome dos membros, objetivo e duração.

10. Autos do processo — Na condição de procedimento, ao inquérito corresponde um enfeixamento de folhas ordenadas seguindo a técnica tradicional do processo civil.

11. Convocação dos envolvidos — As pessoas arroladas serão convocadas por escrito para tomar conhecimento dos fatos, da acusação que lhes é feita e dos procedimentos seguintes, sendo que, nessa oportunidade, é justo serem informados dos seus direitos constitucionais.

12. Apreensão de provas — Pode dar-se de o ilícito ficar evidenciado segundo provas materiais, documentais ou periciais, a serem formalmente apreendidas mediante Termo de Apreensão de Documentos (TAD) e juntadas aos autos do expediente. Entende-se como apreensão a ação física e jurídica de tomar do

detentor, possuidor ou quem os guardar, documentos úteis à investigação, com ou sem autorização judicial. Documentos são materiais físicos ou virtuais em que possam ser expressadas idéias, tal como declarações, recibos, perícias, fotografias, disquete, CD/DVD, relatórios, *borderaux*, contratos, livros contábeis ou não, e que interessem como meio de prova conforme o fato a ser apurado.

13. Tomada de depoimentos — Não só os envolvidos como as testemunhas do fato, participantes da comissão ou da defesa, deporão verbalmente e por escrito perante a comissão em depoimento isolado, admitindo-se, quando for o caso, a acareação.

14. Presença de advogados — O sujeito passivo da ação tem o direito de se fazer acompanhar de advogado, procurador ou representante, que poderá solicitar vistas dos autos.

15. Diligências externas — Quando julgar necessário, requerido ou de ofício, o presidente da comissão realizará pessoalmente ou indicará membro ou Auditor-Fiscal e até mesmo servidor, para promover verificações fora do ambiente da EFPC.

16. Juntada de documentos — Não só os da Defesa Prévia como todos os documentos necessários à instrução, sempre que necessários, serão anexados, juntados ou apensados aos autos do inquérito administrativo, dele fazendo parte como demonstrativo, ilustração ou prova.

17. Retirada de cópias — Os envolvidos têm o direito de solicitar cópia de documentos contidos nos autos para efeito de defesa.

18. Relatório sucinto — Encerrada a fase de investigação e verificação dos fatos, o relator elaborará um relatório que incluirá, minimamente: a) intróito de abertura; b) denúncia das irregularidades; c) apuração dos fatos; d) ilicitude praticada; e) capitulação legal; f) instrução; g) razões da Defesa Prévia; h) análise crítica da Defesa Prévia; i) conclusão final; e j) imputação da responsabilidade.

19. Decisão derradeira — Concluída a instrução, auscultadas a Defesa Prévia e a final, a comissão proferirá a conclusão definitiva, comportando apenas duas hipóteses: a) proposta de arquivamento e b) certeza da infração.

20. Princípios aplicáveis — À evidência, vários princípios próprios do Direito Administrativo são invocados no inquérito, como aqueles que dizem respeito ao amplo direito de defesa, o contraditório, dever de quem alega fazer a prova e outros mais.

21. Ministério Público — No curso do inquérito, quando presentes os elementos próprios, a comissão representará ao Ministério Público, comunicação que pode ser definida como o meio oficial, solene e formal mediante o qual essa autoridade dará ciência da ocorrência de infração punível (com indicação da capitulação), indicando os elementos de apuração, as provas juntadas, a autoria e a responsabilidade.

22. Direitos e deveres — O inquerido deve expor os fatos conforme a verdade, proceder com lealdade, urbanidade e boa-fé, não agir de modo temerário,

prestar as informações, se forem solicitadas, e colaborar para o esclarecimento dos fatos. Por outro lado, tem direito a ser tratado com respeito pela comissão, que lhe facilitará o exercício de seus direitos e o cumprimento de suas obrigações. Terá ciência da tramitação dos processos administrativos em que tenha a condição de interessado. Fará vista dos autos. Obterá cópias de documentos neles contidos e conhecerá as decisões proferidas. Formulará alegações e apresentará documentos antes da decisão, os quais serão objeto de consideração pela comissão. Far-se-á assistir, facultativamente, por advogado, salvo quando obrigatória a representação, por força de lei.

Regrando matéria adjetiva, o parágrafo único do art. 40 dispõe sobre a portaria ministerial.

Em primeiro lugar, ela deve descrever o escopo da apuração: o cenário físico e circunstancial da ocorrência, preferivelmente sem indicar nome dos envolvidos, suspeitos ou pessoas relacionadas com a investigação, podendo, entretanto, *ab initio*, configurar a amplitude da averiguação para que não extrapole a competência da comissão que se aterá apenas aos fatos indicados (sem prejuízo de dar ciência à SPC de outras ocorrências que mereçam exame).

Em segundo lugar, determinará e divulgará o nome do presidente da comissão que a presidirá.

Por último, fixará o prazo de duração do inquérito, data máxima essa que somente será elastecida quando fundadamente solicitada a ampliação e reconhecida a sua validade pela SPC.

CAPÍTULO XLI

INSTRUÇÃO PRÉVIA

Seção II
Da Instrução Prévia

Art. 41. Após a instauração do inquérito, serão notificados, conforme o caso, o denunciado ou o representado, ou as pessoas referidas nos arts. 59 e 61 da Lei Complementar n. 109, de 2001, e a entidade fechada de previdência complementar.

§ 1º No caso de inquérito que decorra de atividade de fiscalização, serão notificadas todas as pessoas que possam ter participado, de qualquer forma, da prática dos atos objeto de apuração.

§ 2º É facultado ao notificado acompanhar o inquérito desde o início.

Remissão: arts. 59 e 61 da LBPC;
arts. 116/117 da Lei n. 6.404/76;
Lei n. 6.024/74;
Lei n. 9.447/97;
Decreto-lei n. 2.321/87;
art. 38 do Decreto n. 81.402/78;
art. 42 do RPPC.

Após a instauração oficial, solenemente instalada a comissão apuradora, normalmente na sede da EFPC, inicia-se o procedimento do inquérito. Partindo da denúncia, representação ou de outras constatações preambulares, proceder-se-á a notificação de pessoas físicas e jurídicas. Ainda que a autoria e a responsabilidade sejam apenas dos administradores, a EFPC será oficialmente cientificada da investigação.

Serão intimados os elencados nos arts. 59 e 61 da LBPC, uma lista de pessoas que compromete a remissão, de vez que ali são relacionadas quem pode não ter a ver com o fato apurado (adquirentes de bens). Mas, principalmente, devem ser convocados os suspeitos, participantes ou não.

1. Administradores — Por administradores entendem-se os membros da Diretoria Executiva da EFPC, conclusão derivada do fato de que o art. 59 os distingue dos conselheiros.

2. Controladores — Não está claro quem são os controladores, pois de certa forma a patrocinadora e o MPS "controlam" as entidades. Com alguma incerteza resta entender que seriam os controladores das patrocinadoras (arts. 116/117 da Lei n. 6.404/76), lembrando-se que o art. 38 do Decreto n. 81.402/78 aludia à figura dos associados controladores nas EAPC e que também a Lei n. 9.447/97 tratou da responsabilidade solidária de controladores de instituições submetidas à Lei n. 6.024/74 e ao Decreto-lei n. 2.321/87.

3. Conselheiros — Conselheiros são os participantes que fazem parte dos diferentes conselhos, entre os quais o Deliberativo, Orientador, Fiscal e outros mais que possam existir.

4. Adquirentes de bens — Quando cabível, também serão chamados quem adquiriu bens dos administradores, controladores ou conselheiros "no exercício das funções nos doze meses anteriores" (LBPC, art. 59, § 1º).

5. Outras pessoas — Conforme se colhe no art. 42 do RPPC, outras pessoas poderão ser ouvidas, se conveniente à elucidação dos fatos.

O § 1º alarga, possivelmente em demasia e precariamente, o universo dos indivíduos a serem envolvidos. Pressupondo-se que a deflagração do inquérito deva-se à ação fiscal, "todas as pessoas que possam ter participado, de *qualquer forma,* da prática dos atos objeto de apuração" (grifos nossos), terão de ser cientificadas.

Tal medida, se não operada com acuidade resultará numa infinidade de notificados, o que tornará onerosa, lenta e inoperante a verificação, bastando para isso que um tipo de benefício indevido de complementação tenha sido deferido a milhares de participantes.

A expressão "de qualquer forma" será tomada com conhecimento, objetividade e alguma sabedoria, porque sua natureza é amplíssima. Um critério limitador seria escolher a pessoa que tenha dolosamente obtido alguma vantagem.

Exemplificativamente, se um administrador concedeu reajuste de benefícios contrário ao dispositivo que rege o resultado superavitário (RPPC, art. 76), bastará aleatoriamente ouvir dois ou três beneficiários da impropriedade, sem necessidade de convocar todos eles (que podem ser milhares).

Por fim, qualquer notificado tem permissão para acompanhar o andamento do procedimento, evidentemente autorizado a ter vista dos autos e, também, a obter cópias do que não for sigiloso. Fica, assim, restrito o número daqueles que podem se envolver na relação processual e que podem invocar os direitos do devido processo legal.

CAPÍTULO XLII

NOVOS NOTIFICADOS

Art. 42. O presidente da comissão poderá promover a coleta de depoimento dos notificados e de todos aqueles que possam contribuir para a elucidação dos fatos objeto de apuração, bem como requerer diligências, perícias e juntada de documentos e informações da entidade fechada de previdência complementar.

Parágrafo único. Se no decorrer dos trabalhos surgirem indícios de responsabilidade imputável a outro agente, será este notificado, para fins do § 2º do art. 41.

Remissão: arts. 59 e 61 da LBPC;
art. 41, § 2º, do RPPC.

Ao mesmo tempo em que autoriza a comissão a tomar depoimentos, e não só dos denunciados, o art. 42 franqueia permissão para que outras pessoas sejam ouvidas no inquérito. Algumas, apenas como testemunhas.

Como as demais, essa é outra atividade a reclamar bastante cuidado na escolha dos ouvintes. É sempre bom lembrar que num ambiente de trabalho limitado como uma EFPC, ser convocado para a oitiva será interpretado de diferentes maneiras pelos colegas, nem sempre elegantemente.

O presidente também pode determinar diligências (equivocadamente o Decreto fala em requerer), que se entendem externas, uma vez que as apurações internas são designadas de verificações. Essas diligências, como antecipado, podem ser promovidas por membros da comissão, auditores fiscais ou até mesmo pelos empregados da EFPC.

Quando for o caso, solicitará a preparação de perícia interna ou externa que viabilize a conclusão sobre a validade ou não de algum fato. Por exemplo, se estiver apurando elementos relativos a concessão indevida de complementação de aposentadoria por invalidez, submeter o participante a exame médico pericial fora da EFPC, especialmente na Fundacentro.

Juntada de documentos é providência corriqueira em processos, dossiês e expedientes administrativos. Eles podem ser elucidativos como pareceres, planilhas, declarações, certidões, enfim, quaisquer papéis úteis à averiguação. O final do *caput* leva a pequena incerteza exegética, quando encerra falando em informações da EFPC, dando a impressão de que o que é antecedido (diligências, perícias e juntada de documentos) também se refira a ela, o que não é absurdo. De todo modo, mais do que ninguém, a EFPC tem o dever de prestar todos os esclarecimentos necessários.

Embora fosse preferível que o tema tivesse sido tratado em artigo individualizado, diz o parágrafo único obviedade bastante usual: se no curso do inquérito descobrir-se que existem outros autores além dos investigados, eles devem ser notificados e não necessariamente apenas para os fins do art. 41, § 2º. Porque, suscitada, evidenciada ou caracterizada a sua imputabilidade, eles terão de ser cientificados como possíveis agentes da infração.

CAPÍTULO XLIII

ULTIMAÇÃO DA INSTRUÇÃO

Art. 43. De posse dos dados necessários, o presidente da comissão lavrará documento de acusação formal, denominado ultimação de instrução, onde descreverá a irregularidade, tipificará o fato, indicará os dispositivos legais infringidos, identificará o agente responsável e a penalidade prevista na esfera administrativa.

Remissão: arts. 40/42 do RPPC.

Ao final da averiguação, quando julgar ser possível uma conclusão objetiva, possivelmente no prazo regulamentar, concluindo que dispõe de motivos para isso, a investigação cessa e o presidente da comissão assume relevante e indeclinável posição: a de finalizar esse trabalho preambular e, agora, sim, definir o resultado da apuração.

Se não tiver os dados necessários, ele deve submeter os autos à apreciação da SPC para prorrogação do prazo. Inocorrente autorização, sem certeza da autoria e responsabilidade nem se puder capitular com precisão a ocorrência, terá de promover *ad referendum* o arquivamento dos autos.

Mas na posse dos elementos necessários elaborará um ato formal importante, muito semelhante ao Auto de Infração, à Notificação Fiscal e à Decisão-Notificação e, por derradeiro, a sentença judicial. Porque terá de ter introdução, relatório dos fatos, fundamentos, capitulação e *decisium*, ou seja, envidará a acusação, imputando ao sujeito passivo a infração, que o Decreto chama de ultimação da instrução. Ato que põe fim à investigação e dá início à imputação.

1. Conceito — Ultimação da instrução é um documento formal que expressa procedimentalmente a conclusão das investigações.

2. Irregularidade — O ato ou fato que deflagrou o inquérito, agora apurado, circunscrito e avaliado preliminarmente, será descrito conforme os pormenores que interessam ao julgamento, espécie de despacho saneador cuja certeza provirá do que foi objetivamente verificado.

3. Tipificação — Numa das atribuições mais onerosas, só superada pelo próprio julgamento, terá de reconhecer a identidade entre o que aconteceu, quando se deu, como ocorreu com o que está previsto na norma infringida, raciocínio nem sempre fácil em virtude da generalidade, fluidade e imprecisão do tipo infracional.

4. Capitulação — O processo de identificação anterior será feito à luz da norma expressa vigente, cujo texto será mencionado e reproduzido no corpo dessa decisão preliminar.

5. Autoria — O dispositivo regulamentar pressupõe que o autor sempre seja o responsável, o que não é verdade, mas de todo modo deverá indicar nos autos o nome da pessoa física ou jurídica.

6. Responsabilidade — Noutra tarefa onerosa indicará quem é o responsável pela infração cometida, referindo-se à pessoa física ou, se for o caso, à pessoa jurídica.

7. Penalidade — Partindo do texto da LBPC e do RPPC ou de outra norma válida juridicamente invocável, descreverá a penalidade prevista para a ocorrência naquelas circunstâncias.

CAPÍTULO XLIV

SEGUNDA DEFESA

Seção III

Da Defesa

Art. 44. Lavrada a ultimação de instrução, o presidente da comissão notificará o acusado para apresentar defesa no prazo de quinze dias, contado na forma dos arts. 28 e 29, indicando:

I — a autoridade a quem é dirigida;

II — a qualificação do acusado;

III — os motivos, de fato e de direito, que sustentam a defesa; e

IV — todas as provas que pretende produzir de forma justificada, inclusive o rol de eventuais testemunhas.

Remissão: art. 5º, LV, da CF;
arts. 9º e 28/29 do RPPC.

Os arts. 44/52 tratam da Defesa Prévia, que não deve ser confundida com o Recurso de Apelação (arts. 53/54), este último uma solução jurídica superveniente, após a decisão da SPC em relação à primeira impugnação.

Com a emissão da ultimação da instrução, que é ato e passouua ser documento formal, segue-se a intimação do sujeito passivo da ação, agora denominado acusado, porque pesa sobre ele a imputação de ter infringido a legislação complementar.

Nota-se que na medida em que avança a apuração as expressões regulamentares utilizadas no regulamento tornam-se mais agudas; com a Defesa Prévia, o sujeito passivo é alcunhado de defendente e mais adiante, recorrente para, conforme o caso, tornar-se um punido ou absolvido.

Com a peça acusatória à mão a comissão apuradora notificará o acusado, dando-lhe ciência dos fatos apurados constantes da decisão final. Recomenda-se que, na oportunidade, deixe claro o direito deste de examinar todo o expediente. Essa comunicação pode ser nos autos, entregue mediante recibo, por via postal e até mesmo, em caráter excepcional, por edital.

É da maior importância — ato que assegura validade ao procedimento — que o sujeito passivo tome conhecimento do texto em que é acusado de infração. Se isso não acontece, de nada serviu a apuração.

O objetivo secundário dessa comunicação (além de informar a existência do direito de impugnação), igualmente relevante, é fixar a data inicial do prazo para a Defesa Prévia. Em terceiro lugar, indicar o conteúdo mínimo dessa inconformidade. Como salientado, o prazo é contado nos termos dos arts. 28 e 29 do RPPC *(dies a quo non computatur in termine).*

Conforme o inciso I, a Defesa Prévia é dirigida ao presidente da comissão apuradora, devendo ser protocolada formalmente para garantia dos dois sujeitos da relação. Preferivelmente, apondo-se o registro na segunda via e, assim, ter-se a certeza de qual texto foi protocolado.

Como a comissão normalmente está sediada na EFPC, a Defesa Prévia deverá ser entregue pessoalmente ao presidente, mediante recibo. Caso ele não esteja presente, poderá ser acolhida por outro membro, sempre com os cuidados inerentes à convicção do protocolo.

Na abertura da Defesa Prévia, como acontece com as solicitações, as petições iniciais e os requerimentos gerais, o sujeito passivo escreverá o seu nome, número da Cédula de Identidade do RG e CPF do Ministério da Fazenda, preferivelmente também o número da carteira de trabalho, endereço residencial e domicílio, cargo, setor em que presta serviços, profissão e outros dados identificadores de suas atividades, podendo apresentar *curriculum vitae* que interesse à defesa prévia (inciso II).

Exemplificativamente, se a questão é atuarial, a indicação de que é matemático formado, *in casu* juntando o diploma, ou não.

No caso de estar representado, os mesmos elementos identificadores do procurador e se advogado, o número da OAB.

O inciso III lembra que, depois da qualificação, se for o caso, é o momento do defendente relatar os fatos de que tem conhecimento e que envolvem a área da controvérsia. Em seguida apresentar as razões com as quais pretende impugnar a decisão anterior.

1. Dos fatos — Sob técnica articulada, segmentando o texto, a narrativa dos fatos ocorridos será o primeiro momento, quando relatará os acontecimentos sucedidos. Se for o caso, apresentará os motivos que o levaram ao procedimento que adotou na ocasião, por exemplo, fazendo prova de estar cumprindo dever inescusável.

2. Preliminares de direito — Como segundo tópico, sendo cabível, suscitará as preliminares de direito, apontando as questões prejudiciais (prescrição da ação, ilegitimidade das partes, suspeição dos investigadores, legítima defesa, estrito cumprimento do dever, incompetência da SPC, litispendência, etc.).

3. Razões de direito — Na terceira parte do trabalho, na essência da Defesa Prévia propriamente dita, as suas razões fáticas e jurídicas alinhadas a seu favor, podendo alegar inocência. Recomenda-se ater-se exclusivamente ao que fez parte do documento recebido (área da controvérsia). Defender-se é um ato de inteligência e vontade, compromissado com os fatos suscitados, sem generalidades. São permitidas afirmações gerais, mas apenas as envolvidas com o tema.

4. Impugnação de procedimento — Sempre que a comissão apuradora não deu cumprimento ao devido processo legal, caberá ao acusado lembrar essa atitude e enfrentá-la com os seus argumentos.

Nem sempre a acusação permite a oposição com persuasões contrárias, mas sempre que possível é com prova que se destrói outra prova, que é o quarto momento do documento (inciso IV).

1. Provas — Agora é a vez da apresentação das provas materiais: a) trazidas aos autos; b) indicação de onde se encontrem e c) as provas emprestadas. E o rol das testemunhas a serem ouvidas a seu favor. Elas podem ser materiais (documentais), testemunhais e periciais. O dispositivo valoriza a prova possível dizendo ser a justificada, ou seja, aquela que tem relação direta com os fatos, ponderada e significativa. Não interessam persuasões estranhas à infração, as que por sua natureza não convençam o julgador ou as irrelevantes.

2. Pedido — Depois de qualificar-se, relatar o fato como aconteceu e de contraditar as acusações, resta à Defesa Prévia o pedido, que se dividirá em vários requerimentos: a) argüição de preliminar; b) solicitação do exame das provas; c) solicitação de novas diligências; d) oitiva de novas testemunhas; e e) pedido de reconhecimento de sua inocência e, por conseguinte, extinção do processo.

CAPÍTULO XLV

MEIOS DE PROVA

Art. 45. Admitir-se-ão no inquérito administrativo todos os meios de provas em Direito permitidas, inclusive oitiva de testemunhas e perícia.

Parágrafo único. O presidente da comissão poderá, motivadamente, indeferir a produção de provas consideradas impertinentes ou meramente protelatórias.

Remissão: art. 5º, LV/LVI, da CF;
arts. 332/443 do CPC;
arts. 155/250 do CPP;
art. 46 do RPPC.

É consabido que em sua essência nuclear o processo administrativo busca a verdade material dos fatos, *in casu*, de uma ocorrência que, ao final do expediente, será classificada como infracional ou não. Mas também a verdade formal do procedimento. A rigor, além das alegações de toda ordem, tendo o Direito elevado a persuasão, a convicção e o convencimento ao altar sagrado como pressuposto das decisões, como em outros litígios jurídicos, será um confronto de alegações provadas ou não e contra provas.

Em todas as suas esferas, adjetiva e substantiva, a prova é o principal aspecto dinâmico do Direito Previdenciário, e disso não escapa o complementar, o que justifica uma pequena introdução à teoria jurídica:

1. Conceito de prova — No que respeita à afirmação de um fato verdadeiro ou não, e o que interessa aqui é como instrumento de defesa, a prova é um meio jurídico lícito, material ou imaterial, mediante a qual uma pessoa física ou jurídica convence outra de que ocorreu um evento ou ainda está ocorrendo, ou não, para isso se utilizando todos os recursos possíveis em Direito.

2. Confronto probatório — Sob o princípio constitucional do contraditório, as provas da comissão apuradora serão confrontadas com as do inquerido. Enquanto não comparecerem outras formas de demonstração, é desse embate que resultará a verdade procedimental. Quem tem o poder de avaliá-las, delas extrairá a conclusão perquirida. É assente que uma prova de pequeno valor não tem o poder de persuasão, um conjunto delas assumirá a robustez convincente. Pequenos indícios chegam à persuasão de uma prova razoável. Demonstrações sem expressão, no mesmo sentido, comparam-se a uma grande demonstração.

3. Ilicitude probatória — A prova obtida ilicitamente continua suscitando diferentes interpretações jurídicas. Há quem entenda que essa ilicitude deva ser punida em particular, mas que seja acolhida a prova obtida mediante meios ilícitos; outros julgam que ela não tem valor procedimental. Ainda que não seja reconhecida por quem estiver apreciando a matéria, devido ao meio utilizado, ficará no subconsciente o fato ali revelado.

4. Tipos de provas — Como diz o texto sob comentário, são admitidos todos os instrumentos de prova, inexistindo restrições às modalidades. A inspeção judicial é um tipo particular (CPC, art. 440). Até prova em contrário a persuasão por cópia tem validade. Vários documentos, cartas, livros, e até mesmo *e-mail*, fazem prova contra e a favor. Didaticamente, as provas podem ser classificadas, segundo a materialidade, em escrita, gravada, falada, gravada em vídeo ou filmada, aceitando-se até mesmo a criptografada e psicografada. Conforme sua origem, pública ou privada. Pode ser direta ou oblíqua. No que diz respeito à sua eficácia: indicial, regular, razoável, convincente e robusta.

5. Prova emprestada — Como não poderia deixar de ser, a prova emprestada é outro veículo de convencimento. Válida em todo o processo, civil ou penal, tem também no Direito Previdenciário Procedimental Complementar o mesmo poder de persuasão. Serve a nacional ou a estrangeira, aquela decorrente de carta precatória ou rogatória, não importa qual. Chama-se de prova requisitada, aquela que foi solicitada pela comissão ou até mesmo pelo defendente.

6. Prova condicionada — Algumas das ações, fatos e acontecimentos da previdência complementar dependem do curso do tempo e de fatos supervenientes. Imagine-se alguém sendo contestado por ter feito aplicação financeira temerária e, no trânsito do procedimento, verificar-se que posteriormente à ocorrência, aquele investimento revelou-se rentável.

7. Natureza dos fatos probandos — É mais fácil provar a ação do que a inação. Convencer alguém de uma omissão terá de ser por intermédio de uma comissão não exercitada. Esgotadas as possibilidades, quando não for possível demonstrar um fato, tal cenário indicará o encerramento do procedimento.

8. Prova perdida — Por vários motivos, algumas provas perecem, justificando-se medidas acautelatórias para que possam ser aproveitadas posteriormente. Especialmente os depoimentos testemunhais. Mas se desaparecidas, ou seja, não demonstradas a tempo, restarão como simples alegações que serão subjetivamente sopesadas.

9. Prova presumida — A presunção é reconhecida em Direito e, por isso, é possível concluir-se pela ocorrência de um fato a partir de outro. As presunções *jure et de jure* e *juris tantum* para serem acolhidas têm de ter aceitação legal, doutrinária e jurisprudencial.

10. Prova pericial — A prova pericial é exaustiva e bastante respeitada no Direito Processual civil ou penal, valendo significativamente na previdência social. Ela pode ser um exame, uma vistoria ou uma avaliação (CPC, art. 420).

O perito será privado ou público, este último aquele indicado pela comissão. A prova documentoscópica ou grafotécnica, feita por técnicos habilitados é reconhecida em Direito.

11. Ponderação das provas — Cada tipo apresentado é ponderadamente inferior, igual ou superior a outra prova. A comissão deve proceder a avaliação, baseada no tipo apresentado, nunca se esquecendo das particularidades, atenuantes e agravantes de cada hipótese.

12. Validade da exaustão — Prova exaustiva não admite confronto, definida como aquela que não comporta dúvida e a todos convence e assim por diante.

13. Prova apropriada — Quem instrui o inquérito administrativo deve saber que para cada tipo de infração há de ser buscada a prova adequada ao cenário e igual vale para a Defesa Prévia ou Recurso de Apelação.

14. Momento da produção — É comum a Defesa Prévia apresentar as provas do alegado quando do protocolo de sua inconformidade, mas ela pode darse adiante, especialmente se depender de pessoa sem condições de depor.

15. Impossibilidade probanda — Em relação a ocorrências cuja prova é impossível, será inútil perquiri-las ou delas cogitar. Sabe-se, de antemão, por sua natureza ou circunstância, que algumas ocorrências escapam do alcance da demonstração jurídica. Existem acontecimentos que não deixam rastros, indícios, pistas nem provas materiais ou testemunhas, reclamando sensibilidade de quem tiver de apreciar o feito.

16. Ônus da prova — À evidência, quem alegar o fato, tem o dever de prová-lo (CPC, art. 333). Trata-se de atribuição da SPC. O julgador tem de verificar todo o tempo se não ocorreu a inversão desse encargo.

17. Desobrigação — Além de não estar obrigado a depor sobre fatos "criminosos ou torpes, que lhe forem imputados", o depoente não precisa falar de fatos "a cujo respeito, por estado ou profissão, deva guardar sigilo" (CPC, art. 347).

18. Depoimento testemunhal — À exceção dos impedidos, incapazes ou suspeitos, objeto do art. 47 do RPPC, podem ser convocadas pessoas para deporem na fase de instrução do procedimento. A prova testemunhal, sem grande eficácia no Direito Previdenciário, resta reforçada quando acompanha de início razoável de prova material. Exceto naquelas circunstâncias em que não seja possível a prova material, documental ou pericial, e também quando se tratar de alegação não documental, a prova exclusivamente testemunhal é sofrível e será apreciada com as reservas naturais. A comissão poderá ouvir pessoas sem autorização para depor e atribuirá ao depoimento o valor que ele merecer. Até prova em contrário, que é encargo da comissão, o depoimento pessoal do acusado terá de ser levado em conta. Se a confissão contra é prova suficiente, a declaração própria a favor terá de ser considerada e *per se* não pode ser abandonada.

19. Confissão — O defendente pode confessar toda a culpa ou parte dela, fazendo-o judicial ou extrajudicialmente e até mesmo por mandatário, sendo indivisa, ou aproveitando e prejudicando o confitente. Ela, entretanto, não se

transporta necessariamente para os litisconsortes (CPC, art. 350). Declarações assinadas pelo confitente se presumem elaboradas por ele (CPC, art. 368). A inquirição, uma espécie de interrogatório, é possível e também a acareação, quando úteis à averiguação.

20. Oposição à prova contrária — Além da evidente possibilidade de vista dos autos, o inquerido tem o direito de consultar e examinar a prova contra ele apresentada. Promovida pela comissão apuradora ou pelo acusado, nos autos, se não for contestada por quem a isso obrigado, será tida como admitida.

21. Independência da prova — Uns poucos fatos envolvidos com as atividades de previdência complementar dispensam provas. De acordo com o art. 334 do CPC, são os notórios, os afirmados por uma parte e confessados pela parte contrária, os admitidos como incontroversos e aqueles em cujo favor milita presunção legal de existência ou de veracidade.

As provas que não se revestem das características inerentes ao seu papel de levar alguém ao convencimento de um fato ou de sua inocorrência, aquelas abastardadas pela impropriedade, impertinência e sem poder de convicção, especialmente as meramente protelatórias ou que revelem estar o defendente pretendendo apenas anular a ação persecutória do inquérito, poderão ser impugnadas pelo presidente da comissão que, fundado em tais razões, as desconsiderará no exame da Defesa Prévia, não as retirando do processo, mas as ignorando para fins do seu próprio convencimento.

Evidentemente, mais uma vez, tal análise reclama objetividade, conhecimento e imparcialidade do analista.

CAPÍTULO XLVI

DEPOIMENTO TESTEMUNHAL

Art. 46. Sempre que houver necessidade de ouvir testemunha, o presidente da comissão expedirá notificação, da qual conste o número do processo administrativo, a finalidade da convocação, o dia, a hora e o local em que será prestado o depoimento, devendo a segunda via ser juntada nos autos.

Remissão: arts. 202/225 do CPP;
Lei n. 9.807/99;
art. 47 do RPPC.

Este mandamento sobre testemunhas impõe a distinção entre as envolvidas, de vez que o acusado será ouvido, mas não como tal. As pessoas aqui enfocadas são outros indivíduos, alguém que de alguma forma tenha tomado conhecimento dos fatos e cujo depoimento seja útil à produção das provas.

Podem ser as arroladas pela comissão, pelo acusado ou outros interessados, aqueles que serão válidos convocar em virtude da oportunidade, validade e conseqüências das declarações. Evidentemente, pessoas juridicamente capazes, mas em cada circunstância até mesmo as incapazes serão ouvidas com as devidas reservas (RPPC, art. 47).

A convocação de testemunhas segue rito solene e formal:

a) sempre por escrito;

b) número do processo administrativo;

c) objetivo da convocação; e

d) dia, hora e local da oitiva.

Diz o dispositivo que segunda via será juntada aos autos, não ficando claro se do depoimento ou da notificação, mas diante da relevância da prova só pode ser da intimação (cuja primeira via pertence ao convocado), sendo certo que o verbalizado, assinado pelo depoente, será anexado em sua primeira via. Como se verá no dispositivo seguinte (art. 47) a oitiva de pessoas impedidas ou suspeitas segue rito especial.

Deflui também desse último preceito, embora o Decreto não aclare muito a questão, as testemunhas assumirão, ainda que verbalmente, compromisso de somente dizer a verdade.

Esse depoimento, tão importante no Direito do Trabalho, tem sido estigmatizado no Direito Previdenciário, a ponto de a legislação não aceitá-lo quando exclusivo e impor início razoável de prova material e até rejeitar sentenças trabalhistas, sabendo ser essa a Justiça competente para as relações laborais.

O ouvinte precisa de didática para ouvir, saber escutar e se for o caso, perguntar. Muitas vezes indagar uma coisa para saber de outra. Não solicitar pormenores de fatos ocorridos há muito tempo e duvidar de descrições minuciosas.

Carece de intuição para saber porque aquela pessoa está dizendo aquilo, perceber se é espontânea ou foi instruída. Além de conhecimento da vida, do ambiente em que ocorreram os fatos, ter perspicácia para detectar o medo, a pressão, uma ideologia, o amor ou o ódio, que possam estar influenciando o depoimento.

Segundo o art. 104 do CPP a testemunha pode trazer roteiro, simples ou *script*, mas não o depoimento por escrito, ele terá de ser verbalizado.

A Lei n. 9.807/99 cuida da proteção às testemunhas.

CAPÍTULO XLVII

OITIVA DE IMPEDIDOS OU SUSPEITOS

Art. 47. Sendo estritamente necessário, a comissão ouvirá testemunhas impedidas ou suspeitas, mas os seus depoimentos serão prestados independentemente de compromisso e a comissão lhes atribuirá o valor que possam merecer.

Parágrafo único. São impedidos o cônjuge, o companheiro ou parente do acusado, consangüíneo ou afim, em linha reta ou colateral, até o terceiro grau, e suspeitos, os que tiverem interesse no processo.

Remissão: art. 405 do CPC.

Excepcionalmente, pressupondo a precariedade testemunhal, poderão ser ouvidas certas pessoas de alguma forma interessadas ou envolvidas no julgamento que se fará adiante.

Tal prova, evidentemente, deverá ser sopesada com as precauções inerentes, perscrutando o ouvinte a intenção do depoimento, especialmente se espontâneo, porque pode estar se prestando para outros fins que não a busca da verdade material dos fatos.

Entretanto, qualquer que seja o *leit motiv* do depoente, ele prestará esclarecimentos úteis ao desenvolvimento da investigação. Alcançada a verdade, não sendo ilícita a prova obtida, não relevará quem a tenha suscitado.

O dispositivo dispensa o compromisso, mas o ouvinte deverá empenhar-se em obtê-lo, porque atribuirá maior idoneidade ao declarado.

Derradeiramente fica expressamente claro o livre convencimento da comissão, que apreciará as declarações com as reservas naturais próprias do ambiente.

Para os fins do Decreto, o parágrafo único do art. 47 esforça-se por dar uma definição do que entende por impedidos e suspeitos.

Segundo o art. 405 do CPC, são impedidos: “cônjuge, bem como o ascendente e o descendente em qualquer grau, ou colateral, até o terceiro grau, de alguma das partes, por consagüinidade ou afinidade, salvo se o exigir o interesse público, ou, tratando-se de causa relativa ao estado da pessoa, não se puder obter de outro modo a prova, que o juiz repute necessária ao julgamento do mérito" (§ 2º, inciso I).

Por outro lado, são suspeitos:

> "I — o condenado por crime de falso testemunho, havendo transitado em julgado a sentença;
>
> II — o que, por seus costumes, não for digno de fé;
>
> III — o inimigo capital da parte, ou o seu amigo íntimo;
>
> IV — o que tiver interesse no litígio" (§ 3º).

Segundo o RPPC são impedidos de depor o cônjuge ou companheiro, o parente do acusado consangüíneo ou afim, em linha reta ou colateral, até terceiro grau, e os suspeitos, ou quem tiver interesse no processo.

Não tão objetivo é o conceito de suspeito, sendo tidos aqueles que "tiverem interesse no processo". A fluidade da disposição obriga a convencionar. No mínimo, serão os membros da comissão, os acusados, e os beneficiários das infrações.

CAPÍTULO XLVIII

ARGÜIÇÃO DAS TESTEMUNHAS

Art. 48. A testemunha será inquirida pela comissão sobre os fatos articulados, podendo o acusado que a arrolou formular perguntas para esclarecer ou completar o depoimento.

§ 1º As perguntas que o presidente da comissão indeferir serão obrigatoriamente transcritas no termo, se o acusado o requerer.

§ 2º As testemunhas serão inquiridas separadamente.

§ 3º Na hipótese de depoimentos contraditórios ou que se infirmem, o presidente da comissão poderá proceder à acareação entre os depoentes.

Remissão: art. 344 do CPC;
arts. 202/225 do CPP.

Cuida o art. 48 do depoimento testemunhal e como ele se operará procedimentalmente. Pela descrição regulamentar será uma reunião com três grupos de pessoas: a) comissão apuradora; b) acusado ou acusados; e c) depoentes. O principal papel é do presidente, que encaminhará a oitiva e fará as indagações.

Não há muita ordem entre os quesitos, podendo a comissão promover inicialmente as que julgar imprescindíveis, seguindo-se as do acusado ou acusados ou alternadamente e até mesmo segundo o desdobramento das respostas.

O acusado não pode impugnar perguntas da comissão.

Esse preceito dá a impressão de que o acusado pode formular perguntas às testemunhas que arrolou, mas verdadeiramente isso se estende àquelas convocadas pela comissão. É melhor que as perguntas do acusado sejam transmitidas ao presidente da comissão, que as fará às testemunhas.

Quem ainda não depôs não deve fazer parte da inquirição das testemunhas (CPC, art. 344). Evasivas, em face das circunstâncias, serão consideradas como negativa de depoimento.

Indagações levantadas pelo acusado submetem-se ao crivo do presidente, que as acolherá ou não. Nesta última hipótese, conforme o § 1º, se assim desejar o acusado, farão parte da ata para que constem do processo. Desse indeferimento não cabe recurso o que não impede o acusado de voltar ao tema quando da impugnação.

Para que não sejam influenciadas e se tornem mais autênticos os depoimentos, as testemunhas serão ouvidas em separado, suscitando-se a questão de saber se elas possam ter conhecimento do declarado. Neste momento essa ciência é impossível, mas mais tarde haverá permissão para que isso ocorra.

Sempre que ocorrer a oposição ou confirmação de opiniões, a critério do presidente, principalmente no caso de contradição, os depoentes poderão ser convocados, no mesmo dia ou depois, para uma acareação. Fica claro que esse choque de pontos de vista pode nascer entre as testemunhas e entre elas e o acusado.

CAPÍTULO XLIX

ADVERTÊNCIA SOBRE FALSO TESTEMUNHO

Art. 49. As testemunhas serão advertidas de que faltar com a verdade sujeita o infrator à pena do crime de falso testemunho.

Remissão: arts. 298, 299, 339 e 342 do CP.

O art. 49 não diz respeito ao crime de falso testemunho ou falsa perícia nem o instituiu porque ele já existe e está previsto no art. 342 do Código Penal.

O RPPC deixa claro que a comissão terá de avisar o depoente antes do depoimento, que uma declaração mentirosa pode implicar em comunicação ao Ministério Público e sobrevir um processo crime. Mas silencia quanto à omissão, que também é comportamento ilícito.

Diz o art. 342 do Código Penal que: "Fazer afirmação falsa, ou negar ou calar a verdade como testemunha, perito, contador, tradutor ou intérprete em processo judicial, ou administrativo, inquérito policial, ou em juízo arbitral: Pena — reclusão, de um a três anos, e multa".

Salienta-se que a omissão, ou seja, o silêncio diante da indagação, equivale à negativa e implica no mesmo crime.

No ensejo é bom lembrar algumas ilicitudes pertinentes:

1. Falsificação de documento particular — Para o art. 298 do CP: "Falsificar, no todo ou em parte, documento particular ou alterar documento particular verdadeiro: Pena — reclusão, de um a cinco anos, e multa".

2. Falsidade ideológica — "Omitir, em documento público ou particular, declaração que dele deveria constar, ou nele inserir ou fazer inserir declaração falsa ou diversa da que devia ser escrita, com o fim de prejudicar direito, criar obrigação ou alterar a verdade sobre fato juridicamente relevante: Pena — reclusão, de um a cinco anos e multa, se o documento é público, e reclusão de um a três anos, e multa, se o documento é particular" (CP, art. 299).

3. Denunciação caluniosa — "Dar causa à instauração de investigação policial, de processo judicial, instauração de investigação administrativa, inquérito civil ou ação de improbidade administrativa contra alguém, imputando-lhe crime de que o sabe inocente: Pena — reclusão, de dois a oito anos, e multa" (CP, art. 339).

CAPÍTULO L

TERMO TESTEMUNHAL

Art. 50. O depoimento, reduzido a termo, será assinado e rubricado pelo depoente, bem como pelos membros da comissão.

Remissão: art. 215 do CP;
arts. 42/49 do RPPC.

Depoimento testemunhal é um ato que se torna um documento escrito, tal qual uma ata de assembléia ou escritura, que adota forma própria, tradicional e não comporta rasuras ou espaços em branco.

O que as testemunhas disserem perante a comissão apuradora será registrado por escrito, de certa forma ordenado e apresentado para leitura e assinatura dos depoentes na página final, sendo rubricado em cada uma delas.

Os membros da comissão também aporão o seu visto e a sua assinatura. Nada impede que outras pessoas presentes à oitiva possam confirmar as afirmações prestadas na ocasião, o que assegura a liberdade própria desses momentos.

Uma minuta das declarações deverá ser oferecida para leitura prévia do signatário. Uma vez confirmado o declarado e impresso o texto, ele estará apto para assinatura.

Na hipótese do depoente não querer assinar o texto escrito, o fato será declarado no corpo do documento, registrando-se a ocorrência e, na medida do possível, tomando-se o visto de quem tenha ouvido o depoimento.

De acordo com o art. 215 do CP, a comissão adotará as palavras utilizadas pelo depoente. Se ele não souber ou não puder assinar, alguém o fará por ele (fato que será consignado por escrito). Evidentemente, quem depõe tem o direito de se recusar a assinar o que ele não falou.

CAPÍTULO LI

RELATÓRIO CONCLUSIVO

Art. 51. Concluída a instrução, a comissão emitirá o relatório conclusivo, considerando as provas produzidas e a defesa apresentada pelo acusado, a ser submetido a julgamento pelo Secretário da Previdência Complementar.

§ 1º O relatório conclusivo deverá sintetizar o que foi apurado no processo, de modo a enumerar e explicitar os fatos irregulares, relatar as provas produzidas, fazer os enquadramentos e apontar a sanção cabível ao acusado, conforme as apurações procedidas, bem como recomendar as providências para sanar as irregularidades ou faltas que facilitaram a prática que causou danos ou prejuízos à entidade fechada ou ao plano de benefícios.

§ 2º Deve constar do relatório conclusivo, se for o caso, a recomendação de encaminhamento a outro órgão ou entidade da administração pública, ou de traslado de peças do processo administrativo para remessa ao Ministério Público.

Remissão: arts. 27 e 49/52 do RPPC.

A peça final do inquérito administrativo é um relatório terminativo, quase uma sentença. Ele pressupõe cotas interlocutórias no curso do processo. Providência que sumaria toda a investigação, ele põe fim à instrução e encaminha tecnicamente a decisão da SPC.

Excepcionalmente, fora do prazo fixado pelo MPS, tendo em vista o princípio da busca da verdade real, ele acolherá provas relevantes oferecidas à comissão pela denúncia ou representação, ou por estas obtidas, ou as trazidas pelos envolvidos e acusados.

Tal documento final é ato formal da comissão e não um simples despacho do presidente. Todos os seus membros devem assiná-lo, sendo cabível a existência de votos em contrário no todo ou em uma outra parte.

A narrativa final partirá da instrução, avaliará ponderadamente as provas produzidas, considerará as razões jurídicas e as provas apresentadas pela Defesa Prévia, operando um juízo preambular sobre a averiguação, recomendando uma ou várias soluções, entre as quais a absolvição dos acusados, a responsabilização pessoal destes ou observações de variada ordem, como apenas recomendando providências acautelatórias em relação aos encaminhamentos internos da EFPC.

Resta a evidência de que o relatório, por sua vez, é um depoimento de quem investigou, examinou documentos, ouviu declarações formais ou não, apreendeu o espírito do ambiente, aproximou a SPC mais das pessoas envolvidas na apuração e, nessas condições, tal expediente derradeiro do MPS deve repassar esse sentimento pessoal, aliás, com a necessária objetividade (e nenhum impedimento ou suspeição).

O dispositivo do artigo que efetivamente disciplina o relatório conclusivo e lhe fornece os contornos é o § 1º, orientando os membros da comissão, às vezes sem experiência para elaborá-lo e recomendando que siga um roteiro prévio:

1. Papel do documento — Pelo que se depreende desse § 1º, em decorrência dos elementos que devem fazer parte do relatório final, o Decreto n. 4.942/03 pretende uma minuta da decisão da SPC. O seu principal objetivo é pôr fim à instrução e fazer cessar os trabalhos de investigação, tomada de depoimentos, etc.

2. Síntese da instrução — Fica claro do texto que o relatório não é sentença nem última decisão e, sim, uma síntese dos trabalhos da comissão no sentido da busca da verdade material. Síntese porque os demais elementos dos autos, como provas materiais, depoimentos e diligências *per se* elucidarão o que interessa à SPC.

3. Natureza — Como antecipado, o relatório não é decisão, cuja atribuição pertence ao Secretário. Ato preparatório da conclusão da SPC, presta-se como municiador.

4. Levantamento das irregularidades — Pelo menos para que haja a sanção prevista e as ocorrências sejam evitadas no futuro, a peça promoverá um levantamento das irregularidades cometidas (ou que poderiam ter sido praticadas). Talvez relate algum inconveniente, impropriedade de atitudes administrativas não arroladas em nenhum dos 48 artigos (arts. 63/110) do Decreto, justificando-se, então, outras medidas. De toda sorte, independente da autoria ou da responsabilidade, ele mapeará as possíveis infrações constatadas, informando-as à SPC.

5. Explicitar as infrações — As infrações apuradas terão de ser verificadas, circunscritas e relatadas, de preferência minuciosamente explicitadas, comparando-se a norma legal e regulamentar com o fato ocorrido.

6. Provas produzidas — Quando a ocorrência depender de prova, importará a análise de sua presença nos autos. Não só as produzidas pela comissão como as da Defesa Prévia. Será a ocasião de serem avaliadas tendo em vista a proximidade da comissão em relação aos fatos.

7. Enquadramentos capitulares — Embora não esteja claro o que quis falar com enquadramentos, supõe-se que o elaborador da norma tenha querido dizer capitulação regulamentar da infração, ou seja, corporificação da ilicitude. Mencionar o dispositivo infringido reforçará a conclusão sobre a ocorrência da infração.

8. Identificação da autoria — Tem sentido ultimar-se a instrução sem que seja apontado o autor da infração, quando isso for possível. Caso contrário, sobrevirão outras providências.

9. Apuração da responsabilidade — Importa, da mesma forma, além da determinação da autoria saber quem é responsável, na maioria dos casos, a mesma pessoa.

10. Apontar a sanção — O ato formal não só registrará a capitulação da infração, mas desde logo, qual a sanção recomendada.

11. Vínculo da conclusão — O *decisium* do relatório será diretamente vinculado com o resultado da apuração e, vale dizer, das provas. Não pode ser emitido por presunção, suspeitas nem adivinhações.

12. Proposta de absolvição — Em algum momento, se a comissão entender que não houve infração ou se não logrou estabelecer nexo causal entre a ação do suspeito e a ocorrência, deverá propor a sua absolvição.

13. Reabertura do prazo — Pode dar-se, por outro lado, que o relatório configure a incerteza quanto aos fatos, não definindo a ocorrência, a autoria ou a responsabilidade, ocorrendo a necessidade de maiores investigações.

14. Saneamento das irregularidades — Dispositivo final relevante, em alguns casos mais importante que a própria punição (caso da advertência) é detectar a falha do sistema, insuficiência do controle, fragilidade da operação e que justifique a tomada de providências relativas à EFPC ou a todo o sistema.

Mais uma vez o texto regulamentar alude à comunicação ao Ministério Público, como já o fizera o art. 27 do RPPC.

Quando a comissão entender que o fato apurado possa configurar ilicitude mais grave ou crime, essa circunstância deverá ser ressaltada no relatório conclusivo.

CAPÍTULO LII

COMUNICAÇÃO DO RELATÓRIO

Art. 52. A decisão sobre o relatório conclusivo será publicada no Diário Oficial da União, devendo ser promovida a notificação do acusado do seu inteiro teor.

Remissão: art. 202, § 1º, da CF;
art. 12 do RPPC.

Embora nesse momento não diga quem é o emitente da decisão, *in casu* a SPC, o preceito trata da divulgação da conclusão que o MPS tomará depois de receber o relatório conclusivo.

Na verdade, a ultimação é relativa à instrução promovida pelo inquérito administrativo, sendo que o relatório é ato meramente declaratório e não constitutivo de obrigações.

A providência da SPC é solução administrativa ministerial. Corresponde, por assim dizer, ao acórdão das JRPS e dos Conselhos de Contribuintes do MF, com a particularidade de ser monocrática. Por qualquer motivo, quando trata do Auto de Infração, ele toma o nome de Decisão-Notificação e é essa sua natureza (art. 12).

Evidentemente, ela cerca-se de todos os cuidados antes referidos. Conterá praticamente tudo o que fez parte do relatório conclusivo (excetuados os movimentos da averiguação), de todo modo, no mínimo tratando: a) da denúncia; b) dos fatos apurados; c) das provas; e) da Defesa Prévia; e f) da conclusão final da comissão apuradora.

Por último, sobrevirá o *decisium*, e se não for absolutório, decantação da infração e fixação da punição.

De acordo com *in fine*, a publicação não se confunde com a notificação, ainda que os interessados possam tomar conhecimento no DOU. Este noticiará elementos essenciais, não o relatório na íntegra. Seu objetivo é dar divulgação à infração apurada, cuidados da SPC e eventual punição.

CAPÍTULO LIII

RECURSO DE APELAÇÃO

Seção IV
Do Recurso

Art. 53. Da decisão proferida no julgamento do relatório conclusivo cabe recurso ao Conselho de Gestão da Previdência Complementar, na forma da Seção IV do Capítulo II.

Parágrafo único. Não cabe recurso da decisão do Conselho de Gestão da Previdência Complementar.

Remissão: art. 63, I da Lei n. 9.784/99;
art. 126 do PBPS;
Lei n. 2.284/98 (CRSNSP);
Decreto n. 5.546/05;
art. 19 da Portaria MPS n. 88/04;
art. 305 do RPS;
arts. 13/19 do RPPC.

Da mesma forma como cabe impugnação da Decisão-Notificação emitida em virtude de lavratura de Auto de Infração, o RPPC disciplina o Recurso de Apelação de decisão da SPC em matéria de inquérito administrativo, repetindo em parte aquela disciplina, mas deixando algumas omissões a serem integradas:

1. Conceito — Para dar cumprimento ao duplo grau de jurisdição, uma exigência do devido processo legal, do princípio da ampla defesa e do contraditório, um novo exame da matéria conflitante no procedimento administrativo se impõe. Alguém, de preferência um órgão colegiado, *in casu* o CGPC, apreciará o entendimento do ente monocrático que tomou a decisão contra o acusado, qualquer que seja ela e as razões e provas opostas pelo interessado. Essa inconformidade designada como apelação no processo civil, aqui intitulada como Recurso de Apelação consiste na apresentação voluntária por parte do acusado que não aceita as conclusões anteriores.

2. Decisão recorrida — Conhecendo a Defesa Prévia e não a acolhendo, conseqüentemente a SPC emitirá a decisão monocrática em que fixará a pena

regulamentar para o infrator. Uma tomada de posição, por assim dizer, de segunda instância, mas ainda emanada de um órgão singular (titular da SPC). Embora silencie o RPPC a esse respeito, ela não é numerada.

3. Semelhança com a Defesa Prévia — O Recurso de Apelação tem alguma identidade com a Defesa Prévia, é ato de inconformidade do cientificado com praticamente as mesmas características da irresignação anterior e visa a desconstituir a decisão agora afirmada. Aproveitam, pois, os comentários feitos àquela Defesa Prévia, com a diferença de que o sujeito passivo da ação procedimental teve, então, mais tempo e meios para se defender. Tem também muita identidade com o Recurso de Apelação contra os acórdãos das JRPS e do Conselho de Contribuintes do MF.

4. Efeito suspensivo — A interposição dessa inconformidade susta a punição, que resta sobrestada aguardando a solução do CGPC, ou seja, com base na decisão e pendente do recurso descabe à SPC cobrar eventual multa, mas autorizada a fazê-lo caso não seja protocolada a irresignação tempestivamente.

5. Prazo recursal — Contando da data do recebimento da decisão, o prazo é de 15 dias, mas nada impede que, tendo ciência da acusação por outros meios, sobrevenha o Recurso de Apelação antes disso.

6. Destinatário do pedido — O destinatário do Recurso de Apelação, um órgão colegiado que vai julgá-lo, é o CGPC, mas o protocolo é feito na SPC, que tem estrutura adequada para recebê-lo, instruí-lo e fazê-lo subir.

7. Protocolo — Tendo em vista que a Secretaria está sediada em Brasília, a EFPC poderá encaminhar o recurso por via postal, com aviso de recebimento, sendo que a data da postagem prestar-se-á para configuração da tempestividade.

8. Reexame de ofício — Sendo certo que a Administração Pública detém o poder de rever os seus atos, recomenda-se sempre que *ab initio* o recorrente requeira a revisão do ato pela própria SPC, motivado pelas razões do recurso ou não, e consultada a propriedade, oportunidade ou conveniência da medida, o Secretário, ele próprio, reconsidera a decisão guerreada. Embora o ponto de vista do CGPC a respeito da controvérsia possa ser outro, neste caso não há previsão de encaminhamento dos autos ao CGPC.

9. Depósito prévio — Conforme o art. 14, em se tratando de multa, há previsão de depósito prévio.

10. Apelação intempestiva — O recurso intempestivo não será conhecido conforme o art. 19 da MPS n. 88/04 e art. 63, I, da Lei n. 9.784/99.

11. Conteúdo — De modo geral, o Recurso de Apelação, de toda a averiguação, considerará apenas que foi tratado na decisão recorrida.

12. *Reformatio in pejus* — Já se afirmou: quem decide não é o Auditor-Fiscal nem a comissão apuradora, mas a SPC. Da mesma forma o CGPC não tem esse poder, ele examina as razões do Recurso de Apelação e confirma ou não a decisão anterior. Nesse sentido, por exemplo, se houve engano material

na elaboração do critério atenuantes e agravantes, ele baixará os autos para revisão da SPC, mas se ela equivocadamente apenas advertiu em vez de multar, não cabe ao CGPC fazê-lo.

No dizer do art. 19 é definitiva a decisão proferida contra a qual não caiba mais recurso. Aqui, neste parágrafo único, fica claro que o CGPC é a última e definitiva instância em matéria recursal do inquérito administrativo. Valendo, é claro, todas as observações relativas ao poder do MPS de rever os seus atos, especialmente quando de erro material. Num certo sentido, o disposto neste parágrafo único é reeditado no *caput* do art. 54 do RPPC, que praticamente diz a mesma coisa.

CAPÍTULO LIV

DEFINITIVIDADE DA DECISÃO

Art. 54. É definitiva a decisão proferida no processo administrativo quando esgotado o prazo para recurso sem que este tenha sido interposto ou, quando interposto recurso, este tiver sido julgado.

Parágrafo único. Será também definitiva a decisão na parte que não tiver sido objeto de recurso.

Remissão: Decreto n. 2.284/98 (CRSNSP);
Resolução CNSP n. 60/01;
Resolução CNSP n. 108/04;
art. 53 do RPPC.

Em duas disposições que poderiam ser parágrafos do artigo anterior, reza o art. 54 que a decisão da SPC não atacada por Recurso de Apelação se torna definitiva, fazendo coisa julgada. Da mesma forma, embora em redação precária (não se sabe qual é o sujeito da ação final, se o processo ou o recurso), a decisão do CGPC. De todo modo, se o processo ou o recurso forem julgados, a solução é definitiva também.

Evidentemente que essa definitividade diz respeito apenas e tão-somente à esfera administrativa; a qualquer momento e até antes dela sobrevir, estará aberto o caminho para a apreciação da matéria no Poder Judiciário.

Essa mesma definitividade, por outro lado, chama a atenção para a sua importância, especialmente no que diz respeito às punições mais severas. Reclama sabedoria do CGPC mesmo sabendo-se que o tema poderá ser novamente discutido no Poder Judiciário. A confiança no nível de acerto dos entes supervisores do MPS é de grande relevância para o segmento complementar. Ele deve orientar-se pela política de monitoramento e acompanhamento do sistema, inspiradas as autoridades do princípio do aperfeiçoamento da técnica protetiva privada.

Diante da possibilidade de a administração poder rever os seus atos, é preciso lembrar que essa consolidação se limita ao que consta dos autos e que dela cabe um pedido de Embargos Declaratórios caso seja omissa, obscura ou perceptível erro material evidente.

Finalmente, dispondo sobre questão que às vezes produz celeumas, que é a admissão do não impugnado, assevera o parágrafo único que o que não for contestado para efeitos do Recurso de Apelação será tido como ultrapassado, isto é, acolhido pelo recorrente. É afirmação discutível porque um sistema judicial não pode aceitar a idéia da confissão implícita, de pouca valia no Direito.

O que se tem é certeza quanto à consolidação do que foi discutido, mas nada sobre a parte em que pesou o silêncio. A argumentação da decisão carece de razões próprias, a partir do que foi averiguado e não nascer da mudez do acusado.

A não manifestação do interessado não quer dizer confissão. Se não existirem provas contra ou subsistirem dúvidas na averiguação, ou o CGPC baixa em diligência para melhor verificação ou não firmará entendimento sobre isso.

CAPÍTULO LV

CARÁTER RESERVADO DO PROCESSO

Seção V

Das Disposições Gerais do Inquérito Administrativo

Art. 55. As reuniões e audiências, de caráter reservado, serão registradas em atas, que deverão detalhar as deliberações adotadas, bem como deixar consignada, se for o caso, a data da próxima audiência e a intimação dos presentes.

Remissão: art. 5º, XII, XIV, XXXIII e LX da CF.

O texto do preceito parece ter sido (indevidamente) emprestado de outra norma adjetiva, em face da semântica adotada. Reuniões, somente as da comissão apuradora e entre os seus membros. Audiências não existem no procedimento. O ato e o momento do julgamento designam-se usualmente de sessão.

Contatos entre a comissão apuradora, a SPC ou o CGPC e o investigado, acusado e punido, não são comumente designados de reuniões ou de audiências. Assim, o encontro dos membros da comissão é solene e deverá ser reservado. A decisão da SPC, por sua natureza, é íntima. As sessões de julgamento do CGPC são públicas.

Tem de haver profundo respeito à individualidade das pessoas, à preservação de sua privacidade e sem a publicidade dos atos da investigação, nenhuma conclusão divulgada antes de se completar a instrução do procedimento (ainda que a própria divulgação faça institucionalmente parte da sanção).

De forma bastante clara diz o art. 5º, LX, da Constituição Federal: "a lei só poderá restringir a publicidade dos atos processuais quando a defesa da intimidade ou o interesse social o exigirem". Quer dizer, a regra constitucional é a divulgação, excetuadas duas circunstâncias: a) intimidade do acusado e b) interesse social. Não há interesse social relevante em se dar publicidade de infração antes que ela transite em julgado (quando, fato pressuposto pelo legislador, essa divulgação é um *plus* punitivo).

1. Atas das reuniões — Reuniões significativas entre os membros da comissão apuradora terão de ser formalizadas, especialmente quando os temas digam respeito à averiguação. A elaboração das atas segue rito próprio, sendo bastante usuais em Direito Administrativo.

2. Atas das audiências — Audiências são reuniões com os envolvidos e com alguma solenidade, também exigem a presença de relatórios formalizados.

3. Detalhamento de deliberações — Nas atas das reuniões ou audiências importa relevantemente que sejam pormenorizadas todas as decisões tomadas.

4. Intimação — Quando houver necessidade da citação de pessoas, isso deve ficar constando dessas atas.

5. Aprazamento — Exige o RPPC que a próxima reunião ou audiência seja previamente programada, formalizando o procedimento.

6. Local de realização — Estas reuniões serão realizadas em local fechado, sem permitir o acesso a pessoas estranhas ao processo.

CAPÍTULO LVI

ARQUIVAMENTO DOS AUTOS

Art. 56. Se, no curso do inquérito administrativo, ficar evidenciada a improcedência da denúncia ou da representação, a comissão elaborará relatório com suas conclusões, propondo ao Secretário de Previdência Complementar o arquivamento do processo.

Remissão: art. 5º, LXXVIII, da CF;
Lei n. 9.784/99.

Em face dos inúmeros desdobramentos que as medidas tomadas pela auditoria, os mecanismos de fiscalização do MPS, os processos de investigação ou de averiguação de um cenário produz num ambiente de trabalho, no seio da sociedade e no segmento complementar, um inquérito administrativo costuma se prestar para outros fins que não o para o qual foi concebido. Máxime em se tratando de denúncia anônima.

Por isso, a iniciativa de abertura desse expediente deve ser precedida de análise sensível da comunicação deflagradora dos movimentos. Há de ser cercada de todos os cuidados preliminares; elas causam danos irreparáveis em reputações.

O elaborador do Decreto n. 4.942/03 foi sábio, conhecedor da alma humana, e inteligente: previu a hipótese do mau uso da informação ou, o que é mais comum ainda, um equívoco sobre as aparências de um ilícito. Ou seja, no curso da apuração descobrir-se que não houve ali ilicitude, embora alguma impropriedade a ser corrigida por outros meios, mas não se servir da violência do inquérito.

Assim, quando se der conta de que não há infração a ser constatada, que ela é inexpressiva (recomendando outras soluções), ou que, em razão das circunstâncias seja impossível apurá-la, ou inútil e até mesmo contraproducente, terá de sofrear o andamento da verificação e ultimará a instrução, elaborando um relatório final sobre a improcedência, a insubsistência ou a inoportunidade do inquérito.

Evidentemente, será conclusão não definitiva daquela comissão, a ser revista quando do aparecimento de provas exaustivas e a ser submetida a superior apreciação do titular da SPC.

Ao afirmar que é no curso do inquérito administrativo, ressalta a importância de saber quando isso pode acontecer. Será até a emissão do relatório conclusivo, mas a própria Secretaria ou Conselho têm atribuição para igual procedimento.

Uma decisão dessa natureza tem de aproveitar ao sistema, ensinar e aperfeiçoar os controles. Talvez sua única utilidade seja suscitar debate em relação ao acontecido, extraindo-se experiência dos fatos e recomendando uma melhora nos mecanismos de monitoramento do segmento.

Benedito Nestor Penteado estudou os casos em que a Administração Pública pode rever a sua decisão ("Anulabilidade no Direito Administrativo e a Lei n. 9.784/99 que regula o procedimento administrativo no âmbito da Administração Pública Federal e o prazo para a administração rever seus atos", *in* RPS n. 293/253).

CAPÍTULO LVII

CÓPIAS DO PROCESSO

Capítulo V
Disposições Gerais acerca do Processo Administrativo

Art. 57. É facultado às partes e a seus representantes legais a obtenção de cópia do processo, às suas expensas.

Remissão: art. 202, § 1º, da CF;
art. 3º da Lei n. 9.784/99;
art. 58 do RRPC.

Tendo em vista que um processo naturalmente expressa-se mediante a sua via original (os autos) e que se movimenta internamente no seio da administração, exceto na hipótese de haver mais de uma pessoa envolvida na investigação, não se justifica a referência às partes (porque o Estado tem a sua). O que não impede a SPC de ter cópia de segurança. Quando fala em "partes" o que o dispositivo quer dizer é acusado ou acusados.

Essas pessoas, não importando o número, têm o direito de conhecer o conteúdo integral de todos os documentos dos diferentes autos, obter vista diretamente, mediante advogados ou representantes ou de copiá-los e, como diz o preceito, onerado com o custo das reproduções (hoje em dia, reduzido com a xerox).

O procedimento administrativo segue regras tradicionais, algumas consagradas no Poder Judiciário, preferindo-se que os próprios encarregados providenciem as cópias e que as entreguem mediante recibo, admitindo-se que eles autentiquem as folhas das segundas vias tiradas, quando solicitado.

Recomenda-se a cada interessado que ordene o seu dossiê, juntando as diferentes partes, incorporando-o com as peças importantes, Defesa Prévia e Recurso de Apelação, para que possa deter um perfeito acompanhamento dos autos.

Quando mais de uma pessoa estiver envolvida nessa relação jurídica todas elas têm o igual direito de acessar o depoimento da outra e dele obter a referida reprodução para fim de conhecimento e defesa.

É importante lembrar que por ocasião da busca da jurisdição do Poder Judiciário, é costume o juiz solicitar os autos do procedimento administrativo ou cópia autenticada deles, providência que o advogado do interessado deve tomar antes.

CAPÍTULO LVIII

ÔNUS DAS PARTES

Art. 58. Quando existirem alternativas para a prática de ato processual ou para o cumprimento de exigência, adotar-se-á a menos onerosa para as partes.

Remissão: art. 57 do RPPC.

Outra vez mencionando "as partes" e, agora, quiçá justificadamente, porque o desperdício nunca é aprovado por ninguém, no bojo do princípio da economia processual, o preceito indica, também, a redução de custos do expediente (que é outra coisa). Com efeito, recomenda que sejam praticados atos sob o império do mínimo gasto possível.

Entende-se com isso que se alguém já juntou, por exemplo, o Regulamento Básico da EFPC, não é mais indispensável que outra pessoa o faça, engrossando o volume dos autos. Um documento público ou privado que interesse à coletividade dos envolvidos pode ser apresentado também por cópia.

Não há necessidade de ouvir todas as pessoas que, de alguma parte, foram destinatárias inocentes de ato ilícito praticado pelo agente, bastando, para isso, o depoimento por amostragem.

Declarações coletivas, que não apresentem particularidades individualizadas de realce, podem ser emitidas em um único documento, tomando-se as assinaturas das pessoas. Sem prejuízo da cópia, que é direito subjetivo, tomar ciência grupalizada de depoimentos é providência adequada.

Assim, nada impede, ao contrário recomenda-se, que quando de uma perícia externa, diligência ou averiguação, sendo cabível, ela se estenda a todos os envolvidos para que, com isso, haja economia de tempo, ou seja, celeridade no andamento.

CAPÍTULO LIX

CORREÇÃO DAS IRREGULARIDADES

Art. 59. A aplicação de sanção administrativa e o seu cumprimento não eximem o infrator da obrigação pela correção das irregularidades que deram origem à sanção.

Remissão: art. 23, I, *b*, do RPPC.

Se o Decreto n. 4.942/03 não tivesse nenhuma utilidade (o que não é verdade), este dispositivo lhe asseguraria validade científica, técnica e didática, demonstrando que o objetivo do elaborador dessa norma não é exata e exclusivamente a punição e, sim, a regularização da situação equivocada, e valorização da instituição.

Nestas condições, independentemente do cumprimento das punições, continua o dever do administrador pautar a sua atividade com correção, regularidade e observância da norma jurídica.

De nada servirá ao Estado enriquecer-se juridicamente com a percepção das multas, ou execrar atitudes inconvenientes, se a disposição legal não for atendida. Talvez seja mais oneroso ao indivíduo refazer o ato ilícito do que sofrer a sanção.

O preceito lembra questão interessante, que diz respeito à observância da lei. Se, sistematicamente, a EFPC cumprir a pena e não atender à norma, diante da LBPC e do RPPC, o que a SPC pode fazer para atingir o seu desiderato?

Pelo menos até que transite em julgado a decisão, não tem o poder de novamente reiniciar a perseguição punitiva, mas após isso só lhe restará esse procedimento e, se for o caso, tomar a iniciativa da fiscalização, do administrador especial e da intervenção. Ou seja, primeiro agirá juridicamente e depois politicamente.

É bom lembrar que o texto não se aplica tão-somente a situações em que houve o cumprimento da pena, mas também nas hipóteses em que ela não se realiza, como é o caso das várias modalidades da prescrição.

Cumulativamente atender à lei, faz pensar se não seria possível ao CGPC, consoante as circunstâncias, oferecer ao punido a possibilidade de, ao mesmo tempo ou também, prestar serviços sociais relevantes, numa forma de pena alternativa. Que é sempre recomendável.

CAPÍTULO LX

REGISTRO DA REINCIDÊNCIA

Art. 60. Cinco anos depois de cumprida ou extinta a penalidade, não constará de certidão ou atestado expedido pela Secretaria de Previdência Complementar qualquer notícia ou referência a esta, salvo para a verificação de reincidência.

Remissão: art. 59 do RPPC.

O elaborador da norma dá mais uma demonstração de que considera a ilicitude um ato isolado, praticado por alguém, às vezes desavisado e que uma vez punido, não mais reincidirá na infração.

Exceto infratores contumazes que querem se servir da sociedade para tirar proveito próprio, a quase totalidade das pessoas erra por imperícia, imprudência e, principalmente, negligência. Ou seja, sem dolo.

Esse fato não pode ser ignorado pelo legislador ou elaborador da norma administrativa e, muito menos, por quem está obrigado a apurar, indiciar e punir a ilicitude. Quer dizer, reclama sensibilidade para perceber que quem errou, se puder, não vai mais errar, é diferente daquele que sempre o fará se tiver a oportunidade, o instrumento e a certeza da impunidade.

Nessas condições, após ter quitado sua dívida com a sociedade ou ter escapado da punição em razão da prescrição, exceto para fins de reincidência, o fato deve ser esquecido da memória dos homens. Não constando de qualquer documento oficial para que a ressocialização do indivíduo somente dependa dele e se sinta sem débito para com a coletividade.

Note-se que aqui, diferentemente do artigo anterior, distinguiu situações: a) quem cumpriu a pena e b) quem a teve extinta. Em ambas as hipóteses, passados os cinco anos, juridicamente o fato não teria utilidade.

O preceito embute uma afirmação substantiva: que a SPC emitirá, quando requerida, uma certidão ou atestado. Uma delas, que é a que importa agora, que ele não tem qualquer averiguação em andamento.

CAPÍTULO LXI

CONVÊNIO DE ADESÃO

Capítulo VI

Do Convênio de Adesão ao Plano de Benefício

Art. 61. A formalização da condição de patrocinador ou instituidor de plano de benefícios dar-se-á por meio de convênio de adesão celebrado com a Entidade Fechada de Previdência Complementar, em relação a cada plano de benefícios, mediante prévia autorização da Secretaria de Previdência Complementar.

§ 1º O convênio de adesão é o instrumento por meio do qual as partes pactuam suas obrigações e direitos para a administração e execução de plano de benefícios.

§ 2º O Conselho de Gestão da Previdência Complementar estabelecerá as cláusulas mínimas do convênio de adesão.

§ 3º A entidade fechada de Previdência Complementar, quando admitida na condição de patrocinador de plano de benefício para seus empregados, deverá submeter previamente à Secretaria de Previdência Complementar termo próprio de adesão a um dos planos que administra, observado o estabelecido pelo Conselho de Gestão da Previdência Complementar.

Remissão: art. 13 da LBPC;
Resolução CGPC n. 8/04.

Acobertado pelo "outras providências" constante da ementa do decreto, o art. 61 é um dos poucos dispositivos sobre matéria substantiva. O RPPC cuida da disciplina de matéria adjetiva, sem tornar-se efetivamente um regulamento da LC n. 109/01.

1. Distinção necessária — Este art. 61, tanto quanto o art. 13 da LBPC, enseja distinção entre o provedor (patrocinador ou instituidor) e a criatura (entidade fechada ou associativa), de tal sorte que as duas pessoas manterão personalidade jurídica separada, com CNPJ próprios e individualidades jurídicas. Formalmente, para todos os fins, a organização aziendal torna-se patrocinadora ou instituidora do fundo de pensão quando a entidade por ela criada e, depois, provida, obtém a prévia autorização dos entes supervisores. Promovida a homologação dos atos constitutivos, ainda que a EFPC não entre em efetiva operação, já existe a figura do provedor.

2. Entidade fechada — A entidade fechada tem existência formal e material una (abstraindo, por ora, que também seja empregadora em relação aos trabalhadores que nela operam), mas a implantadora da EFPC acumula duas condições jurídicas, com direitos e obrigações ínsitos. É empresa ou associação, e assim continuará sendo, cumprindo os seus deveres e exercendo duas funções típicas, assumindo o papel de patrocinadora ou de instituidora.

3. Nascimento da personalidade — A empresa torna-se patrocinadora ou instituidora (assumindo o segundo caráter) ao promover a estruturação da EFPC, regularmente montando-a, e com ela celebrar um Contrato de Adesão. Até então, não tem esse *status*. A partir daí incorpora-o e, além de empreendimento econômico, acumula o estágio de patrocinadora ou instituidora, iniciando-se os encargos inerentes a essas condições, entre elas o poder de rever esse estado jurídico (retirada).

4. Tipo de relação — A formalização da provedora, como diz a lei, ocorre com a aprovação da adesão, mecanismo semelhante ao da patrocinadora, constituindo-se de convênio por falta de instituto próprio. O vínculo estabelecido entre o criador e a criatura, no dizer da norma, é de adesão, o que não é exatamente correto. Verdadeiramente, só seria assim se a EFPC preexistisse (caso do multipatrocínio), mas, na hipótese dela estar sendo implantada e segundo a vontade do implantador, não dá para falar em Convênio de Adesão. Substancialmente, o que acontece não é nem contrato, porque a pessoa jurídica EFPC ainda não existe. O ato é de constituição de entidade. Ninguém adere àquilo que ainda não foi criado. Uma vez aprovados pelos entes supervisores e promovidos os registros em cartório, só então a EFPC passa a ter personalidade jurídica.

5. Pólos da relação — Os dois pólos da relação jurídica, o patrocinador ou instituidor e a futura entidade, acordarão quanto à criação do plano de benefícios, o que faz pressupor a existência desta última, conforme afirmado antes. Mostrando que, primeiro se implanta a pessoa jurídica (EFPC) e depois, o plano de benefícios. Ainda que, na prática, as duas medidas possam marchar paralelamente. Até porque será esse ordenamento previdenciário que atrairá ou não os interessados. Resulta evidente, por outro lado, que são vínculos jurídicos postados no Direito Privado e sendo competentes para dirimir eventuais dissídios, a Justiça Comum.

6. Homologação ministerial — A redação do texto enfrentou dificuldades relativamente ao tempo. Fala em autorização prévia da SPC, mas na verdade toda a estrutura (da EFPC e do plano) é montada e submetida ao órgão fiscalizador que, então, posteriormente, a aprovará ou não. De todo modo, ambos só têm nascimento jurídico após esse gesto oficial e solene de reconhecimento, cujo descumprimento implica numa das infrações mais agudas (RPPC, art. 102).

O § 1º descreve uma espécie de conceito de Convênio de Adesão, muito próximo de uma definição. Ele lembra que tal documento, ato de vontade e formalidade, dá nascimento à instituição previdenciária complementar e que, vale ressaltar, surgirão enormes obrigações entre as partes convenentes.

Esse pacto é um seriíssimo compromisso do provedor e do provido, de tal sorte que sendo inevitável a retirada da provedora, esse afastamento da patrocinadora é providência de grande alcance, enormes responsabilidades e conseqüências.

O Convênio de Adesão pode ser tido como o ato que rege a implantação de um fundo de pensão fechado, documento formal constitutivo em que convencionada a relação jurídica civil jacente entre o implantador e a entidade implantada, particularmente os deveres e direitos de ambos em matéria de contribuição e benefícios da previdência complementar.

Imagina-se que um contrato contenha: a) as partes celebrantes (pessoas jurídicas); b) objetivo social; c) nome e identificação dos representantes signatários (pessoas físicas); d) data do início de funcionamento; e) foro disciplinador de conflitos; f) cláusulas gerais sobre a contribuição e o custeio; g) condições específicas; h) menção ao Estatuto Social e ao Regulamento Básico; i) prazo de vigência; j) condições de rescisão do avençado; l) data e assinatura.

O Convênio de Adesão é ato que pertence à iniciativa privada, quando esta exercita a liberdade constitucional de fazer, no caso, de constituir modalidade de suplementar ou complementar as prestações devidas pelo RGPS. Tendo em vista a filosofia do monitoramento por parte dos entes supervisores, cabe ao CGPC, que é o ente regulador da previdência fechada, *ab initio* a atribuição para supervisionar o cumprimento das cláusulas desse pacto civil entre o provedor e o provido.

Em seu art. 3º, a Resolução CGPC n. 8/04 fixa esse mínimo.

1. Qualificação das partes — Do lado do provedor (patrocinador ou instituidor), qual a empresa que está implantando a EFPC e quem a representa nesse ato, que pode ser o dirigente ou procurador autorizado especialmente para isso, com descrição de seus dados pessoais.

2. Indicação do plano de benefícios — Fornecimento de dados técnicos do plano de benefícios como quantidade (um ou mais), tipo (capitalização ou repartição), natureza (complementação ou suplementação), regime financeiro (contribuição definida ou benefício definido), objetivo (complementar as prestações do INSS ou do regime próprio de previdência social), etc.

3. Direitos e obrigações das partes — Cláusula que fixa as potestades e os deveres dos pólos envolvidos na relação, especialmente as que dizem respeito à fiscalização patronal, cooperação material, contribuição mensal por parte do provedor e organização, estrutura funcional, e outros ônus da EFPC.

4. Data do início da vigência — Data do começo da eficácia das operações do plano de benefícios, que não se confunde com a data da assinatura do Convênio de Adesão (sua vigência), isto é, data da fundação da EFPC.

5. Prazo de vigência será por tempo indeterminado — Fixação do prazo de existência da relação, teoricamente não limitado e destinado a perdurar no tempo, vedado *ipso facto* a constituição de EFPC para duração predeterminada.

6. Condição de rescisão — Registro das condições em que o provedor poderá se afastar do provido, com o estabelecimento dos deveres daquele.

7. Previsão de solidariedade — Disposição definindo a existência ou não de solidariedade entre os provedores no caso de fundo multipatrocinado.

8. Foro para dirimir questionamentos — Sede local em que serão dirimidos os conflitos próprios da relação.

Embora a isso não aluda a Resolução do CGPC, esses são os elementos mínimos que constarão do convênio sendo que outros, consoante a LBPC, poderão ser aduzidos.

Os empregados de um fundo de pensão, em tese, têm o direito de participar dos planos de benefícios da EFPC. Não tem sentido ficarem à margem da instituição protetiva e por isso freqüentemente todas as entidades criadas acabam por admiti-los. O que quer dizer que são fundos multipatrocinados (ainda que a expressão seja reservada mais para as outras empresas). O dispositivo é esclarecedor, bastaria remissão aos preceitos anteriores.

Curiosamente, o § 3º fala em Termo de Adesão, padecendo do mesmo problema semântico do Convênio de Adesão, entretanto, tanto lá como aqui, é mera questão vernacular.

CAPÍTULO LXII

CONTRIBUIÇÃO DO PATROCINADOR

Capítulo VII
Da Responsabilidade pela Falta de Aporte das Contribuições pelo Patrocinador

Art. 62. Os administradores do patrocinador que não efetivar as contribuições normais e extraordinárias a que estiver obrigado, na forma do regulamento do plano de benefícios ou de outros instrumentos contratuais, serão solidariamente responsáveis com os administradores das entidades fechadas de previdência complementar, a eles se aplicando, no que couber, as disposições da Lei Complementar n. 109, de 2001, especialmente o disposto nos seus arts. 63 e 65.

§ 1º A inadimplência a que se refere o *caput* deverá ser comunicada formal e prontamente pelo Conselho Deliberativo à Secretaria de Previdência Complementar.

§ 2º No prazo de noventa dias do vencimento de qualquer das obrigações citada no *caput* deste artigo, sem o devido cumprimento por parte do patrocinador, ficam os administradores da Entidade Fechada de Previdência Complementar obrigados a proceder à execução judicial da dívida.

Remissão: art. 28 da LC n. 108/01;
arts. 896/915 do CCb;
art. 350 do Código Comercial;
arts. 124/125 da Lei n. 5.172/66 (CTN);
art. 455 da CLT;
Lei n. 6.404/76 (SA);
art. 30, VI e X, do PCSS;
arts. 63 e 65 da LBPC;
Decreto n. 4.949/04;
arts. 99/100 do RPPC.

No Capítulo VIII — Das Infrações e Penalidades Aplicáveis (arts. 63/110) o Decreto n. 4.942/03 aponta 48 ocorrências que podem ser punidas, a seguir examinadas nos capítulos correspondentes. Mas, preambularmente, sem mencionar especificamente qual a sanção e obrigando à interpretação, talvez combinando com o seu art. 110, é destacado um fato de grande importância, descrito de forma genérica, quase declaratória, que diz respeito à ausência de contribuição do patrocinador como pressuposto de uma ação persecutória por parte da SPC.

O art. 62 cuida da solidariedade passiva civil entre pessoas físicas envolvidas na Previdência Complementar, tema jurídico relevantíssimo na medida em que gera celeumas, dúvidas e discussões, quanto à definição do principal responsável, da pessoa solidária, da ordem da responsabilização e de outros aspectos.

Se o principal sujeito do dever (os administradores da EFPC) não cumprir os seus encargos diretivos de realizar a receita previamente estabelecida no Convênio de Adesão, Estatuto Social ou Regulamento Básico da entidade, obtenção material dos recursos provenientes da patrocinadora, outra pessoa física, envolvida com a relação, será solidariamente responsável (administradores da patrocinadora).

Toda a responsabilidade administrativa, como previsto nos arts. 99/100 do RPPC, será atribuída a esse co-responsável. Encargo pesado definido no art. 63 e punido conforme o art. 65 da LBPC, segundo o rito deste Decreto n. 4.942/03.

Às vezes, e aqui não sucedeu, a lei estabelece ordem de preferência (saber quem primeiro será punido). Por ela, somente se o devedor principal da obrigação não honrar o compromisso, o devedor secundário poderia ser sancionado.

Silenciando a respeito (esse benefício da ordem só existe, se constante da lei), abre a possibilidade de a SPC exigir o cumprimento da lei de um dos devedores. Nesse mutismo, primeiro a SPC responsabilizará os administradores da EFPC para depois, perseguir os gestores da patrocinadora.

A aplicação dessa solidariedade, que só tem existência quando estatuída na lei, uma forma de transferência de dever jurídico de uma pessoa para outra, na prática cria situação de infringência do direito de defesa. Lembrando-se que os solidários, em alguns casos, podem fazer parte da administração causadora da inadimplência.

Embora sem previsão regulamentar ou legal, o solidário evitará a aplicação da solidariedade (exigindo dos originariamente obrigados a prévia providência acauteladora) elidindo a co-responsabilidade, *in casu*, com alguma dificuldade em virtude desse ônus estar cometido à patrocinadora.

Vale lembrar que a solidariedade ora preconizada apenas diz respeito às contribuições, não se estendendo a outros deveres materiais ou formais. Se normas distintas não dispuserem sobre estas outras hipóteses, o dispositivo enfocado não se prestará analogicamente.

À evidência, o tema responsabilidade e co-responsabilidade haveria de provocar incertezas, perplexidade e construções doutrinárias, com a contribuição de *Rosana Marques Paulon* ("A responsabilidade dos gestores e a securitização das atividades de risco nas Entidades de Previdência Complementar", *in* "Jornal do 4º Congresso Brasileiro de Previdência Complementar", São Paulo: LTr, 2004, pp. 17/18).

Suely Belonci Vellasco preocupou-se com esses aspectos, no que diz respeito à LC n. 108/01 ("Responsabilidade dos gestores das EFPCs municipais e dos servidores públicos", *in* "Jornal do 3º Congresso Brasileiro de Previdência

Complementar", São Paulo: LTr, 2003, pp. 13/14). Ela lembra a responsabilidade civil, que nasce "com o ato culposo e lesivo e termina com a indenização. Independe das demais (administrativa e penal) e se apura na forma do direito privado, perante a Justiça Comum".

Como lembra *Juliano Sarmento Barra*, segundo o Decreto n. 4.949/04, a multa pode ser atribuída por solidariedade à EFPC ("O Decreto n. 4.942 e a responsabilização dos dirigentes das entidades fechadas de Previdência Complementar", *in* "Jornal do 4º Congresso Brasileiro de Previdência Complementar", São Paulo: LTr, 2004, pp. 13/14).

"O Dirigente ou Conselheiro dessa EFPC, possui como atividade principal as funções exercidas na empresa patrocinadora e paralelamente as do cargo de diretor na Entidade, ficando exposto aos riscos decorrentes das responsabilidades previstas pelo novo Decreto, quanto à aplicação do regime disciplinar, tipificando as infrações com suas respectivas penalidades", diz *Elvira Rita R. Giamusso* ("O dirigente de entidade fechada de previdência complementar — EFPC perante o regime disciplinar fiscalizador", *in* "Jornal do 4º Congresso Brasileiro de Previdência Complementar", 2004, São Paulo: LTr, pp. 23/24).

1. Noção de solidariedade — Solidariedade não se confunde com responsabilidade. Quem tem de acompanhar monitorada e mensalmente os pagamentos devidos pela patrocinadora são os dirigentes do fundo de pensão. Se não o fizerem, além de eventual culpa, os administradores da patrocinadora também serão responsabilizados.

2. Administradores — Os dirigentes da patrocinadora variarão conforme se trate de uma sociedade limitada (figura rara, mas existente, quando serão os sócios) ou sociedade anônima (diretoria executiva), e variando ainda mais caso se refira a uma estatal (diretoria da fundação, sociedade de economia mista ou empresa pública). Há de se consultar, principalmente, a lei das sociedades anônimas e o Código Comercial.

3. Contribuições devidas — O conceito não é difícil, são os aportes convencionados nos atos constitutivos da EFPC ou fora deles, nos contratos celebrados, principalmente quando de reforço da contribuição para contornar déficit. A própria norma deixa claro tratar-se de cotizações normais e extraordinárias antes avençadas.

4. Atos constitutivos — As fontes formais dessa obrigação podem ser o Convênio de Adesão, se ali estipulada alguma cláusula pertinente, o ES e o RB.

5. Efeitos da solidariedade — Os administradores da patrocinadora responderão como se fossem dirigentes da entidade patrocinada.

6. Estrito cumprimento do dever — Em muitíssimas hipóteses o não desembolso das quotas mensais estará fora do controle de um ou de outro diretor e ele sempre poderá alegar não ter outra opção se não a inadimplência.

7. *Nomem juris* — A despeito da modalidade de redação adotada, cuida-se neste art. 62 da responsabilidade de pessoas por falta de contribuição do patrocinador.

8. Elemento subjetivo — O dirigente da patrocinadora que não deseja ser co-responsabilizado tem de tomar a iniciativa de impedir a inadimplência, vale dizer, agir comissivamente, o mesmo se passando com o gestor da EFPC.

9. *Iter criminis* — Tratando-se de ato complexo, que compreende a inação e a ação, pode abrigar a figura da tentativa, mas, como soe acontecer, somente a consumação produzirá a ação persecutória da SPC.

10. Tipo de procedimento — É praticamente impossível ocorrer essa inadimplência por simples culpa de pessoas, o que ocorre efetivamente é dolo.

11. Objetividade jurídica — Como expressará em inúmeras infrações nos artigos seguintes (com este ou aquele aspecto mais relevante, específico ou formal), sabendo que as contribuições são o sangue que corre nas veias do organismo complementar, o legislador e elaborador da norma pretende a regularidade, continuidade e fluxo de caixa por parte da patrocinadora e que os dirigentes envolvidos na relação dêem cumprimento ao que foi previamente estabelecido.

12. *Modus operandi* — Ocorre a infração e com ela a solidariedade se, quem está obrigado a acompanhar os recolhimentos mensais não o faz.

13. Sujeito passivo — É vítima da ação e da inação a entidade, o plano de benefícios, os participantes e a ordem, do segmento.

A inadimplência a que alude o *caput* é financeira, ou seja o pagamento das contribuições mensais normais e das extraordinárias. Importa relevantemente definir o que significam esses vocábulos no contexto do custeio dos planos de benefícios. Valendo *ab initio* registrar que, a rigor, todas se destinam às prestações.

O art. 19 define o que esses administradores deverão entender por contribuições normais (inciso I) "aquelas destinadas ao custeio dos benefícios previstos no respectivo plano", descrição um tanto óbvia e pouco esclarecedora dada a sua generalidade. Da mesma forma, assevera que as extraordinárias são "aquelas destinadas ao custeio de déficits, serviço passado e outras finalidades não incluídas na contribuição normal" (inciso II).

As contribuições normais poderiam ser designadas como as usuais, pois, comuns, mensais e tradicionais, isto é, aquelas oriundas da parte patronal da patrocinadora. As extraordinárias são as demais.

Presenciada essa inadimplência, ela deve ser comunicada à SPC, é o que diz o § 1º. Note-se que o § 2º cria um ônus por parte do Conselho Deliberativo, sob a presunção de o causador da falha situar-se na Diretoria Executiva e, também, de certa forma, informando que tais conselheiros não seriam responsáveis.

Ou seja, além da aplicação da solidariedade, fixada no *caput* do artigo, o § 2º define outra obrigação.

A oportunidade do dispositivo suscita a discussão sobre a natureza desse ônus civil, pois em muitíssimas situações (como sucede com o art. 28 do PCSS) subsistirão sérias dúvidas sobre o dever do encargo ou não.

Nada impede a EFPC de consultar a SPC para, então, configurado esse dever, caracterizar a inadimplência, exigir a contribuição e comunicar ao ente fiscalizador (art. 31 da Lei n. 9.784/99).

Em disposição técnica que melhor se situaria na LC n. 109/01, estabelece o § 2º um dever seriíssimo para o administrador da EFPC: em 90 dias iniciar a cobrança executiva da dívida da patrocinadora.

O prazo será contado da data fixada no Convênio de Adesão e preferivelmente também no Estatuto Social. Dificuldade maior quando de contribuições extraordinárias, importando que na oportunidade da definição destas o referido termo seja, também, configurado. Esta é também uma regra substantiva contida em norma adjetiva.

A determinação exagera quando, de imediato, fala em cobrança executiva porque tratativas administrativas serão inicialmente bem-vindas. Muito antes da primeira audiência na justiça estadual a inadimplência poderá estar resolvida. Convindo recordar que atrasos não costumam ser pontuais, mas consecutivos e, assim, preferirem-se ações relativas a um certo tempo, em vez de reclamações mensais.

CAPÍTULO LXIII

CONSTITUIÇÃO DE RESERVAS

Capítulo VIII

Das Infrações e Penalidades Aplicáveis

Art. 63. Deixar de constituir reservas técnicas, provisões e fundos, de conformidade com os critérios e normas fixados pelo Conselho de Gestão da Previdência Complementar e pela Secretaria de Previdência Complementar.

Penalidade: multa de R$ 20.000,00 (vinte mil reais), podendo ser cumulada com suspensão pelo prazo de até cento e oitenta dias ou com inabilitação pelo prazo de dois a dez anos.

Remissão: arts. 40, 201, 202, 249 e 250 da CF;
arts. 9º e 20 da LBPC;
art. 15 da Lei n. 6.435/77;
art. 12 do Decreto n. 81.240/78;
art. 37, II, do Decreto n. 4.206/02;
Resoluções CNSP ns. 131/05, 132/05 e 135/05;
Resolução CGPC n. 18/06;
IN SPC ns. 11/76, 30/01 e 36/02;
art. 64 do RPPC.

Ao iniciar a disciplina o RPPS, *in fine* do *caput* do art. 40 da Carta Magna diz "observados critérios que preservem o equilíbrio financeiro e atuarial". Igual se colhe no *caput* do art. 201 da Lei Maior quando menciona esse mesmo equilíbrio atuarial e financeiro. Por último, abre-se o art. 202, reportando-se a "constituição de reservas que garantam o benefício contratado, e regulado por lei complementar".

Quer dizer, o justo acerto de contas do regime, nele inserida a constituição de reservas, diz respeito à modelagem do plano de benefícios, que deverá incorporar o custeio das despesas administrativas diuturnas e os encargos correntes com a complementação das aposentadorias e pensões e, ainda, agora enfatizado como essência da técnica, o armazenamento de recursos, destinados a financiar as prestações que estão por vir.

A idéia pressupõe que se cessarem as contribuições dos ativos, existam meios econômicos e financeiros para a frente, não necessariamente todos eles, mas uma prospecção programática para que isso aconteça durante o curso contínuo da relação. Dá-se exemplo com a retirada da patrocinadora: isso somente será possível se ela, em relação aos atuais participantes, oferecer certeza de que o seu porvir está matematicamente preservado.

Garantias materiais que dizem respeito, ressalte-se, apenas aos atuais participantes, mas recursos de toda ordem que possam ser convertidos em pecúnia e sejam responsáveis pela manutenção das futuras obrigações. Um plano que somente é capaz de pagar os encargos correntes oferece um falso equilíbrio, não é verdadeira forma de Previdência Social, e que não pode ser o objetivo do gestor.

Para tanto, repete-se *ad nauseam*, desde o seu desenho matemático e financeiro o plano deve ter como premissas duas ordens de recursos: imediatos e mediatos. Daí a indigitada constituição de reservas.

É tão grande a preocupação do legislador complementar que, logo depois da introdução da matéria, no seu art. 9º, pontificando a razão de ser da administração gestora, a LBPC fala na obrigação de constituir "reservas técnicas, provisões e fundos".

Vale lembrar que a infração não é aplicar mal ou deixar de aplicar os recursos, mas sim fazê-lo em desconformidade com os "critérios e normas" do MPS. Se alguém operou sem atender a esses parâmetros e obteve sucesso no investimento, terá cometido a infração e criado um grande problema para quem redigiu o art. 63.

Parâmetros técnicos dos planos de benefícios, a serem observados pelas EFPC, estão presentes no Anexo da Resolução CGPC n. 18/06. No que se refere às entidades abertas, a Resolução CNSP n. 135/05 dispôs sobre a avaliação atuarial da EAPC. Regras de funcionamento e critérios para operação da cobertura por sobrevivência foram desenvolvidos nas Resoluções CNPS ns. 131/05 e 132/05.

1. Introdução do tema — É da natureza do esforço previdenciário a projeção das despesas vindouras, para que o custeio dos deveres dos atuais contribuintes seja financiado por eles próprios e não pelas gerações posteriores *(grosso modo),* descaracterizando-se o regime de repartição, em que os jovens aportam em favor dos idosos. A idéia básica é que o amanhã seja garantido (não necessariamente num só momento, em virtude do fluxo de capital), para que essa consolidação independa do presente; por isso faz parte da definição da previdência certa concepção de poupança individual ou coletiva, facultativa ou obrigatória. Por meio de mensalidades consecutivas, durante muitos anos, o titular da conta reúne valores durante sua vida profissional para consumir, ainda por mensalidades, o que foi poupado e a rentabilidade que o saldo remanescente do capital acumulado foi capaz de criar. A constituição dos recursos para enfrentar às despesas atuais e futuras é o Calcanhar de Aquiles do sistema complementar. Diferentemente do RGPS, que consagra um regime orçamentário, individualmente buscando todos os anos as importâncias necessárias para o pagamento dos benefícios desse mesmo exercício, historicamente e por conta da neces-

sidade de obter o lastro necessário ao longo do tempo (principalmente com o resultado das aplicações), o sistema complementar impõe o amealhamento desses recursos, capitais acumulados no curso da relação com o participante. Conceito que se colhe em *Fernando Nunes Simões* e *Manoel Moacir Costa Macêdo* ("O Direito Acumulado dos Participantes dos Fundos de Pensão", Goiânia: Scala, 2006).

2. Causa de intervenção — Para se ter uma idéia da importância do tema, ressaltado à luz do dia, o primeiro item determinante da intervenção das EFPC diz respeito à "irregularidade ou insuficiência na constituição das reservas técnicas, provisões e fundos, ou na sua cobertura por ativos garantidores" (LBPC, art. 44, I), em que fica salientada a diferença entre promover total ou parcialmente a constituição das reservas, fato destacado também pelo art. 18, I, do Decreto n. 4.206/02.

3. Reservas técnicas — Reserva técnica, simples reserva ou ainda financeira, deve ser entendida como a reserva matemática, isto é, o custo final do benefício aferido no instante da avaliação, noutras palavras, aquilo que pecuniariamente será preciso amealhar para bancar as prestações. A expressão reserva de poupança é muitas vezes designada para apontar distinção com a reserva matemática representando o *quantum* que o participante pessoalmente contribuiu, não se confundindo com a parte da patrocinadora.

4. Provisão — A provisão não deixa de ser uma modalidade de reserva, numerário contabilizado em separado, com destinação específica. Assim, pode-se fazer uma provisão histórica para a hipótese de afastamento da patrocinadora. Em razão das dúvidas pendentes sobre a exigibilidade fiscal do IR, quase todas as EPC provisionaram recursos para a hipótese de não obterem sucesso nas decisões judiciais. Se o escopo é cobrir riscos não previdenciários essas reservas são intocáveis.

5. Fundo — Fundo é provisão mais formalizada, ainda tipo de reserva com destinação apropriada, que se vai constituindo com o tempo e com finalidade mais previdenciária que a provisão, com certeza conceitos contabilizados. A criação e a manutenção desses institutos técnicos, observadas as razões dos entes supervisores, não há liberdade para a EFPC divergir desse entendimento, ainda que a solução encontrada possa ser melhor. Em casos excepcionais, os órgãos supervisores devem ser consultados, porque a regra poderá ser quebrada se o objetivo é melhorar o sistema ou equilibrar o plano.

6. Caracterização da infração — A infração enfocada é, pois, deixar de providenciar esse extraordinário cuidado, o administrador não prover essas reservas (matéria) ou fazê-lo em descumprimento das normas dos entes supervisores (forma). Evidentemente que esta disposição regulamentar propicia ampla discussão porque as providências reclamadas da EFPC a esse respeito são complexas, diversificadas e questionáveis. Pois fazer equivocadamente a constituição das reservas será considerado como não fazê-las se elas não atendem aos requisitos mínimos exigidos. E os bens que constituem essas reservas, concebidos para perdurarem no tempo, num longo tempo, podem perder suas caracte-

rísticas básicas independentemente da conta do administrador, cuja única responsabilidade estará adstrita à sua não substituição. Cada ocorrência dessa natureza impõe, por parte de quem lavrar o AI, apreciar a Defesa Prévia, emitir a DN e, por último, julgar o feito, não só sensibilidade inicial, como conhecimento da técnica, além de inexcedível sabedoria para distinguir a intenção de acertar do administrador do equívoco derivado da negligência; os resultados negativos decorrentes do mercado com a falta de cuidado técnico, separar o *animus* de obter alguma vantagem com o simples erro, enfim, uma tarefa gigantesca que pressupõe a avaliação de muitos elementos. Não é lícito a ninguém desaprovar uma aplicação correta feita nas torres de Nova York, antes de 11.9.01.

7. Responsável — São responsáveis diretos os gestores do fundo de pensão, isto é, os membros da diretoria executiva, podendo estar envolvidos também os membros do conselho deliberativo e especialmente do conselho fiscal.

8. *Nomem juris* — A infração no art. 63 do RPPC acabará por ser designada por falta de constituição de reservas.

9. Elemento subjetivo — Dificilmente alguém agirá com dolo, mas freqüentemente operará com culpa.

10. *Iter criminis* — Descrita na forma negativa, isto é, em virtude de inação, ainda que o *iter criminis* comporte sucessividade de atos, pouco importará a tentativa. Quem aplicar mal, em conformidade com os comandos do MPS, não decantará a infração.

11. Tipo de procedimento — É bastante evidente a omissão, ou seja, o responsável não atender à determinação legal de prover os futuros ativos capazes de sustentar as obrigações vindouras.

12. Objetividade jurídica — O equilíbrio de um plano de benefícios é o sonho do legislador previdenciário complementar. Ele pressupõe serem as reservas técnicas que o provenham capazes de assegurar e esse ajuste financeiro entre as contribuições atuais e futuras os deveres com os atuais assistidos, participantes em risco iminente e novos complementados.

13. *Modus operandi* — Agindo por omissão, o administrador não promove as medidas necessárias à constituição das reservas, não as programando, fica sem fazer as pesquisas e levantamentos de mercado imprescindíveis, não investe, permite que valores restem sem aplicação em conta corrente, etc.

14. Sujeito passivo — Sobre a entidade fechada, o plano de benefício e o participante.

CAPÍTULO LXIV

APLICAÇÕES CONTRÁRIAS AO CMN

Art. 64. Aplicar os recursos garantidores das reservas técnicas, provisões e fundos dos planos de benefícios em desacordo com as diretrizes estabelecidas pelo Conselho Monetário Nacional.

Penalidade: multa de R$ 20.000,00 (vinte mil reais), podendo ser cumulada com suspensão pelo prazo de até cento e oitenta dias ou com inabilitação pelo prazo de dois a dez anos.

Remissão: arts. 249/250 da CF;
art. 9º da LBPC;
Lei n. 4.594/64 (BACEN);
art. 15 da Lei n. 6.435/77;
art. 12 do Decreto n. 81.240/78;
art. 23 do Decreto n. 81.402/78;
Resoluções CMN ns. 460/78, 687/81, 1.025/85, 2.109/94, 2.286/96, 2.349/96, 2.518/98, 2.810/99, 2.716/00, 2.729/00, 2.791/00, 2.829/01, 2.850/01, 2.922/01 e 3.002/02;
Resolução Conjunta CVM/SPC n. 6/98;
Resoluções BACEN ns. 3.116/03 e 3.121/03;
Resoluções BCB ns. 964/84, 3.121/00, 3.308/05, 3.357/06 e 3.358/06;
Resoluções CNSP ns. 52/01 e 59/01;
IN SPC ns. 11/76, 30/01, 36/02, 42/02 e 8/05;
art. 63 do RPPC.

Constitui-se em seriíssima infração não promover a constituição de reservas técnicas garantidoras dos benefícios futuros (art. 63), ou promovê-las com impropriedades que não frustrem os seus objetivos. Agora, fazê-lo em desconformidade com a disciplina de outros entes superiores deflagra uma outra infração (art. 64).

Quando elegeu esse procedimento como prejudicial ao segmento fechado, o MPS entendeu que a constituição das reservas técnicas é da maior relevância para a saúde do sistema, na verdade alma e coração da proteção social supletiva. Para situar a importância de tais capitais, é só lembrar que a condição mais desastrosa para uma EFPC, que é a retirada da patrocinadora (seja por quebra desta última ou outro motivo), é autorizada se ela oferece os meios garantidores dos benefícios dali para frente.

Embora não chegue tal interveniência estatal a ponto de deflagrar alguma solidariedade com as dificuldades dos fundos de pensão de honrarem os seus compromissos, o Estado afeta formidavelmente a administração das entidades, pretendendo monitorar os seus mínimos atos, procedimentos e decisões, numa tentativa de inibir atitudes arriscadas, intempestivas ou equivocadas que ponham a perder a segurança e o equilíbrio do plano de benefícios.

E, é claro, esse mesmo Estado assume igual responsabilidade — ainda não avaliada doutrinariamente — quando impõe um controle severo dos atos gestores a partir de premissas que ele próprio estabelece. Sabendo-se que os investimentos são atividades de risco, o que, aliás, matiza de alguma maneira o empreendimento securitário, sem dividir responsabilidades, o Decreto n. 4.942/03 não quer que as aplicações dos recursos garantidores dos benefícios, das provisões ou fundos, sejam operadas livremente, devendo seguir as diretrizes do CMN. Fazê-lo, descumprir essas normas complexas, implicará na consumação da infração, que é comissiva, decantação a autuação.

Note-se que o gesto não desejado pelo administrador do MPS é o atendimento das normas reguladoras, pouco importando que a medida que as desatenda, de fato, tenha sido vitoriosa sob o aspecto do investimento.

Exceto se a Defesa Prévia ou o Recurso de Apelação demonstrarem que a solução alvitrada contrária à instrução normativa é a que apontava para a melhor aplicação, o que porá em dúvida a validade científica da vedação, o sucesso do investimento terá de ser considerado, porque a infração é substancialmente descumprir as normas do CMN. Mas sem sombra de dúvida será uma das razões das inconformidades e uma magnífica atenuante. À evidência entre o fato concreto e a norma abstrata sobrevirão dúvidas infindáveis. Conforme se pode ver da remissão, são muitíssimas as normas que regulam a matéria.

1. *Nomem juris* — Aplicações contrárias ao CMN designa bem o acontecimento não desejado pelo segmento e que se sobrevier determinará a infração e a punição.

2. Elemento subjetivo — A exemplo da infração anterior, possivelmente o agente procede por imperícia ou negligência.

3. *Iter criminis* — Concebida na modalidade negativa, isto é, em virtude de inação do autor, ainda que o caminho ilícito comporte sucessividade de atos, pouco importará a tentativa. Quem aplicar em desconformidade com os comandos do CMN decantará a infração.

4. Tipo de procedimento — É bastante evidente a omissão, ou seja, o encarregado da providência não atender à determinação legal de prover os futuros ativos capazes de sustentar as obrigações vindouras.

5. Objetividade jurídica — O equilíbrio de um plano de benefícios é o sonho do legislador previdenciário complementar, que pressupõe serem as reservas

técnicas que o provenham capazes de assegurar esse ajuste financeiro entre as contribuições atuais e futuras e os deveres com os atuais assistidos, participantes em risco iminente e novos complementados.

6. *Modus operandi* — Agindo por omissão, o administrador não promove as medidas necessárias à constituição das reservas, não as programando. Fica sem fazer as pesquisas e os levantamentos de mercado imprescindíveis, não investe, permite que valores restem sem aplicação em conta corrente, etc.

7. Sujeito passivo — Sobre a entidade fechada, o plano de benefício e o participante.

CAPÍTULO LXV

FORNECIMENTO DE DOCUMENTOS

Art. 65. Deixar de fornecer aos participantes, quando de sua inscrição no plano de benefícios, o certificado de participante, cópia do regulamento atualizado, material explicativo em linguagem simples e precisa ou outros documentos especificados pelo Conselho de Gestão da Previdência Complementar e pela Secretaria de Previdência Complementar.

Penalidade: advertência ou multa de R$ 10.000,00 (dez mil reais).

Remissão: art. 10 da LBPC;
art. 2.031 do NCC;
art. 37, V, do Decreto n. 4.206/02;
Resolução CGPC n. 8/04;
Portaria SPC n. 2/04;
IN SPC ns. 27/01 e 1/04.

Em seu art. 10, a LPBC diz que: "a todo pretendente será disponibilizado e a todo participante entregue, quando de sua inscrição no plano de benefícios": certificado de participante, cópia do Regulamento Básico, material explicativo e "cópia do contrato, no caso de plano coletivo de que trata o inciso II do art. 26" da LC n. 109/01 e "outros documentos".

Infração omissiva, obrigação de fazer, o art. 65 prevê o não entregar, preferivelmente mediante recibo, os documentos relacionados no artigo (certificado de participante, cópia do Regulamento Básico atualizado, material explicativo e outros definidos pelos entes supervisores), em pelo menos determinadas oportunidades: a) inscrição na EFPC; b) alterações havidas nas regras convencionadas; c) *factum principis*; e d) quando de inovações propostas pela SPC e pelo CGPC.

Um rol respeitável de circunstâncias que, em tempos de reformas, mudanças e adaptações da legislação, pode ter custo administrativo significativo, fato que terá de ser considerado pelo julgador. O objetivo da lei e do decreto é que o titular da relação não seja prejudicado pelo desconhecimento das regras. Questão que, evidentemente, não escapa do crivo do direito adquirido.

O RPPC foi superior à LC, substituindo o vocábulo "pretendente" por "participante". Quem pretende ainda não é segurado; só depois da admissão é que se exige o comportamento da EFPC, não antes.

Esse fornecimento é material, tendo em vista que nem todos possuem os recursos da informática, terá de ser escrito, não bastando estarem disponíveis virtualmente no *site* da EFPC. Na hipótese de o próprio Regulamento Básico, uma convenção entre as partes, dispor que exceto o certificado de participante, as demais informações estarão colocadas nos microcomputadores via *internet*, a infração não estará caracterizada.

Enquanto a LBPC ou a norma infralegal assim dispuser, já que não estabeleceu termo para a cessão indicada, entende-se que seja razoável um prazo de 30 dias, a partir do qual a ilicitude estará consumada, mas evidentemente a ausência desse lapso de tempo produzirá discussão entre as partes da relação procedimental.

Curiosamente, a norma silenciou quanto ao Estatuto Social da entidade, o que afronta o princípio da transparência. O rol foi exaustivo e bem agirá a EFPC que também fornecer o Estatuto Social da entidade. Da mesma forma a norma é muda quanto ao art. 10, II, da LBPC e assim, se deixar de fornecer o contrato de plano coletivo, não ficará sujeita à advertência ou multa.

O dispositivo mencionou os participantes, recomendando-se que os dependentes também tenham acesso às informações, mas deixar de entregar o Regulamento Básico aos pensionistas do participante não constitui infração, por falta de previsão legal. De igual maneira o preceito não distinguiu entre ativos, em risco iminente ou assistido; todos têm direito a receber os documentos.

A entrega do Regulamento Básico desatualizado, acompanhado de errata ou separata, em que explicadas as atualizações, não constitui infração que justifique a autuação, mas, existindo exemplares do novo documento e, no entanto, for fornecido o antigo, a medida indica desrespeito ao princípio da transparência.

Toda vez que sobrevier alteração nas obrigações e nos direitos dos participantes impõe-se a entrega do novo Regulamento Básico ou, pelo menos, comunicação do dispositivo modificado. Precisa ficar claro na mente dos administradores que esse dever diz respeito às mudanças significativas, aquelas que possam afetar os direitos, descabendo recomendação por parte da SPC e não autuação, se a novidade é *lana caprina*. O encaminhamento apenas de alterações, de custo menos elevado, elide a punição.

Esmiuçar quer dizer explicar o que é portar, carregamento, *vesting*, acesso ao valor, na portabilidade, montante saldado e outros mais, pertencentes à matéria financeira ou cálculo atuarial. Principalmente explicitar que as reservas financeiras garantidoras dos benefícios dependem da soma das contribuições vertidas e dos frutos das aplicações financeiras, deixar claro o que significa o plano de contribuição ou benefício definido.

O julgamento da validade técnica do material explicativo reclama compreensão de parte da SPC em relação à clientela protegida. Por exemplo, os associados da OABPrev terão entendimento dos fundamentos jurídicos do Regulamento Básico diferentes dos demais trabalhadores. Quando de uma cartilha incompleta, mal elaborada ou não tão explicativa quanto desejável, o ideal parece ser a pena de advertência, com a fixação de prazo para a correção, e não a multa de dez mil reais, mas a falta de esclarecimentos recomenda a pena financeira.

A lei e o decreto nada falam da gratuidade desses documentos, o que não impediria alguma venda, mas certamente que não fará parte da campanha de adesão cobrar, ainda que apenas um valor simbólico.

O art. 2.031 do vigente Código Civil determina a necessidade de adaptação das entidades à Lei n. 10.406/02 (NCC), mas a Portaria SPC n. 2/04 determinou que elas estão dispensadas dessa atualização. A Resolução CGPC n. 8/04 fixou regras administrativas para a formalização de processos de Convênio de Adesão, Estatuto Social e Regulamento Básico e suas alterações. A IN SPC n. 27/01 estabelecia regras para a constituição de EFPC e foi revogada pela IN SPC n. 1/04, levando em conta a Resolução CGPC n. 8/04.

Já assinalamos que o ideal é o ente supervisor sistematizar em ato integrado e orgânico todas as questões relacionadas com a modalidade de comunicação a ser empreendida pelas EFPC ("Transparência do Sistema", *in* "Jornal do 1º Congresso Brasileiro de Previdência Complementar", São Paulo: LTr, 2001, pp. 19/20).

1. Disponibilização — De qualquer forma, a todo participante terá de ser fornecido virtualmente as informações, ficando à disposição dos interessados na *internet*.

2. Entrega — As mesmas informações terão de ser encaminhadas aos interessados em forma impressa.

3. Material explicativo — Cartilha sistemática, explicando as obrigações e os direitos, especialmente as quatro hipóteses referidas no art. 14 da LBPC. Linguagem simples e objetiva é uma redação clara, singela, ao alcance da mais simples das pessoas, sem a utilização de semântica jurídica, latim, expressões pouco usuais, raciocínios complexos e, preferivelmente, com ilustrações, exemplos e definições dos principais institutos técnicos.

4. Os documentos a serem entregues (certificado de participante e cópia do Regulamento Básico) não são quaisquer. Eles terão de especificar "as condições mínimas", os "requisitos que regulam a admissão e a manutenção da qualidade de participante, bem como os requisitos de elegibilidade e forma de cálculo dos benefícios" (LBPC, art. 10, *caput* e incisos I/II).

5. *Nomem juris* — Tratando-se de ato simples, a descrição desta infração, para incluir material e virtualmente, corresponde a não fornecimento de documentos.

6. Elemento subjetivo — O dolo será a hipótese mais freqüente, vontade consciente de não divulgar atos e fatos importantes que fazem parte da relação jurídica.

7. *Iter criminis* — Tendo em vista tratar-se de omissão e não de ação, dificilmente se poderão caracterizar o *cogitatio*, os atos preparatórios ou as tentativas, somente a consumação decanta a infração. Mas é evidente que a SPC, em alguns casos, constatará que a entidade já encomendou a impressão dos documentos e que eles ainda não lhe foram entregues, fato a ser considerado.

8. Tipo de procedimento — É atuação omissiva e não comissiva.

9. Objetividade jurídica — A relação jurídica de previdência social, básica ou complementar, é complexa por natureza. O vínculo jurídico estabelecido entre o participante (e o seu dependente) e o fundo de pensão assume diversidade maior, especialmente em decorrência da presença maciça, diuturna e científica do cálculo financeiro e atuarial.

Quando de um saldamento ou migração de BD para CD, a estimativa do resgate ou da portabilidade, são aferições que envolvem conhecimento técnico não muito simples. Daí a importância de a pessoa, normalmente sem esse domínio jurídico ou técnico, ter acesso a toda sorte de informações. Para que possa sozinha ou com ajuda de consultores saber dos seus direitos.

10. *Modus operandi* — Quando o administrador não fornece os documentos referidos na LBPC, por ocasião da admissão ou sempre que sobrevierem novidades internas ou mudanças na legislação, como aconteceu em 29.5.01, ele caracteriza a omissão decantadora da infração.

11. Sujeito passivo — Quem sofre com essa inação são os participantes e os seus dependentes.

CAPÍTULO LXVI

DIVULGAÇÃO ENGANOSA

Art. 66. Divulgar informação diferente das que figuram no regulamento do plano de benefícios ou na proposta de inscrição ou no certificado de participante.

Penalidade: advertência ou multa de R$ 10.000,00 (dez mil reais).

Remissão: art. 202, § 1º, da CF;
art. 10 da LBPC;
Lei n. 8.078/90 (CDC);
art. 37, V e XIX, do Decreto n. 4.206/02.

Diferentemente do tipo anterior, a divulgação enganosa é ato comissivo, correspondente a ação material efetiva, vale dizer, subtrair a verdade no pertinente ao convencionado.

Na verdade, o RPPC faz uma pequena confusão, pois relaciona a propaganda que ludibria com um ato constitutivo de direitos (RB) e dois documentos formais meramente declaratórios desses direitos. Não é a mesma coisa referir-se à inverdade contida na proposta de inscrição ou no certificado de participante, comparada com o que consta do Regulamento Básico. Este é a lei entre as partes, para alguns, um outro Contrato de Adesão, enquanto que o material explicativo é singela divulgação, que comporta ilustrações.

Evidentemente que se alguém se propuser, com base naqueles documentos declaratórios a iludir os participantes numa proposta de inscrição visando à adesão, e num certificado, uma vez consumada a admissão, fazendo-o contrariamente ao avençado no Regulamento Básico, justifica punição até mais severa que a prevista.

Da mesma forma como no caso anterior, não há agora qualquer discussão sobre a prática dizer respeito a um ou mais participantes, porque a propaganda destoante da realidade é que indicará a infração e não o número dos prejudicados. Não há necessidade de ouvir os ludibriados.

Saliente-se que o preceito fala em "informação diferente" da que consta dos regulamentos e não, necessariamente, exaltando em demasia a eficácia do plano ou o diminuindo, mas, sim, dele diferindo, embora a *mens legislatoris* fosse a relativa a oferecer mais do que o real para atrair os empregados da patrocinadora.

O autor da infração e autuação é o dirigente da previdência fechada, administradores pessoalmente considerados e a pessoa jurídica da EFPC. Não haverá a ocorrência indesejada, se o procedimento condenado é praticado pela patrocinadora ou instituidora do fundo de pensão, mas estes se sujeitam ao CDC. Terceiros contratados pela entidade não cometem a infração, embora possam incidir em alguma outra ilicitude punível pelo mesmo CDC, exceto se ficar provado que a propaganda enganadora foi assim contratada pelo administrador.

Resta bastante evidente certa desconformidade na alternatividade das duas modalidades de pena: uma simples advertência ou uma multa de R$ 10.000,00, como se essas duas sanções se equivalessem, o que não é correto. Ou se aumenta a pena admoestativa ou o *quantum* da multa deve ser diminuído.

A despeito das divergências doutrinárias sobre sua aplicação, à vista do § 2º do seu art. 3º, importa considerar o que dispõe o Código de Defesa do Consumidor — CDC (Lei n. 8.078/90), quando fixa as regras Da Oferta (arts. 30/35), Da Publicidade (arts. 36/38), Das Práticas Abusivas (arts. 39/41), que dispõem sobre os deveres de quem anuncia algo, particularmente na Seção III — Dos Contratos de Adesão (art. 54).

No que diz respeito aos produtos da previdência complementar é bom lembrar o crime do art. 66: "Fazer afirmação falsa ou enganosa, ou omitir informação relevante sobre a natureza, característica, qualidade, quantidade, segurança, desempenho, durabilidade, preço ou garantia de produtos ou serviços: Pena — detenção de três meses a um ano e multa".

Que pode estar associado com o crime do art. 73: "Deixar de corrigir imediatamente informação sobre consumidor constante de cadastro, banco de dados, fichas ou registros que sabe ou deveria saber ser inexata: pena — detenção de um a seis meses ou multa".

1. Divulgação — Divulgar quer dizer dar publicidade, que pode ser escrita ou verbal, durante a campanha de adesão ou fora dela, no material explicativo, cartilha ou fora deles. Estão incluídos *folders*, anúncios, *banners*, prospectos, cursos de treinamento, comunicados, circulares, boletins, formulários emitidos pela entidade. É preciso levar em conta a objetividade jurídica, a vontade deliberada de iludir e, destarte, se um administrador se exalta num discurso, até se equivocando nos números, será uma atitude diferente daquele propagandista profissional do plano.

2. Regulamento Básico — O que o dispositivo chama de regulamento do plano de benefícios é o Regulamento Básico da EFPC que, ao lado do Estatuto Social e do Convênio de Adesão, compõe os atos jurídicos constitutivos da EFPC, em que previstas as cláusulas que definem a relação jurídica de previdência fechada entre o fundo de pensão e os participantes.

3. Proposta de inscrição — Trata-se de um formulário padronizado a ser preenchido pelo interessado, empregado da patrocinadora, documento formal em que ele, além de expressamente anuir ao convencionado, presta informações de variada ordem relativa à sua qualificação profissional, com dados pessoais, familiares, biométricos e que interessam à relação que se inicia.

4. Certificado de participante — Documento em que a EFPC informa que a pessoa antes inscrita faz parte do plano de benefícios, contribuirá e fará jus às prestações.

5. *Nomem juris* — Quando consumada esta infração estar-se-á diante da propaganda enganosa que, mesmo antes da LC n. 109/01, já era punida pelo CDC (Lei n. 8.078/90).

6. Elemento subjetivo — É patente a vontade de enganar, ludibriar, convencer alguém da validade de uma proposta à qual não corresponde certa realidade.

7. *Iter criminis* — O procedimento comporta a tentativa, se alguém prepara os meios de divulgação e não chega a se utilizar deles, mas somente a consumação é punida.

8. Objetividade jurídica — A previdência complementar, porque busca a maior parte dos seus recursos mediante investimentos e este instrumento corre os riscos inerentes ao mercado financeiro é, em si, uma operação sujeita a sobressaltos, tumultos e afetações externas. Quando o Presidente do FED, nos Estados Unidos, faz uma declaração inusual, as bolsas do mundo inteiro sobem ou descem. A credibilidade no sistema é fundamental, acreditar nesse esforço coletivo é importante para todos, o que releva a necessidade de ser afastada qualquer tentativa de ilusão. Até hoje o mercado dos fundos de pensão abertos sofre as conseqüências de dois ou três planos que não lograram honrar os seus compromissos, daí a relevância do bom nome, da reputação e do prestígio. Mentir é sempre inaceitável.

9. Tipo de procedimento — Não há qualquer dúvida de que o sujeito passivo da ação persecutória ministerial age com culpa comissiva.

10. *Modus operandi* — O gestor promete algo que o plano de benefícios não pretende ou não pode realizar, divulga o que não está estipulado do Regulamento Básico, operando com deliberada má-fé.

11. Sujeito passivo — O enganado pela propaganda falsa é o participante.

CAPÍTULO LXVII

AUSÊNCIA DO RESSEGURO

Art. 67. Deixar de contratar operação de resseguro, quando a isso estiver obrigada a Entidade Fechada de Previdência Complementar.
Penalidade: multa de R$ 15.000,00 (quinze mil reais) ou suspensão por até cento e oitenta dias.

Remissão: arts. 249/250 da CF;
art. 11 da LBPC;
arts. 32, VIII e 41/45, do Decreto-lei n. 73/66;
art. 25, parágrafo único do Decreto n. 81.240/78;
arts. 22/23 da Resolução CNSP n. 60/01;
Resolução SUSEP n. 68/01.

Prossegue o decreto na linha de proteção ao plano de benefícios, iniciada com o art. 63 e cuida agora de um reforço das garantias que a legislação tenta oferecer ao segmento protetivo. Além das reservas técnicas, deseja o legislador que o gestor busque um *plus* de certeza de poder honrar os compromissos assumidos, com a figura jurídica do seguro (?), vale dizer, o resseguro. Claro, presumindo, que a própria atividade desenvolvida é um seguro social.

Esse resseguro, como concebido pela LBPC, conhece uma alternativa diante de suas soluções: a) a própria EFPC tomar a iniciativa de contratá-lo ou b) ser imposta pelos entes supervisores.

De plano resulta uma convicção e algumas dificuldades: se está sujeita à providência, não tomar a decisão e empreendê-la é descumprimento da lei; se não está sujeita, quando desfrutará de alguma discricionariedade, nem sempre poderá alegar que entendeu de não operar a medida por conveniência própria (embora, tecnicamente a medida fosse recomendável). Neste último caso, o risco é do gestor que, em algum momento é quem possui todos os elementos necessários para uma decisão consentânea.

Se promoveu o resseguro e escolheu mal, errando ao fazê-lo, poderá incidir em outra infração, mas não a agora estudada.

Não cabe entender que, à falta desse novo seguro, não teria o administrador deixado de constituir reserva, provisão e fundo, porque não será a hipótese. O que ele pode, conforme o parágrafo único do art. 11 da LBPC, é substituí-lo por um fundo de solvência.

Operações de resseguro ou fazer resseguro é a mesma coisa. Consiste em transferir a responsabilidade protetiva para terceiros, dividi-la ou segurar novamente, participar os riscos inerentes ao seguro originário com outra pessoa. Também é conhecido no meio securitário como retrocessão ou descarga de seguro.

De modo geral, para que ele suceda é preciso que haja um seguro, mas no Direito Previdenciário Complementar significa o ato de o fundo de pensão transferir parte ou o total de seus encargos para com os participantes, de pagar-lhes as prestações devidas. Para tanto terá de celebrar contrato entre duas pessoas jurídicas, a EFPC e a companhia seguradora, como o Instituto de Resseguros do Brasil — IRB.

A contingência protegida é o pagamento dos benefícios, caracterizando-se o sinistro descoberto se a entidade não tem condições de cumprir o avençado com os interessados.

Esse seguro, à evidência, é complexo, pressupõe prêmio alto e sua administração consiste em outro risco, sendo poucas as companhias predispostas a assumi-lo ou, se os aceitam, seu custo é quase impraticável.

Para o art. 2º, II, da Resolução SUSEP n. 68/01 cosseguro é a "operação de seguro em que duas ou mais seguradoras, com anuência do segurado, distribuem, percentualmente, os riscos de determinada apólice, sem solidariedade".

Diferentemente dos arts. 63/64 em que é possível a acumulação das penalidades, nesta infração o decreto admite outra alternativa, pena monetária ou perda do direito de trabalhar.

Obrigada ou não a celebrar esse contrato especial, feitas razoáveis tentativas de encontrar companhia resseguradora sem sucesso, não comete infração o administrador que deixar de cumprir o art. 67 do Decreto n. 4.942/03. Aconselha-se, entretanto, que tais tratativas cheguem imediatamente ao conhecimento da SPC, na busca da solução do problema, demonstrando a boa vontade desse gestor.

Caso tenha logrado obter o contrato tempos depois da determinação da SPC (sem prazo fixado) ou do momento em que detectou a sua necessidade, entender-se-á, no mínimo, como atenuante tê-lo feito e se diminutos os riscos corridos, não haverá necessidade de autuação.

Situação que exigirá cuidados especiais por parte da SPC é a daquela EFPC que não tomou o cuidado de ressegurar e preferiu adotar, mas o fez com insuficiência, a solução do parágrafo único do art. 11 da LBPC.

1. Pressuposto — Ressegurar tem como pressupostos lógico e jurídico o cenário deflagrador dessa proteção adicional, que há de ser buscado com inteligência por quem tiver de averiguar a provável infração, porque essas condições determinantes são complexas em cada caso, já que ausente tal exigência técnica, não há a infração.

2. *Nomem juris* — O que acontece é que, sendo necessário, o administrador não tomou as providências para fazer o resseguro, daí a ausência.

3. Elemento subjetivo — O principal motivador do dirigente que não promove a solução indicada pela LBPC é a imperícia (ele desconhece a necessidade dessa medida), noutras hipóteses ele negligencia esse cuidado e até mesmo tenta arriscar-se e é imprudente, julgando poder contornar a dificuldade, por julgá-la provisória e assim não precisar custear o prêmio. Será raro, mas não impossível, mover-se com o dolo específico.

4. *Iter criminis* — O procedimento comporta a figura da cogitação, da tentativa e da consumação, convindo sensível avaliação do que foi apurado, porque a infração só tem existência, se nenhuma providência foi tomada. Às vezes, o gestor está procurando informações, fazendo coleta de preços, examinando propostas *(cogitatio),* noutras ele encaminha um contrato de seguro para exame da consultoria (tentativa) e, por último, a um passo de celebrar o contrato, é autuado pela SPC.

5. Tipo de procedimento — É mais evidente a omissão do que a comissão, que reclama o dolo, quase inadmissível na hipótese.

6. Objetividade jurídica — Não quer o RPPC a instabilidade, o desequilíbrio e a insegurança do plano de benefícios e tudo isso em cada caso, conforme as circunstâncias da EFPC, a massa protegida e outros parâmetros importantes.

7. *Modus operandi* — Cientificado da sua necessidade, porque detém os elementos materiais definidores das imprescindibilidades do plano, o administrador fica inerte e não toma a providência reclamada pelo art. 11 da LBPC.

8. Sujeito passivo — Padecem a entidade, o plano e os participantes que correm o risco de não ter atendidas as suas expectativas.

CAPÍTULO LXVIII

AUTORIZAÇÃO DA SPC

Art. 68. Celebrar convênio de adesão com patrocinador ou instituidor e iniciar a operação do plano de benefícios, sem submetê-lo a prévia autorização da Secretaria de Previdência Complementar ou iniciar a operação de plano sem celebrar o convênio de adesão.

Penalidade: multa de R$ 25.000,00 (vinte e cinco mil reais), podendo ser cumulada com inabilitação de dois a dez anos.

Remissão: art. 13 da LBPC;
Resoluções CPC ns. 1/78 e 3/79;
art. 61 do RPPC.

Como se vê no *caput* do art. 61, a celebração do Convênio de Adesão entre o provedor e a EFPC tem de ser autorizada pela SPC. Tal providência prévia faz parte do monitoramento imposto pela LBPC, que pretende a supervisão do segmento desde as suas primícias, regulando as primeiras providências. Ainda atendida essa parte preambular, da mesma forma descabe ao fundo de pensão começar as operações do plano de benefícios sem igual autorização da SPC.

A infração consiste em não submeter aquele Convênio de Adesão ao MPS ou dar os primeiros passos da operação de previdência sem essa autorização ou, ainda, praticar o plano de benefícios ausente a homologação da SPC.

No afã de ultimar as medidas iniciais de criação da entidade, os empreendedores podem celebrar o Convênio de Adesão, registrá-los ou não em cartório sem o visto da SPC e isso é infração.

O cenário é complexo porque ainda não surgiu a pessoa jurídica da entidade, não existem o Estatuto Social e o Regulamento Básico, e não será fácil configurar os responsáveis.

Corre-se o risco de haver uma infração impossível de ser consumada.

São duas ações: a) celebrar convênio e b) praticar o plano, nos dois casos, sem autorização legal.

1. Convênio de Adesão — Previsto no art. 13 da LBPC, este documento constitutivo da EFPC, a par do ES e do RB, é absolutamente imprescindível para

a formulação dos deveres das partes envolvidas (EFPC e patrocinador ou instituidor). Os termos desse acordo de vontades devem ser previamente submetidos à SPC que os gizará posteriormente.

2. Dealbar da operação — Operar um fundo de pensão no sentido previdenciário aqui atribuído não é implantar as instalações, obter o espaço para funcionamento, adquirir móveis e equipamentos necessários, mas providências que dêem substância real ao plano de benefícios. Estão incluídas as seguintes ações: a) campanha de adesão; b) promoção da inscrição; c) percepção das primeiras contribuições. Início significa começo, não quer dizer a movimentação natural do plano de benefícios, são os primeiros atos. Se alguém começou e vem movimentando as rodas há algum tempo, não caracterizará mais esta infração, podendo incidir em outra e até mais grave.

3. Oitiva da SPC — Quer dizer a submissão protocolada do documento em Brasília, não importa que haja a homologação. Reclama-se uma antecipação das primeiras ações do gestor.

4. Plano sem Convênio de Adesão — Se houve aprovação do ES, do RB e do plano de benefícios e se descobre que tudo isso sucedeu sem o Convênio de Adesão (não importando agora quem é o culpado desse descumprimento da lei), estará caracterizada a operação sem o atendimento da LBPC.

5. *Nomem juris* — Ato complexo, envolvendo pelo menos três ações, poderá ser conhecido como falta de autorização da SPC.

6. Elemento subjetivo — O dolo específico ou genérico não será comum. Provavelmente a omissão se deverá à culpa do agente.

7. *Iter criminis* — Como se vê pela descrição da infração é ação comissiva, que a rigor comportaria a figura da tentativa.

8. Tipo de procedimento — Age omissivamente quem não busca a autorização da SPC.

9. Objetividade jurídica — Embora não se solidarize com o sistema (co-responsabilidade que certamente será discutida nos tribunais) o MPS pretende monitorá-lo *ab initio*. Trata-se de tentativa válida de contornar as dificuldades próprias e inerentes a um sistema que é por natureza sujeito aos sobressaltos da economia, tumultos da ordem social e falhas na gestão.

10. *Modus operandi* — O administrador omite-se quanto a sua obrigação de dar ciência ao MPS das primeiras providências de organização da EFPC.

11. Sujeito passivo — O controle técnico da SPC e a reputação de monitorador do MPS são frontalmente afetados com a displicência do dirigente que, obrigado a tomar conhecimento da LBPC, não atende às obrigações formais iniciais.

CAPÍTULO LXIX

INÍCIO DE PLANO DE BENEFÍCIOS

Art. 69. Iniciar a operação de plano de benefícios sem observar os requisitos estabelecidos pelo Conselho de Gestão da Previdência Complementar ou pela Secretaria de Previdência Complementar para a modalidade adotada.

Penalidade: advertência ou multa de R$ 10.000,00 (dez mil reais).

Remissão: art. 134 da LBPC;
Resolução CGPC n. 12/02;
Resoluções CPC ns. 1/78 e 3/79;
art. 4º do Decreto n. 4.206/02;
IN SPC n. 27/01;
art. 68 do RRPC.

À luz do que dispõe o art. 68, que trata praticamente da mesma infração — operar plano sem Convênio de Adesão ou ausente autorização da SPC —, diante da gravidade do fato, este artigo surpreende pela pena aplicada, que pode ser de apenas uma advertência, desconformando-se com a sanção da infração anterior (multa maior e possibilidade de inabilitação por até dez anos!).

Como o começo da oração é praticamente o mesmo da disposição precedente (iniciar a operação de plano de benefícios), para que se possa dela distinguir, resta examinar o significado *in fine* ("para a modalidade adotada").

Ou seja, nesse caso a infração seria a mesma, tão-somente variando o tipo de plano de benefícios, seu regime financeiro ou outro aspecto nuclear, o que causará confusão entre os aplicadores da norma, podendo entender de haver dupla autuação. Mas, não há, elas têm identidade.

Não foi feliz o elaborador do regulamento ao contemplar tão proximamente estas duas ocorrências, obrigando o autuante a respeitável concentração, antes de decidir sobre o tipo infracional que estará constatando.

A menção ao plano de benefícios, expressão de grande alcance, reclama esmiuçamento do seu significado, devendo-se entender que são as operações efetivas relativas às suas vertentes principais: a) inscrições; b) contribuições; e c) benefícios.

Também importa salientar que este dispositivo trata de situação particular, vale dizer, que a infração somente estará decantada se o procedimento se referir ao comportamento relativo àquela modalidade. Dá-se de a EFPC praticar um plano de benefício definido quando foi aprovado o de contribuição definida ou o inverso.

1. *Nomem juris* — Não se trata agora de iniciar um plano de benefícios não homologado pela SPC e, sim, de operar um plano diferente do acolhido, no que diz respeito ao seu desenho.

2. Elemento subjetivo — Cuida o administrador de infração cometível por negligência culposa, não se exigindo o dolo para caracterizá-la.

3. *Iter criminis* — Tratando-se de ação positiva, cabe a figura da tentativa e *in casu* somente uma advertência seria bastante para sancioná-la.

4. Tipo de procedimento — O autor da ação penalizada age deliberadamente.

5. Objetividade jurídica — A partir de mais de seis dezenas de disposições da LBPC, o MPS sujeita as entidades ao controle estatal. Não observar suas determinações representa escapar desse monitoramento.

6. *Modus operandi* — Não cumprindo a norma específica emanada dos entes supervisores, o agente dá início à operação do plano de benefícios, recolhendo contribuições da patrocinadora ou pagando benefícios aos participantes em modalidade distinta da que foi autorizada. Não se pode incluir nesse universo de ação uma campanha de adesão ou outras providências que não se refiram à idéia anterior.

7. Sujeitos passivos — São vítimas da ação os entes supervisores do MPS: SPC e CGPC.

CAPÍTULO LXX

INSTITUTOS TÉCNICOS

Art. 70. Deixar de prever no plano de benefícios qualquer um dos institutos previstos no art. 14 da Lei Complementar n. 109, de 2001, ou cercear a faculdade de seu exercício pelo participante, observadas as normas estabelecidas pelo Conselho de Gestão da Previdência Complementar e pela Secretaria de Previdência Complementar.

Penalidade: multa de R$ 15.000,00 (quinze mil reais), podendo ser cumulada com suspensão pelo prazo de até trinta dias.

Remissão: arts. 14/15 da LBPC;
Resoluções CGPC ns. 9/02, 6/03 e 12/04;
IN SPC n. 5/03.

A LC n. 109/01 reviu quase que por inteiro a Lei n. 6.435/77 e introduziu significativas novidades na legislação previdenciária complementar, modernizando alguns mecanismos operacionais, atualizando procedimentos, hodiernizando ações e pondo fim a vetustos anacronismos. Reviu alguns institutos técnicos anteriores, aperfeiçoou-os e criou novos, entre os quais a portabilidade.

Parte dessas novações, no debate pré-jurídico quando da elaboração da LBPC, geraram e suscitam ainda divergências doutrinárias, celeumas científicas e polêmicas variadas. O Governo Federal reconheceu essas dificuldades, algumas justificadas, e na regulamentação administrativa tentou reduzir o impacto das medidas (em alguns casos, diferindo o momento de sua implantação).

Até hoje (2007), o segmento discute a validade da portabilidade, a não subsidiaridade, a multa exagerada do art. 102 do RPPC, e assim por diante. Mesmo o princípio constitucional da transparência não foi bem compreendido, acolhido e aplicado (um dia os administradores açodados entenderão que ele é um auxiliar e não um obstáculo às ações previdenciárias).

O decreto quer que certos institutos técnicos sejam regrados no Estatuto Social e no Regulamento Básico (equivocou-se semanticamente falando em fazer parte do plano de benefícios) e, também, oferecida a faculdade de serem exercitados pelos participantes. Claro, como sempre, nos termos das normas ministeriais.

Curiosamente, pressupõe que a SPC, por lapso possa aprovar um ato constitutivo ou um plano de benefícios, como quer que seja, sem que contemplem os referidos institutos técnicos e se isso suceder, não elidirá a responsabilidade dos administradores. Esse eventual equívoco do MPS não justifica o descumprimento da lei, cabendo, por parte de quem de direito, as providências necessárias.

São duas ações: a) omissão do instituto e b) tendo sido concebido, cercear o seu exercício. Julgando-se que a intenção é policiar mais a segunda parte do que a primeira, de vez que o Estatuto Social e o Regulamento Básico não seriam aprovados sem eles.

Embora o primeiro ato seja omissivo, entender-se-á que encaminhar um documento para apreciação da SPC sem menção aos institutos, na pior das hipóteses, seria uma tentativa e não a consumação da infração. O acontecimento punido pelo MPS é a existência desse documento básico, aprovado pelo ministério, sem os institutos técnicos.

Basta não prever um dos quatro dispositivos do art. 14 da LBPC para caracterizar a infração, o administrador está se referindo a apenas eles. Descumprir outras determinações não diz respeito à infração ora disciplinada. A IN SPC n. 5/03 estabelece instruções complementares a respeito da Resolução CGPC n. 6/03, que disciplina os quatro institutos.

Exemplificativamente, a transferência de participante, empregado da patrocinadora, filiada à EFPC, para empresa do mesmo grupo, porém não patrocinadora de fundo de pensão, equivale ao desligamento reclamado pelo art. 14 da LC n. 109/01, autorizando a portabilidade, o *vesting* e o autopatrocínio (Resolução CGPC n. 12/04). Para os fins do *vesting*, da portabilidade e do autopatrocínio, a transferência individual de entidades para outra empresa do mesmo grupo, não patrocinadora da EFPC, é considerado extinção do vínculo empregatício (Resolução CGPC n. 12/04).

1. *Vesting* — O benefício proporcional diferido é o primeiro instituto técnico indicado no art. 14, que necessariamente deve fazer parte do Regulamento Básico. Em linhas gerais, consiste no afastamento da patrocinadora ou instituidora por parte do interessado, antes de preencher os requisitos regulamentares (e, de alguma forma, da EFPC), sem que sobrevenham contribuições como autopatrocinado, ocorrendo a concessão do benefício proporcional mais tarde, por ocasião dos referidos pressupostos. Prestação cuja importância para o segmento é destacada por *Arthur Bragança de Vasconcelos Weintraub* ("*Vesting* — Benefício Proporcional Diferido", *in* "Jornal do 4º Congresso Brasileiro de Previdência Complementar", São Paulo: LTr, 2004, pp. 32/33) e por *Elvira Rita R. Giamusso* ("Reflexão sobre o instituto do benefício proporcional diferido — BPD e sua relação com o participante", *in* Jornal do 5º Congresso Brasileiro de Previdência Complementar, São Paulo: LTr, 2005, pp. 8/10). *Marta Maria R. Penteado Gueller* ("Vigência e carência da Portabilidade", *in* "Jornal do 5º Congresso Brasileiro de Previdência Complementar", São Paulo: LTr, 2005, pp. 28/29), *Cicero Rafael B. Dias* e *José Sebastião Lins* ("Portabilidade, uma proposta de apuração referente ao direito acumulado pelo participante", *in* "Jornal do 5º Congresso Brasileiro de

Previdência Complementar", São Paulo: LTr, 2005, pp. 29/31) estudaram o assunto assim como nós em "Direito do Autopatrocinado" (*in* "Jornal do 6º Congresso Brasileiro de Previdência Complementar", São Paulo: LTr, 2006, pp. 7/8).

2. Portabilidade — Direito novo na previdência complementar brasileira, resume-se à possibilidade e efetividade de o participante que se afastou da patrocinadora ou da instituidora e da EFPC, levar o capital acumulado para um outro fundo de pensão ("A Portabilidade na Previdência Complementar", 2ª ed., São Paulo: LTr, 2005).

3. Resgate — Levantamento das contribuições vertidas pelo participante que preferiu não acolher o *vesting* nem praticar a portabilidade (LBPC, art. 14, III).

4. Autopatrocínio — Direito do empregado que se afastou da patrocinadora manter-se admitido na EFPC, contribuindo, por assim dizer, em dobro, como se fosse um facultativo ("Manual Prático do Segurado Facultativo", São Paulo: LTr, 2005).

5. *Nomem juris* — Ausência de institutos técnicos nos documentos básicos da entidade é nome pela qual será identificada esta infração, porque é isto que acontece, segundo a descrição regulamentar do art. 70.

6. Elemento subjetivo — Em face da disciplina legal, não contemplar qualquer um dos quatro direitos previstos no art. 14 da LBPC ou até todos eles, dificilmente poderá ocorrer por simples omissão, embora não se possa afirmar, por outro lado, que exista o dolo de suprimi-los.

7. *Iter criminis* — Ainda que a primeira parte do texto comporte uma ação omissiva, o que não acontece com a segunda, ambos os procedimentos admitem a tentativa.

8. Tipo de procedimento — Omite-se gravemente quem não prevê qualquer um dos quatro institutos enfocados.

9. Objetividade jurídica — O art. 14 da LBPC regulamentou três técnicas preexistentes (resgate, *vesting* e autopatrocínio) e criou uma nova (portabilidade), todas elas com o objetivo de dinamizar, modernizar e aperfeiçoar o segmento, atrair participantes, permitindo maior rotatividade da mão-de-obra. A Previdência Complementar ganhou *status* de instituição útil e se torna instrumento de alavancamento da economia. Mais do que apenas exigir o cumprimento da lei a intenção do administrador é oferecer ao participante maior liberdade, trânsito entre empresas, garantia de uma renda mensal vitalícia digna no futuro. Não permitir que os institutos sejam praticados representa atentado contra esse direito subjetivo.

10. *Modus operandi* — De dois modos pratica-se a infração: a) não tratando dos institutos nos documentos básicos, que é uma ação omissiva e b) cerceando o exercício do direito aos mesmos. Aprovado um plano de benefícios, cujo Regulamento Básico não preveja as quatro hipóteses, a infração está decantada. A segunda ocorrência é mais complexa, de difícil apuração e muitas vezes sutil.

De muitas maneiras é possível impedir o exercício desses direitos. Dificultando, entravando ou criando obstáculos para a concessão do resgate, em termos de nível de valor e de instrução do requerimento.

11. Sujeito passivo — O sujeito passivo da ação é o participante, contra ele são praticados os atos condenados pelo Decreto n. 4.942/03. Claro, como soe acontecer, em última análise, a respeitabilidade, a idoneidade e a eficácia do segmento são ameaçadas.

CAPÍTULO LXXI

VALORES DA PORTABILIDADE

Art. 71. Permitir que os recursos financeiros correspondentes à portabilidade do direito acumulado transitem pelos participantes dos planos de benefícios, sob qualquer forma.

Penalidade: multa de R$ 20.000,00 (vinte mil reais), podendo ser cumulada com suspensão de até sessenta dias.

Remissão: arts. 14, 15, 27 e 69, § 2º, da LBPC;
art. 3º, § 2º, da Lei n. 9.477/97;
Resoluções CGPC ns. 9/02, 6/03 e 8/04;
art. 11 da Minuta do Regulamento;
art. 42 do Decreto n. 4.206/02;
Decreto n. 81.402/78;
Resoluções CNSP ns. 91/02 e 93/02;
Circulares SUSEP ns. 101/99, 138/00, 211/213 de 2002;
art. 28, § 1º, da Circular SUSEP n. 186/02;
art. 221 da Circular SUSEP n. 210/02;
art. 70 do RPPC.

Diz enfaticamente o art. 15, II, da LBPC: "é vedado que os recursos financeiros correspondentes transitem pelos participantes dos planos de benefícios, sob qualquer forma". Vale dizer: dos planos de benefícios fechados ou abertos. O art. 28, § 1º, da Circular SUSEP n. 186/02, assevera que a transferência operar-se-á "diretamente entre as EAPCs, ficando vedado que transitem, sob qualquer forma, pelo participante". Pontua o art. 22 da Circular SUSEP n. 210/02 que "é vedada a portabilidade de recursos entre participantes".

Nessas condições, as importâncias acumuladas pelo participante na EFPC emissora do Termo de Portabilidade têm de ser transportadas para o fundo de pensão receptor e ali, de alguma forma, integrados no seu plano de benefícios, conforme se trate de entidade fechada ou aberta. Tudo isso, sem que o titular desse direito de transferência tenha acesso pessoal (ou terceirizada) do numerário considerado.

Se o participante pegou o dinheiro, ficou com ele, usou-o, deu-o como garantia, enfim, apropriou-se juridicamente dele, em face do que diz a LBPC e o RPPC, a SPC terá de encontrar meios de puni-lo, porque o art. 71 do Decreto n. 4.942/03 se destina a outra pessoa.

Portabilidade não se confunde com o resgate e não deve funcionar como modalidade de saque do *quantum* do trabalhador. Descabe, portanto, apreender monetariamente parte do capital acumulado, permitindo que o participante saque a outra parte.

1. Recursos financeiros — Recursos financeiros decantados não necessariamente como dinheiro em moeda corrente nacional, podendo dar-se de serem em outras expressões econômicas, mas em nenhuma dessas hipóteses elas ficam à disposição do portador, que é impedido de delas se apropriar, ceder, penhorar ou submeter a qualquer forma de ônus jurídico.

2. Movimentação de valores — Por trânsito se entende a movimentação física, bancária ou virtual do dinheiro. Ele deve deixar os cofres ou a conta corrente da EFPC da qual foi sacado e ser admitido na nova EFPC, sem ser apropriado, isto é, não passando pelas mãos do titular desse direito de transferência, ou seja, que ele possa ter a sua guarda e disponibilidade. Em razão da redação do art. 71, diferentemente do que diz a LBPC, a infração não é o interessado ter a posse do recurso, mas alguém relacionado com a sua movimentação, agir de modo que essa pessoa logre tê-lo. Modalidade que deflui do texto regulamentar é o fundo de pensão receptor autorizar imediatamente o segurado a resgatar o *quantum* como um pecúlio, em pagamento único.

3. Direito acumulado — O "direito acumulado", cuja posse física é vedada, é definido pela LC n. 109/01 como as "reservas constituídas pelo participante ou a reserva matemática, o que lhe for mais favorável" (LBPC, art. 15, parágrafo único). *Fernando Nunes Simões* e *Manoel Moacir Costa Macêdo* no provavelmente único livro sobre o assunto, esgotaram o tema, indicando que a "preservação do direito dos participantes é integral, considerando o que adquiriram até determinado momento, é o direito acumulado", citando decisão do STF no MS n. 21-216-1/600/DF ("O Direito Acumulado dos participantes dos Fundos de Pensão", Goiânia: Scala, 2006, p. 81).

4. *Nomem juris* — Diante da descrição regulamentar a infração pode ser conhecida como acesso aos valores da portabilidade e isso não significa dizer ter o participante o valor à mão.

5. Elemento subjetivo — Dificilmente será possível essa posse ocorrer sem ação comissiva de alguém e com a deliberada intenção de que isso sobrevenha. Certamente sucederá por imperícia, imprudência ou negligência do administrador.

6. *Iter criminis* — Ato complexo, que vai desde a solicitação da transferência até a admissão na outra entidade, na forma da portabilidade, a ação comporta tranqüilamente a figura da tentativa.

7. Tipo de procedimento — O ato reclama ação comissiva, raramente alguém permitirá que aconteça apropriação do numerário omissivamente.

8. Objetividade jurídica — O preceito protege a ordem jurídica previdenciária no sentido de que deseja que o participante aufira uma complementação oportuna e digna. Quer que a fruição do capital acumulado não se faça de outra forma, quando transportado, exceto mediante uma renda mensal vitalícia ou programada a ser deferida na outra entidade.

9. *Modus operandi* — Usando expressão ampla, vaga e, portanto, quase inútil, o dispositivo permite procedimentos variadíssimos. Assim, se junto do Termo de Portabilidade for entregue um cheque em nome do participante.

10. Sujeito ativo — A pessoa que tornar possível o acesso ao recurso. Portanto, o agente a ser averiguado e responsabilizado é quem tornou isso possível. Se o tesoureiro da EFPC entrega um cheque ao portador com o *quantum* da portabilidade, ainda que o cheque não seja descontado, houve a permissão, cujo perigo é sancionado pela norma.

11. Sujeito passivo — Quem sofre a ação deletéria do autor é o segmento, que se vê desmoralizado com a transformação da portabilidade em resgate e a possível perda de possibilidade da proteção. E também diminuído o patrimônio da EFPC emissora do Termo de Portabilidade, porque nesse caso entregou o indevido.

CAPÍTULO LXXII

OFERTA RESTRITA DE PLANO

Art. 72. Deixar a Entidade Fechada de Previdência Complementar de oferecer plano de benefícios a todos os empregados ou servidores do patrocinador ou associados ou membros do instituidor, observada a exceção prevista no § 3º do art. 16 da Lei Complementar n. 109, de 2001.

Penalidade: advertência ou multa de R$ 10.000,00 (dez mil reais).

Remissão: art. 195, parágrafo único, I, da CF;
art. 4º, I, *a*, da Lei n. 6.435/77;
art. 1º e § 2º do Decreto n. 81.240/78;
art. 16, § 3º, da LBPC;
art. 37, X, do Decreto n. 4.206/02;
art. 5º da Minuta do Regulamento;
itens 47/48 da Resolução CPC n. 1/78.

Inspirado na criação de proteção supletiva que favorecia os empregados do Banco do Brasil, nascida nos primórdios do século passado — nos idos da década de 1970, em um processo histórico liderado pela Petrobrás e orientado matematicamente pelo atuário Rio Nogueira —, tem-se que a cobertura previdenciária complementar teve com a Lei n. 6.435/77, um marco significativo, abrindo caminho para que as empresas estatais federais, estaduais e privadas de porte econômico entendessem que um plano de benefícios gerido por uma fundação era o instrumento ideal de desenvolvimento da poupança nacional, alavanca de investimentos produtivos, atrativo para uma melhor mão-de-obra e magnífica parceria público-privada na área da seguridade social, implementando os esforços do Governo Federal em garantir a segurança financeira e o futuro dos trabalhadores.

Em 15.12.98, com a EC n. 20/98, o art. 202 da Carta Magna passou a dizer: “O regime de previdência privada, de caráter complementar e organizado de forma autônoma em relação ao Regime Geral de Previdência Social, será facultativo, baseado na constituição de reservas que garantam o benefício contratado, e regulado por lei complementar”. Tal dispositivo foi regulamentado pela LBPC que, em seu art. 1º reedita o *caput* do mencionado art. 202 e em seu art. 16 pontua: “Os planos de benefícios devem ser, obrigatoriamente, oferecidos a todos os empregados dos patrocinadores ou associados dos instituidores”.

Quando a Carta Magna de 5.10.88 abre a lista dos principais objetivos da seguridade, com verdadeiros postulados jurídicos, ela posta no ápice da pirâmide protetiva nacional o princípio da "universalidade da cobertura e do atendimento" dos indivíduos (art. 194, parágrafo único, I). Quer dizer, esse direito fundamental, gerido pela previdência social pública ou privada, terá de ser estendido a todos os brasileiros, sem quaisquer distinções porque "Todos são iguais perante a lei" (CF, *caput* do art. 5º).

Nestas condições, todos os colaboradores, sejam os empregados ou os dirigentes, o contribuinte individual, os concursados ou não, servidores sem regime próprio de previdência social, enfim, os prestadores de serviços para a empresa, de uma forma ou de outra, têm direito à cobertura complementar. Trata-se de regra técnica imposta pela Lei n. 8.212/91 para descaracterizar o valor correspondente, fato gerador da contribuição social (PCSS, art. 28, § 9º, *p*).

No dizer de *Samira Engel Domingues*, "o art. 16 não faz distinção, estabelecendo que os planos de benefícios devem ser obrigatoriamente oferecidos a todos os empregados dos patrocinadores ou associados dos instituidores" ("Previdência Privada", São Paulo: LTr, 2005, p. 201).

Diante da facultatividade de ingresso (LBPC, art. 1º), subsiste direito de serem admitidos, afastarem-se segundo a própria conveniência e reingressarem e, sempre quando lhes aprouverem, inscrevendo e reinscrevendo-se. Claro, sempre nos termos da LBPC e observados os ditames burocráticos formais do Regulamento Básico.

Em dispositivo destinado à polêmica quando de sua ocorrência, considera o art. 72 a universalidade da previdência complementar. Que se inserem na universalidade constitucional da previdência social. Segundo o *caput* do art. 16 da LBPC, os planos de benefícios devem ser obrigatoriamente oferecidos a todos os empregados dos patrocinadores ou associados dos instituidores.

Curiosamente, igual vale para o RGPS, com a sua tradição de quase 90 anos, cuja legislação básica conhece norma semelhante. O PCSS tomou emprestada a idéia para, com a mesma exigência, pretender descaracterizar certo salário indireto (art. 28, § 9º, *p*).

Quer o preceito substantivo da LBPC que os planos sejam colocados ao alvedrio da totalidade de certas pessoas envolvidas com provedor, empregados ou não, associados da entidade profissional, com isso deixando claro que todo prestador de serviços elencado no § 1º do art. 16 deve tomar conhecimento da proposta de admissão e possa, se assim decidir, aderir à EFPC. Ninguém que for capaz jurídica e previdenciariamente será excluído e todos os que preencherem os requisitos são autorizados a se inscreverem no plano de benefícios.

Quando diz todos quer dizer aqueles que possam fazê-lo, que são:

a) pessoas capazes para isso;

b) trabalhadores com qualquer idade, sem observância do que determinava o art. 5º da CLPS;

c) excluída a idéia da complementação compulsória (PBPS, art. 51);

d) obreiros nacionais ou estrangeiros;

e) enquadrados como empregados ou dirigentes;

f) trabalhando no território nacional ou no exterior;

g) pertencentes ou não a outros regimes de previdência básica ou complementar, seja aberta ou fechada;

h) aposentados complementados que tenham voltado ao trabalho, com vistas ao pecúlio.

A rigor, um percipiente de benefício por incapacidade do INSS não pode trabalhar e, assim, filiar-se como participante, o que o arreda da admissão à EFPC.

Da mesma forma como o RGPS fixa restrições a quem ingressa inapto para o trabalho (em face de benefícios por incapacidade), um Regulamento Básico que imponta a mesma limitação para esse tipo de prestação, não está infringindo a LBPC.

Oferta quer dizer a publicidade da proposta de adesão, ou seja, a garantia de que os *a priori* incluíveis possam se filiar. Para tanto reclama ampla divulgação dos termos da convenção, o custo do plano e das prestações postas à disposição.

Problemas surgirão, caso do empregado suspenso do trabalho; de quem discute a relação de emprego com o empregador; do associado inadimplente com a associação; do sujeito à sindicância ou inquérito administrativo; do com a inscrição suspensa ou cassada ou do empregado demitido com justa causa. Principalmente, do afastado da associação, se pode continuar como vinculado ou não. Cenários que terão de ser disciplinados nos atos constitutivos da EFPC.

A lei excepciona o ingresso no plano de benefícios em extinção (LBPC, art. 16, § 3º) e assim não comete impropriedade a entidade que vede o ingresso de mais participantes.

Afinal, o que quer o legislador: a) oferecer o plano ou b) permitir o ingresso? Quem oferece, mas rejeita, não consuma infração por conta da má redação do texto estudado, mas, certamente, essa é a intenção do *caput* do art. 26 da LC n. 109/01. Ao contrário, considera-se atenuante muito eficaz, capaz de elidir a punição, não oferecer, mas aceitar a inscrição, recomendando-se que a SPC apenas determine a correção da impropriedade.

1. *Nomem juris* — A infração não tem tradição e por isso não sabe com que título acabará sendo conhecida, resultando em uma oferta restrita do plano, podendo ser confundida com a recusa de inscrição (que é outra coisa).

2. Elemento subjetivo — O ato de exclusão poderá ser configurado com o comparecimento da vedação em dispositivo regulamentar (ainda sem qualquer reclamação de algum excluído) e também, na prática, com ou sem positivação da idéia, com a recusa de inscrição. Para isso importa a vontade livre de fazê-lo.

3. *Iter criminis* — Enquanto o Convênio de Adesão, Estatuto Social ou Regulamento Básico não forem tornados públicos será impossível pensar-se em

tentativa e somente com a consumação a infração restará consumada, mas alguns atos de resistência à inscrição configuram a tentativa, a ser solucionada por outros mecanismos que não toda a perquirição do Auto de Infração ou inquérito administrativo.

4. Tipo de procedimento — Pressupõe-se comissão; ninguém conseguirá lograr o intento por omissão. Para que alguém seja excluído será preciso a atitude efetiva.

5. Objetividade jurídica — O legislador complementar deseja a universalidade da proteção, provavelmente porque no passado, em razão da origem do segmento e algumas particularidades de sua estruturação, ele tenha excluído alguns obreiros.

6. *Modus operandi* — O infrator elabora norma que impede, no universo dos possíveis admitidos, alguma categoria de pessoas que a lei não quer afastada da proteção ou, embora não disponha sobre impedimento, na prática recusa a inscrição dessas pessoas.

7. Sujeito passivo — A universalidade complementar é ofendida em sua alma com a recusa de inclusão de quem pode ser incluído e com ela, todo o segmento protetivo.

CAPÍTULO LXXIII

DESCONFORMIDADES TÉCNICAS

Art. 73. Utilizar no cálculo das reservas matemáticas, fundos e provisões, bem como na estruturação do plano de custeio, métodos de financiamento, regime financeiro e bases técnicas que não guardem relação com as características da massa de participantes e de assistidos e da atividade desenvolvida pelo patrocinador ou pelo instituidor, ou em desacordo com as normas emanadas do Conselho de Gestão da Previdência Complementar e da Secretaria de Previdência Complementar. Penalidade: multa de R$ 20.000,00 (vinte mil reais), podendo se cumulada com suspensão de até cento e oitenta dias.

Remissão: arts. 40, 201 e 202 da CF;
EC n. 20/98;
art. 15 da Lei n 6.435/77;
art. 12 do Decreto n. 81.240/78;
Resolução CMN n. 3.121/03;
Portaria MPS n. 87/05;
Resolução CGPC n. 13/04;
Portaria SPC n. 865/01.

Este dispositivo trata de ocorrência de difícil decantação real em virtude do seu tecnicismo. Sua natureza despertará dúvidas, conflitos de idéias e indefinições. Tendo em vista que um dos segmentos da matéria é exaustivamente regrado nos atos normativos do CGPC, era preferível que a infração se reduzisse à parte final da oração, ou seja, descumprimento das determinações do MPS, mais objetivas que o RPPC.

Diante de texto longo, se sumaria como a desconformidade entre os instrumentos de empreendimento (modelagem, planejamento e execução) do plano de benefícios e a massa de protegidos. O que o Decreto não quer é uma obviedade: que os parâmetros econômicos, financeiros, matemáticos e atuariais do plano de benefícios destoem dos participantes, considerados sob os aspectos remuneratórios, biométricos, estatísticos, demográficos e sociológicos.

E mais, que leve em conta a atividade da patrocinadora e dos associados da instituidora, possivelmente ajuizando com vistas ao mapeamento de riscos e sinistros e até o nível social e cultural do participante.

Vale lembrar que o tipo de infração não consiste em serem constatados instrumentos operacionais críticos por suas impropriedades técnicas, mas sua incompatibilidade com aquela clientela específica de protegidos. A rigor, *grosso modo*, premissas em si mesmas válidas numa outra patrocinadora que sejam inadequadas na entidade sopesada, não são aplaudidas e, por outro lado, premissas em si mesmas impróprias, mas ajustadas ao habitat da EFPC, não são censuradas.

As ocorrências não desejadas e que afetariam a ordem técnica do ordenamento matemático-financeiro e previdenciário do plano de benefícios da EFPC são complexas e dizem respeito à utilização de cálculo tecnicamente inadequado em medidas administrativas relativas a: a) reservas técnicas; b) fundos; c) provisões; d) plano de custeio; e) métodos de financiamento; f) regime financeiro; e g) genéricas bases técnicas.

São praticamente os sustentáculos basilares do plano de benefícios que respondem pelo seu equilíbrio atuarial e financeiro.

1. Operações — Operações, todas elas de difícil conceituação, são amplas, polêmicas e discutidas na doutrina. E, no conjunto ou isoladamente, não poderiam ser exercitadas quando conflitassem, por seu turno, com novos cenários: a) massa de participantes e assistidos; b) atividade desempenhada pelo patrocinador ou instituidor; e c) em desacordo com os atos normativos.

2. Fontes formais — No que diz respeito ao RPPS, a norma básica de atuária está contida na Portaria MPS n. 87/05. De modo geral, com a Resolução CGPC n. 13/04, a Previdência Social disciplinou princípios, regras e práticas de governança, gestão e controle internos a serem observados pelas EFPC, enfatizando o monitoramento dos riscos (arts. 12/18). A Instrução Normativa SPC n. 3/04 regulamentou o art. 56 da Resolução CMN n. 3.121/03, tratando das "diretrizes pertinentes à aplicação dos recursos dos planos de benefícios das Entidades Fechadas de Previdência Complementar".

3. Reservas técnicas — Os recursos financeiros, capitais acumulados que constituem o patrimônio garantidor, são a alma de qualquer plano de benefícios e devem ser articulados consoante a clientela protegida, que pode ser constituída de pessoas jovens ou idosas, exercentes de atividades comuns ou especiais, indivíduos hígidos ou enfermiços, admitidos com tempo de contribuição variado, maior ou menor expectativa de vida e assim por diante. Por isso, volta e meia, os patrocinadores são convocados para financiarem ônus sobrevindos tempos após a modelagem do plano (quando se descobriu ou ocorreram contingências não imaginadas).

4. Provisões — Da mesma forma, não sendo muito diferentes, as várias provisões têm de conformar-se com os vários tipos de trabalhadores filiados à EFPC, porque são eles que determinam os produtos previdenciários a serem consumidos.

5. Fundos — Não se vislumbra o por quê da inclusão dos fundos, de vez que sua estrutura é universal e pouco têm a ver com a pessoalidade dos protegidos.

6. Plano de custeio — Como não poderia deixar de ser, evidentemente, o plano de custeio precisa ajustar-se à realidade a ser administrada no momento da criação do plano e dinamicamente em acordo com a sua evolução. Importa estabelecer regras fixas e dinâmicas, adequadas às circunstâncias ocorrentes no curso da história da EFPC. Vale dizer, contribuições normais com base de cálculo e alíquotas apropriadas e previsão de aportes extraordinários concordantes com a idéia de um permanente equilíbrio financeiro.

7. Métodos de financiamento — Os instrumentos de financiamento são casos particulares e estão estatuídos, entendendo-se que devam ser as fontes de custeio do plano de benefícios. Condizentes com a sempre lembrada massa, que pode ou não onerar em demasia a complementação do auxílio-doença ou da aposentadoria por invalidez e da pensão por morte ou do auxílio-reclusão (prestações de riscos imprevisíveis).

8. Regime financeiro — O regime financeiro de capitalização ou repartição simples, uma combinação dos dois ou outra modalidade, em qualquer caso ajustado à clientela. Um tipo de plano que abarque benefício definido para as prestações não programadas e contribuição definida para os riscos previsíveis, sempre em função da contextura de massa. Para se entender o pensamento do elaborador da norma basta ver o número de CAT emitida por empresas de construção civil e de informática que tenham o mesmo número de empregados.

9. Bases técnicas — O administrador usa expressão genérica, amplíssima, desconcertante na medida em que as indicações anteriores a elas estão incluídas. Essa generalidade quase inutiliza sua referência e abre espaço para discussões infindáveis. Com essa locução pode se entender quase tudo e até mesmo a base de cálculo da contribuição e dos benefícios.

10. Massa de participantes — Quem modelar o plano de benefícios e os seus fundamentos técnicos não deve olvidar quais e como são os participantes ativos e assistidos que farão parte da EFPC. No mínimo, o salário médio dos trabalhadores é fato a ser considerado na fixação das premissas atuariais. De igual maneira o mapeamento de riscos e sinistros, ou seja, a acidentalidade, mortalidade, etc.

11. Atividade do provedor — Evidentemente que a atividade da patrocinadora (empreendimento rural, prestação de serviços, indústria ou comércio, serviço público, etc.) será sopesado pelo idealizador do plano de benefícios. Servidores sofrem poucos acidentes do trabalho, mas adquirem doenças ocupacionais tanto quanto os trabalhadores. A sinistralidade da indústria é superior à do comércio; na própria indústria é possível taxa de risco mais elevada conforme se trate da atividade petrolífera, química, metalúrgica, etc. Estranha a inclusão do instituidor (entidade de classe, órgão de controle do exercício profissional, sindicato, etc.) entre os provedores, que são todos iguais. Possivelmente o decreto quis dizer que interessa a atividade dos associados.

12. Atos normativos — Derradeiramente, a infração estará também caracterizada se as providências relatadas estiverem em desacordo com os atos normativos ministeriais.

13. *Nomem juris* — Diante da diversidade, pluralidade e complexidade das operações não é fácil atribuir um único e sintético título para a infração descrita, mas rigorosamente elas consistem em distonias das premissas técnicas (entre as providências e os participantes e patrocinadores), inadequações à realidade, impropriedades administrativas, ou seja, falhas de construção do plano de benefícios em face da massa.

14. Elemento subjetivo — A culpa é suficiente para caracterizar a ocorrência, no caso sendo comuns a imperícia e a negligência. *Ipso facto*, não se reclama o dolo para decantá-la, a responsabilidade é objetiva.

15. *Iter criminis* — Os vários modos de ação, em si mesmo complexos, comportam a tentativa, mas o procedimento punido impõe a consumação. Vislumbrados expedientes que caminham no sentido da infração enfocada, cientificada, a SPC deve tomar soluções acautelatórias, como orientação, fiscalização e, se for o caso, a intervenção.

16. Tipo de procedimento — Conforme cada um deles, o tipo reclama ação positiva e omissiva. São procedimentos variados que podem causar as dificuldades previstas.

17. Objetividade jurídica — A atividade previdenciária é técnica, ela reclama o conhecimento científico de vários institutos, o domínio de instrumentos, ferramentas e meios bastante complexos, algum risco operacional, enfim, um conjunto de probabilidades, expectativas e condições resolutórias. Um grande esforço administrativo para manter funcionando equilibradamente o plano de benefícios tem de ser diuturnamente perquirido, mantido e avaliado, utilizando-se de mecanismos econômicos, financeiros, atuariais, estatísticos, demográficos e trabalhistas compatíveis.

18. *Modus operandi* — Cada uma das sete hipóteses lembradas comporta um desempenho inerente, basicamente o emprego de premissas desajustadas com a realidade da massa sob cobertura e do seu plano.

19. Sujeito passivo — É ofendida, de cima para baixo, a proteção complementar como instituição (especialmente sua reputação), a EFPC descuidada com a organização interna e gestão administrativa, o participante e todos os envolvidos com a relação jurídica, até mesmo incluindo o provedor (patrocinador ou instituidor).

CAPÍTULO LXXIV

RECURSOS GARANTIDORES

Art. 74. Deixar de manter, em cada plano de benefícios, os recursos garantidores das reservas técnicas, provisões e fundos suficientes à cobertura dos compromissos assumidos, conforme regras do Conselho de Gestão da Previdência Complementar e da Secretaria de Previdência Complementar.

Penalidade: multa de R$ 20.000,00 (vinte mil reais), podendo ser cumulada com suspensão pelo prazo de até cento e oitenta dias ou inabilitação de dois a dez anos.

Remissão: Resolução BACEN n. 2.829/01;
Resolução BACEN n. 2.850/01;
art. 73 do RPPC.

Se no artigo precedente é censurado o emprego de técnicas inviabilizadoras do equilíbrio do plano de benefícios, independentemente da validade dos mecanismos adotados, neste art. 74 é prevista sanção para a ausência dos recursos sustentadores das obrigações previdenciárias, por culpa dos administradores.

Mas como convém lembrar *ad nauseam*, impropriedades diretivas que nasçam das atividades em si mesmas, não ficando claro se apenas a distonia com as determinações dos entes superiores. Aparentemente, o que a norma quer é a primeira interpretação, de tal sorte que se lograr a realização dos recursos garantidos sem terem sido atendidas as recomendações, não seria atitude infracional.

Aparentemente no artigo anterior o que é regido é desconformidade entre a massa protegida e os instrumentos de proteção adotados e aqui se monitora estas propriamente ditas (sem falar no descumprimento das normas a elas pertinentes).

No ensejo, vale lembrar que a causa de eventual desequilíbrio pode não ser atribuída à EFPC ou aos seus diretores, que tomaram todas as medidas consagradas pelo MPS para impedi-lo, sem sucesso.

Quando a patrocinadora se retira e não dá cumprimento ao disposto no art. 25 da LBPC, ou seja, não responde pelo passivo, os administradores, em cada caso, poderão não ser capazes de efetivar o pagamento das prestações por falta de fundos, sem que tenham qualquer culpa.

Se a diretoria atendeu integralmente às disposições ministeriais, mas mesmo assim não conseguiu realizar os ativos necessários, não terá responsabilidade, é conclusão a que se pode chegar.

Cada plano de benefícios carece de oferecer, *ab initio*, os recursos permanentes garantidores das prestações e para isso, a EFPC deve se estruturar sob pena de não poder realizar as obrigações a curto, médio ou longo prazo.

Aumentar benefícios ou diminuir contribuições fora dos cenários dos arts. 20/21 da LBPC, é solução administrativa temerária que pode caracterizar a infração, se tal providência não cuidar das reservas referidas no art. 74.

O dispositivo não fala de ausência e recursos da EFPC e sim dos planos, de cada um deles.

1. *Nomem juris* — Presumindo-se que o texto esteja falando da não realização das garantias e não do descumprimento de normas pertinentes a essas providências, outro não pode ser o nome da infração que não seja inexistência de recursos garantidores. Vale dizer a falta (total), a insuficiência (falta parcial), da ausência desses ativos.

2. Elemento subjetivo — O descumprimento dos fundamentos nucleares do plano, que são as suas garantias materiais, se dá por imperícia (desconhecimento), negligência (descuido) e até mesmo por imprudência (risco), bastando, pois, a culpa e não se exigindo o dolo para classificar a infração.

3. *Iter criminis* — Quem está próximo de permitir que o plano de benefícios reste sem os recursos necessários, se posta na tentativa, mas esta ocorrência reclama a consumação.

4. Tipo de procedimento — A infração tanto pode dar-se por inação (deixando de tomar as medidas acautelatórias), correspondendo à negligência antes aludida, como por ação comissiva do imprudente que julga não haver risco.

5. Objetividade jurídica — A exemplo do artigo anterior e de muitos outros comandos da LBPC e do Decreto n. 4.942/03, o elaborador da norma deseja o equilíbrio financeiro do plano de benefícios e tal cenário pressupõe a existência do patrimônio garantidor.

6. *Modus operandi* — De modo bastante geral, *grosso modo*, administrador deixa de buscar ou manter as garantias, não provisionando os recursos necessários. Existe uma infinidade de maneiras de lograr esse desastroso resultado, porque toda a atividade de aplicação econômica ou financeira é cercada de riscos.

7. Sujeito passivo — Principalmente sofrem os participantes, que não têm garantida a prestação futura.

CAPÍTULO LXXV

DESVIO ILEGAL DE RECURSOS

Art. 75. Utilizar para outros fins as reservas constituídas para prover o pagamento de benefícios de caráter previdenciário, ainda que por meio de procedimentos contábeis ou atuariais.

Penalidade: multa de R$ 15.000,00 (quinze mil reais), podendo ser cumulada com suspensão por até sessenta dias.

Remissão: arts. 6º, 19 e 76 da LBPC;
arts. 1º e 39 da Lei n. 6.435/77;
arts. 13 e 32 do Decreto n. 81.240/78;
Resolução CGPC n. 11/02;
Resolução CNSP n. 78/02;
art. 37, XIV, do Decreto n. 4.206/02;
art. 3º da Minuta do Regulamento;
IN SPC ns. 34/02 e 37/02;
Portaria SPC n. 865/01;
Circular SUSEP n. 101/03.

Pela própria natureza da instituição, abandonadas as idéias de empréstimos e financiamentos da casa própria (LBPC, art. 76) e outros desideratos impertinentes, os recursos próprios vinculados amealhados pela EFPC fundamentalmente se destinam a desembolsar as prestações ajustadas no Regulamento Básico. Essa é regra de ouro do sistema, que conheceu exceções no passado, até mesmo na área da assistência social (Lei n. 6.435/77).

Não quer o legislador de 2001 que os meios econômicos e financeiros sejam desviados para outros objetivos, mesmo se regularmente contabilizados, nobres ou altruísticos. Em suma: subtraindo as despesas administrativas e os encargos próprios da gestão ou das aplicações financeiras, os montantes arrecadados e os seus frutos, devem ser consumidos exclusivamente com os benefícios.

Claro que um fundo de pensão, como empresa que é, auferirá resultados financeiros de várias operações legais (*v. g.*, venda de móveis ou imóveis, sucumbência, créditos civis ou comerciais diversos, indenizações, etc.), nunca lucros, numerários que podem ser empregados na atividade-meio da entidade.

Entretanto, o *quantum* capitalizado ou os frutos dos investimentos que integram as reservas constituídas têm um escopo prefixado, único e inescapável: garantir os compromissos futuros com os participantes. Assim, não podem ser alienados.

Se o administrador se utiliza desses instrumentos econômicos ou financeiros para outros fins que não os exaustivamente estabelecidos na LBPC, que é o de pagar benefícios com caráter previdenciário, ele incidirá na infração enfocada.

Não é difícil explicitar quais são os benefícios com essa nuança: as prestações complementares ou suplementares que visem a acrescer a renda mensal devida pelo regime próprio (RGPS ou RPPS), objeto de inúmeras listas e normas, entre os quais os por incapacidade (auxílio-doença, aposentadoria por invalidez, auxílio-acidente, salário-maternidade), por tempo de serviço (aposentadoria especial ou por tempo de contribuição), por idade, por morte (pensão por morte e auxílio-reclusão).

Para o art. 1º, § 1º, da IN SPC n. 34/02: "São benefícios de caráter previdenciário aqueles cujo fato gerador decorre, em conjunto ou separadamente, de: a) sobrevivência; b) invalidez; c) morte; d) reclusão; e e) doença". Exceto se o entender incluído na sobrevivência, não há menção ao abono anual nem ao pecúlio, mas, ainda que não praticado, o seguro-desemprego.

Por qualquer razão inalcançável o dispositivo insiste em falar em benefício previdenciário, como se pudesse existir outra obrigação ou outro caráter no segmento. A EFPC só praticará as complementações autorizadas pelos entes supervisores (IN SPC n. 37/02), e a ela descabe homologar outras senão, apenas e exclusivamente, as previdenciárias (LBPC, art. 6º).

O caráter do plano resta especificado a partir dos direitos concebidos e homologados e sua natureza protetiva: a) convenção institucional; b) prévio aporte; c) dimensão pecuniária (vulto); d) substitutividade dos ingressos; e) alimentaridade (não poder enriquecer nem empobrecer o titular); f) mensalidade; g) proporcionalidade com as contribuições; h) modalidade de execução (renda programada ou vitalícia); i) perpetuidade; e j) ser *intuitu personae*.

Por outro lado, não o são prestações assistenciárias e, exceto o disposto no art. 76 da LBPC, os programas financeiros.

A responsabilidade não é elidida caso, por equívoco, a SPC tenha homologado ES ou RB que contenha alguma forma de direito que não o previsto na LC n. 109/01.

1. *Nomem juris* — Ainda que não se possa falar em desviar valores devidos, por que não seria extravio, desvio ilegal dos recursos descreve a ação punida pelo art. 75 do Decreto n. 4.942/03.

2. Elemento subjetivo — Para concretizar a idéia do desvio de recursos impõe-se o dolo específico, já que ninguém alegará que o fez por desconhecimento. O dolo, *in casu*, não é necessariamente de beneficiar alguém, mas a vontade livre e consciente de promover a infração.

3. *Iter criminis* — Tratando-se de ação complexa que vai desde o *cogitatio* e passa pelos atos preparatórios, o tipo de ação comporta perfeitamente a tentativa, mas somente a consumação seja punível.

4. Tipo de procedimento — O procedimento reclama ação deliberada do autor. Não há como praticá-lo omissivamente.

5. Objetividade jurídica — É a mesma da infração anterior, o elaborador da norma deseja o equilíbrio financeiro do plano e tal cenário pressupõe a existência do patrimônio garantidor.

6. *Modus operandi* — O administrador infrator desvia recursos contabilizados nas reservas para outros fins, como aquisição de imóveis. Como pretendiam alguns participantes, a AERUS destinar recursos para salvar a VARIG, é exemplo dessa infração.

7. Sujeito passivo — O patrimônio do plano, não da entidade (que até pode ser acrescido com a medida), é afetado por esse procedimento indesejado.

CAPÍTULO LXXVI

USO INDEVIDO DO SUPERÁVIT

Art. 76. Utilizar de forma diversa da prevista na legislação o resultado superavitário do exercício ou deixar de constituir as reservas de contingência e a reserva especial para revisão do plano de benefícios, bem como deixar de realizar a revisão obrigatória do plano de benefícios.

Penalidade: multa de R$ 10.000,00 (dez mil reais), podendo ser cumulada com suspensão pelo prazo de até cento e oitenta dias.

Remissão: art. 20 da LBPC;
art. 23 da Lei n. 6.435/77;
art. 34 do Decreto n. 81.240/78;
arts. 75 e 77 do RPPC.

O dispositivo está diretamente relacionado com o *caput* do art. 20 da LBPC, preceito que regula o destino do superávit apurado no plano de benefícios, da mesma forma como o art. 21 disciplina o déficit. Nos dois casos, determinando rígidas iniciativas a serem seguidas.

Resta evidente não querer o legislador um plano permanentemente superavitário nem deficitário (embora, numa análise simplista, se pudesse desejar a primeira idéia), porque em ambos os cenários, esse plano estará desequilibrado. Um conceito técnico que tem de ser absorvido pelo administrador e participantes.

Diz, pois, o *caput* do art. 20, que: "o resultado superavitário" ...

"será destinado à constituição de reserva de contingência, para garantia de benefícios, até o limite de vinte e cinco por cento do valor das reservas matemáticas", dispondo, ainda mais, os §§ 1º/2º sobre valores que remanescerem excedentes.

Diante do excesso de recursos apurado ao final do exercício e satisfeitas as exigências regulamentares, terá de seguir as determinações da LC n. 109/01, especificadas no mencionado art. 20. Assim não procedendo, máxime deixando de constituir ou ampliar as diferentes reservas de contingência e especial, independentemente do disposto nos artigos anteriores, o gestor incidirá em infração.

Vale destacar a regra do § 3º do art. 20, quando afirma comando que diz respeito à redução das contribuições vigentes e que deverão manter relação matemática entre os aportes dos participantes ativos e assistidos e do patrocinador, operação administrativa que implica em severo, específico e contínuo controle da receita (até mesmo para esse fim).

Tal procedimento também está cominado no art. 76 da LBPC, obrigando o administrador a dar-se conta de relevante cuidado.

1. *Nomem juris* — Ainda uma vez o título do capítulo empresta o nome à infração, que é multíplice, a despeito da generalidade dos cuidados a que está sujeito o administrador. De qualquer forma quem tiver de aludir ao evento terá de assinalar a multiplicidade das ações ou, se for o caso, especificar em que fração do procedimento incidiu o agente (constituir reserva de contingência, promover reserva especial, revisão obrigatória do plano ou redução indevida da contribuição), debaixo do mesmo título.

2. Elemento subjetivo — À evidência, o acontecimento deflagrador da punição admite o dolo e a culpa. É admissível que alguém, ainda que possa ser alcunhado de desavisado, deixe de tomar as providências, especialmente aquele excessivamente cauteloso e simplista, que julga ser melhor haver o superávit mantido e sem destinação. Para desviar os recursos exige-se a vontade do sujeito.

3. *Iter criminis* — Tratando-se de ato complexo, pressupondo alguma continuidade temporal, ele comporta o *iter criminis*, desenvolvimento da ação, pois a norma legal fixa prazo para as providências e quando o dirigente não cumpre, está consumada infração.

4. Tipo de procedimento — O resultado é obtido por omissão e por comissão, conforme cada uma das ações contempladas no dispositivo.

5. Objetividade jurídica — Pretendem o legislador e o administrador alcançar e manter o equilíbrio do plano, bem como não exigir contribuições tecnicamente desnecessárias.

6. *Modus operandi* — Segundo tríplice procedimento, o administrador desvia os recursos que deveriam ser canalizados para os fins legais, não constitui as reservas necessárias e não promove a revisão do plano de benefícios. Poderá proceder de outras formas, como consumir os mesmos recursos com aquisição de novas e luxuosas instalações, aumento abusivo da remuneração dos empregados, etc.

7. Sujeito passivo — Também nesta hipótese o prejudicado é o participante.

CAPÍTULO LXXVII

REDUÇÃO IMPRÓPRIA DE APORTES

Art. 77. Efetuar redução de contribuições em razão de resultados superavitários do plano de benefícios em desacordo com a legislação.

Penalidade: multa de R$ 10.000,00 (dez mil reais), podendo ser cumulada com suspensão pelo prazo de até cento e oitenta dias.

Remissão: art. 20, § 3º, da LBPC;
art. 37, XV/XVI, do Decreto n. 4.206/02.

Caracterizado o cenário do § 2º do art. 20 da LBPC, isto é, não utilizada a reserva especial por três exercícios consecutivos, nascido de superávit financeiro, a EFPC deve promover a revisão do plano de benefícios (e, claro, nos termos da legislação). Tal providência pode implicar na redução das contribuições, divididos os efeitos pecuniários proporcionalmente aos atores do custeio. Aportes que já distinguimos ("Uma classificação das contribuições", *in* "Jornal do 2º Congresso Brasileiro de Previdência Complementar", São Paulo: LTr, 2002, pp. 15/16).

O elaborador da norma julga impróprio diminuir os encargos dos aportes mensais, seja os do patrocinador seja os do participante ativo ou assistido, sem a observância de ditames técnicos, ditados pela preocupação de manter equilibrado o plano de benefícios.

Primeiro, isso acontece quando presente o ambiente descrito no *caput* e parágrafos do art. 20, vale dizer caracterizado um superávit.

Segundo, terão de ser constituídas as reservas ali expressamente determinadas.

Terceiro, pressupondo-se a validade da revisão do plano de benefícios e admitida a opção pela redução das contribuições, tal medida administrativa deverá seguir as regras estatuídas no § 3º, ou seja, o postulado da proporcionalidade.

Matéria substantiva que gera algumas dúvidas na aplicação, que *per se* pode gerar interpretação do que é normativamente correto, pelo menos até que norma específica deixe claro o que oficialmente se deve entender por proporcionalidade.

Não deve ser esquecida a possibilidade, nesse momento não contemplada, de a redução não provir do superávit, vale dizer, o matemático assistente concluir que houve dimensionamento equivocado para cima e promover-se o ajuste. Se isso suceder e evidentemente não gerar déficit, entendida como medida salutar para o equilíbrio do plano, não estará caracterizada a infração agora considerada. O art. 37 do Decreto n. 4.206/02, que tratou de assunto próprio (incisos XV/XVI) não previa esta figura do art. 77.

1. *Nomem juris* — Não querem os entes supervisores ministeriais que, presente superávit, sobrevindo redução das contribuições, ela ocorra em distonia com as suas normas. Daí redução imprópria das contribuições seria o nome ideal pelo qual a infração possa ser identificada.

2. Elemento subjetivo — Providenciar a redução das contribuições, às vezes no afã de ser simpático à clientela protegida ou ao patrocinador, reclama ação deliberada, decisão positiva, mas não impossível de sobrevir por imperícia ou imprudência.

3. *Iter criminis* — Pode dar-se de serem elaborados estudos pelo matemático, até mesmo consumada Nota Técnica, tomadas decisões pelo Conselho Deliberativo e ultimadas medidas pela Diretoria Executiva, elaboração de minutas de comunicação e produção de programas de computador — isto é, não mais do que atos preparatórios e gestos bem próximos da consumação — admitindo-se, pois, a figura da tentativa.

4. Tipo de procedimento — Este resultado é atingido por comissão, raramente o será por omissão.

5. Objetividade jurídica — A exemplo de muitos outros cuidados dos entes ministeriais monitores do segmento complementar, manter equilibrado o plano de benefícios é o objetivo maior do administrador do fundo de pensão. Reduzir indevidamente as contribuições pode implicar em curto, médio ou longo prazo, em déficit, e isso não é desejável. Esse é o bem jurídico tutelado.

6. *Modus operandi* — Não guarda dificuldade a operação de redução. Basta haver uma decisão coletiva no Conselho Deliberativo e o cumprimento por parte da Diretoria Executiva. A consumação, entretanto, para caracterizar a pena alternativa tão grave (suspensão pelo prazo de 180 dias), implica em ter havido, efetivamente e na prática, pelo menos uma vez, a redução.

7. Sujeito passivo — Padece diretamente com a medida o equilíbrio do plano de benefícios.

CAPÍTULO LXXVIII

EQUACIONAMENTO DO DÉFICIT

Art. 78. Deixar de adotar as providências, previstas em lei, para equacionamento do resultado deficitário do plano de benefícios ou fazê-lo em desacordo com as normas estabelecidas pelo Conselho de Gestão da Previdência Complementar e pela Secretaria de Previdência Complementar.

Penalidade: multa de R$ 20.000,00 (vinte mil reais), podendo ser cumulada com suspensão pelo prazo de até cento e oitenta dias.

Remissão: art. 21 da LBPC;
art. 37, XVI, do Decreto n. 4.206/02;
Portaria SPC n. 843/01.

Em seu art. 21, a LBPC regula o aspecto mais preocupante de um plano de benefícios e o problema mais significativo de um fundo de pensão: a insuficiência de recursos garantidores das prestações, isto é, o déficit (quando relevante ou persistente).

Indica quais são os atores responsáveis pelo seu equacionamento e, evidentemente, não poderiam ser outros, que não o patrocinador e o participante *(caput)*.

De imediato, limitando a ação do gestor, determina que isso se fará alternativamente, com o aumento da contribuição ou diminuição dos benefícios ou provirem de retornos à administração.

Embora a lei silencie a respeito é da lógica que se poderia adotar uma solução mista, com majoração da contribuição simultaneamente à minoração dos benefícios, a ser discutida substancialmente porque filosoficamente é preferível onerar participantes do que afetar os segurados complementados.

O dispositivo pretende punir duas providências não exercitadas pelo gestor da EFPC: a) desatender o art. 21 da LBPC e b) descumprir as determinações do MPS a respeito do assunto. O que implica em verificar se alguma exigência do CGPC extrapolou os preceitos do aludido comando legal.

Quando das avaliações periódicas, como a recomendada pela Portaria SPC n. 843/01, uma das principais preocupações do especialista deve ser a de auditar o equilíbrio do plano e, agora, também a segurança econômica e financeira da entidade.

Seu cuidado centrar-se-á na verificação da relação entre as reservas matemáticas (conceito fundamental) e as obrigações correntes e futuras, o comportamento da massa no porvir imediato e mediato, o que se passará com o nível individual das prestações em face da dinamicidade da legislação, incluindo a análise dos benefícios concedidos, os regimes financeiros, os tipos de plano e o cadastro dos participantes, enfim, apurar as imprescindibilidades conducentes à otimização presente no plano de custeio e de benefícios.

Ao termo do seu esforço intelectual poderá localizar algum desequilíbrio manifesto, partindo de premissas, hipóteses ou parâmetros convencionados pelos entes supervisores ou derivados de sua compreensão matemática, visão demográfica, ordem estatística ou posicionamento atuarial dos fatos financeiros e econômicos.

Uma vez decantado eventual desenvolvimento de contas, presente a diferença entre a receita e a despesa ou faltantes recursos para as provisões, noutras palavras, identificado o resultado negativo, apurará o montante do déficit. Sob critérios que fornecerá em Nota Técnica, pois sujeito à apreciação superior, interna e externamente.

Tais conclusões devem ser objeto de relatório administrativo, altamente elucidativo das causas da minoração dos ingressos necessários ou das saídas, bem com apontar as soluções alvitradas, indicando o patamar das exigências, sua natureza e duração, neste primeiro momento despreocupado com os aspectos jurídicos.

1. *Nomem juris* — Não é difícil apontar o nome desta infração, uma vez que o fato relatado é bastante simples de ser enunciado, ainda que as providências que o envolvem sejam complexas. Não equacionar a insuficiência de recursos é deixar de tomar as providências necessárias para que o déficit diminua num primeiro momento e desapareça. Ou, então, fazê-lo em discordância com o recomendado pelo MPS.

2. Elemento subjetivo — Deixar de tomar providências decorre da vontade expressa da pessoa obrigada a isso, que, entretanto, resultará também de sua imperícia ou negligência.

3. *Iter criminis* — Se o elemento subjetivo é uma inação, dificilmente se poderá decantar a tentativa.

4. Tipo de procedimento — Deixar de tomar providências é omissão, age omissivamente quem não contorna o déficit.

5. Objetividade jurídica — A saúde de um plano é ameaçada se, constatado que não existem as garantias econômicas ou financeiras, de que os compromissos serão cumpridos, o responsável não toma as providências necessárias, legais ou não.

6. *Modus operandi* — Tratando-se de ação omissiva, de variado modo age o autor deixando de adotar as providências dentro do prazo legal.

7. Sujeito passivo — Quem sofre a ação é o plano de benefícios da EFPC.

CAPÍTULO LXXIX

APURAÇÃO DE RESPONSABILIDADES

Art. 79. Deixar de adotar as providências para apuração de responsabilidades e, quando for o caso, deixar de propor ação regressiva contra dirigentes ou terceiros que deram causa a dano ou prejuízo à entidade fechada de previdência complementar ou a seus planos de benefícios.

Penalidade: multa de R$ 15.000,00 (quinze mil reais), podendo ser cumulada com suspensão pelo prazo de até noventa dias.

Remissão: arts. 35, § 6º, 39, parágrafo único, 59, 60 e 63 da LBPC;
art. 22, parágrafo único, da LC n. 108/01;
arts. 75/79 da Lei n. 6.435/77;
Leis ns. 6.024/74, 6.404/76 e 9.447/95;
Lei n. 9.983/00;
Decreto-lei n. 2.321/87;
art. 22 do Decreto n. 81.240/78;
arts. 99/108 do Decreto n. 81.402/78;
arts. 37, XVII e 36/41 do Decreto n. 4.206/02;
Resoluções CGPC ns. 4/02 e 17/06.

De forma clara, objetiva e severa, diz o art. 63 da LBPC que os "administradores de entidade, os procuradores com poderes de gestão, os membros de conselhos estatutários, o interventor e o liquidante responderão civilmente pelos danos ou prejuízos que causarem, por ação ou omissão, às Entidades de Previdência Complementar. Parágrafo único. São também responsáveis, na forma do *caput*, os administradores dos patrocinadores ou instituidores, os atuários, os auditores independentes, os avaliadores de gestão e outros profissionais que prestam serviços técnicos à entidade, diretamente ou por intermédio de pessoa jurídica contratada".

Quer dizer, os administradores em geral são responsáveis por quaisquer atos que possam produzir prejuízos à EFPC, mesmo os bem-intencionados (praticados por imperícia, imprudência ou negligência). Respondem, também, por ficarem inativos diante de falhas cometidas por eles próprios ou por terceiros, cuja responsabilidade recaiu sobre a EFPC (ação regressiva).

O *caput* do art. 21, quando trata dos déficits operacionais, lembra a "ação regressiva contra dirigentes ou terceiros que deram causa a dano ou prejuízo à entidade de previdência complementar".

Em nenhum momento a LC n. 109/01 obriga a entidade a promover essas investigações e em razão disso é possível que a disposição seja ilegal. Caso isso seja verdade, a ocorrência não seria uma infração. Quem averigua é a SPC (LBPC, art. 61). Mas nada impede que, para os fins de elidir a responsabilidade, a entidade promova a averiguação dos fatos, apure autoria e responsabilidade e tome as providências necessárias.

Tal posição doutrinária está clara para *Silvio Wanderley do Nascimento Lima*, quando escreve "que não nos parece possível que a ingerência estatal seja de tal monta que possa imiscuir-se em deliberação que cabe exclusivamente à EFPC, pessoa jurídica de direito privado, substituindo-se a sua vontade" ("Regulação e Previdência Complementar Fechada", São Paulo: LTr, 2004, p. 179).

Imaginando-se como limite o prazo decadencial ou prescricional para as diferentes hipóteses, tomando conhecimento da ilegalidade ou impropriedade, o administrador deve adotar as medidas internas imediatamente, convindo à SPC, por ocasião do sopesamento das atenuantes ou agravantes avaliar quanto tempo se passou entre a ocorrência e as providências.

De modo geral, *grosso modo*, sempre que a SPC iniciar procedimentos relativos às 48 infrações do RPPC com certeza haverá indícios de que esta também ocorreu.

1. *Nomem juris* — Ainda que não conste da lei, determinar intramuros as responsabilidades dos gestores é um dever das entidades fechadas e, por conseguinte, a infração, se existente, poderia ser designada como apuração de responsabilidades (próprias ou de terceiros).

2. Elemento subjetivo — Para não tomar as medidas exigidas é preciso vontade para isso, desde que o gestor tenha conhecimento do fato. Ignorar esse dever, diante das normas da LC n. 109/01, não é possível ao dirigente.

3. *Iter criminis* — Correspondendo à ocorrência uma inação, só tem sentido para a SPC quando de sua consumação. A qualquer momento, de fato, o dirigente pode tomar a providência.

4. Tipo de procedimento — Quem não age segundo o que o decreto manda fazer opera omissivamente.

5. Objetividade jurídica — Quer o regulamento que a ordem institucional seja preservada e, por isso, não pode ficar o autor sem a correspondente punição. Antecipando-se à autoridade ministerial, que tem a obrigação de monitorar o andamento dos procedimentos, deseja o elaborador da norma que os primeiros cuidados sejam tomados internamente, no âmbito da EFPC.

6. *Modus operandi* — Diante da ilicitude inescusável, desvio de conduta ou manifesta ilegalidade, isto é, dela tomando ciência, o administrador se omite e não promove a apuração necessária, arquiva denúncias.

7. Sujeito passivo — Quem padece com este tipo é o participante, o plano e a EFPC.

CAPÍTULO LXXX

CONTRIBUIÇÃO E AVALIAÇÃO IMPRÓPRIAS

Art. 80. Deixar de estabelecer o nível de contribuição necessário por ocasião da instituição do plano de benefícios ou do encerramento do exercício, ou realizar avaliação atuarial sem observar os critérios de preservação da solvência e equilíbrio financeiro e atuarial dos planos de benefícios, estabelecidos pelo Conselho de Gestão da Previdência Complementar.

Penalidade: multa de R$ 15.000,00 (quinze mil reais), podendo ser cumulada com suspensão pelo prazo de até trinta dias.

Remissão: arts. 3º, III, 7º, 11 e 22 da LBPC;
arts. 43/44 da Lei n. 6.435/77;
art. 37, XVIII, do Decreto n. 4.206/02;
arts. 12 e 27, § 1º, do Decreto n. 81.240/78.

Aparentemente o ato irregular descrito no art. 80 tem como agente apenas o atuário; o texto não fala em praticar, mas de estabelecer, e quem o faz é o consultor especialista. Caso esse profissional, mediante Nota Técnica tenha recomendado medidas adequadas que não foram cumpridas, a responsabilidade recairá sobre o administrador do fundo de pensão.

1. Contribuição necessária — É aquela que induz o equilíbrio do plano de benefícios em face de determinada massa protegida, ou seja, aquele aporte que não gera déficit nem produz superávit relevantes (porque, em tese, as premissas variando mensalmente, é impossível ao matemático fixar números exatos). O nível pode ser entendido como inferior, incapaz de atender aos compromissos ou superior, quando exceder as imprescindibilidades do plano. A pena pequena é explicada em razão das dificuldades de detecção da responsabilidade profissional. E, com toda certeza, a tarefa de quem tiver de elaborar o relatório conclusivo, exceto nos casos de evidentes impropriedades técnicas, é maior que a do consultor.

2. Avaliação atuarial — Ao final de cada exercício, que deverá coincidir com o ano civil, são imprescindíveis as avaliações atuariais de cada um dos seus planos de benefícios, a ser feita por pessoa física ou jurídica para isso habilitados legalmente (LBPC, art. 22).

3. Responsabilidade do atuário — Depois de garantir que "todos os planos de benefícios deverão ser avaliados atuarialmente, em cada balanço, por enti-

dades ou profissionais legalmente habilitados", o § 1º do art. 27 do Decreto n. 81.240/78 diz que: "A responsabilidade profissional do atuário, verificada pela inadequação dos planos estabelecidos, quer no que se refere às contribuições, quer no que diz respeito ao valor das reservas, será apurada pelo Instituto Brasileiro de Atuária — IBA, por solicitação dos interessados ou dos órgãos competentes do MPAS, independentemente da ação judicial cabível".

4. Solvência — Preservar a solvência, manter os equilíbrios atuarial e financeiro de um plano de benefícios é tarefa cientificamente onerosa para o profissional, a menos que faça avaliações mensais, o que nem sempre será possível. A solvência de um plano quer dizer a posse dos meios econômico-financeiros de atendimento das obrigações, vale dizer, a presença dos recursos necessários, de preferência com liquidez, numa palavra, as despesas previstas estarem cobertas com as reservas imprescindíveis (LBPC, art. 3º, III). A EFPC tanto pode tomar a iniciativa prevista no *caput* do art. 11 quanto adotar a mesma medida com o fundo de solvência. Aparentemente, não mencionada no parágrafo único, a EAPC teria de operar o resseguro. Deve ficar claro que se alude à garantia dos benefícios e ao instrumento, são duas soluções, o resseguro e fundo de solvência.

5. Equilíbrio atuarial — Desde que se tornou um princípio constitucional que impera no RPPS (art. 40), no RGPS (art. 201) e na previdência complementar (art. 202) este é um ambiente desejado pelo legislador (CN), idealizador (atuário) e administrador (gestor da EFPC), sem falar que se trata de um esforço do monitorador (MPS). Quer dizer uma correção dinâmica entre os compromissos vigentes e por viger e os instrumentos demográficos, estatísticos, biométricos e sociais que definem o plano de custeio e de benefícios. Significa confronto entre uma massa perfeitamente definida (incluindo o tipo de pessoa protegida e a atividade por ele exercida) num determinado momento histórico e os recursos econômicos e financeiros necessários. À evidência, um conceito difícil em cada caso, variando de plano a plano e que suscita, para fins do artigo, apenas elementos fundamentais.

6. Padrões mínimos — Padrões mínimos são indispensáveis. Trata-se de eufemismo e delicadeza do legislador (LBPC, art. 11). Em verdade, ele quer o cumprimento dos parâmetros básicos, esclarecendo que a entidade poderá reforçar as garantias propostas. Quer dizer, quanto mais transparência, solvência, liquidez, melhor para todos.

7. Entes supervisores — Por qualquer motivo que se ignora, talvez por cochilo do elaborador, entre os entes supervisores do segmento foi esquecida a Secretaria de Previdência Complementar e enquanto a fala não for corrigida será como se a obrigação se referisse apenas ao CGPC.

8. *Nomem juris* — Sempre que o RPPC fixa procedimentos múltiplos numa mesma infração torna difícil identificá-la numa locução sintética. Este é o caso, podendo-se designá-la como aporte, no sentido de contribuição, e avaliação atuarial impróprias para o equilíbrio de um plano.

9. Elemento subjetivo — Dada a natureza da impropriedade, resta evidente que ela derivará de imperícia (o profissional não dominar a técnica estatística, o

cálculo das probabilidades), imprudência (ser incapaz de prever as hipóteses, utilizando-se de tábuas inadequadas) e negligência (deixar de tomar os cuidados necessários, máxime quando estiver diante de massa atípica).

10. *Iter criminis* — A avaliação tecnicamente equivocada poderá ser apurada antes que seja aplicada, justificando-se, pois, a presença da tentativa, mas a descrição do evento punido reclama a consumação para ser aplicada a pena.

11. Tipo de procedimento — No conjunto da ação, empregando o verbo deixar, o autor age omissivamente, quando se utiliza de técnicas impróprias e não toma os cuidados necessários.

12. Objetividade jurídica — Mais uma vez, objetivamente é onerado o plano de benefícios, cujo equilíbrio deve ser preservado.

13. *Modus operandi* — A maneira de realizar a ocorrência penalizada é dúplice: a) estabelecer contribuição correta e b) fazer avaliação atuarial sem observância de parâmetros.

14. Sujeito passivo — Mais uma vez, objetivamente, é onerado o plano de benefícios, com isso sofrendo os participantes e, indiretamente, a EFPC.

CAPÍTULO LXXXI

DIVULGAÇÃO DE DADOS

Art. 81. Deixar de divulgar aos participantes e aos assistidos, na forma, no prazo ou pelos meios determinados pelo Conselho de Gestão da Previdência Complementar e pela Secretaria de Previdência Complementar, ou pelo Conselho Monetário Nacional, informações contábeis, atuariais, financeiras ou de investimentos relativas ao plano de benefícios ao qual estejam vinculados.

Penalidade: multa de R$ 15.000,00 (quinze mil reais), podendo ser cumulada com suspensão de até sessenta dias.

Remissão: art. 202, § 1º, da CF;
EC n. 20/98;
arts. 10 e 24 da LBPC;
Lei n. 8.078/90;
Lei n. 4.595/64 (BC);
Resolução CMN n. 2.829/01;
itens ns. 3.24 e 4.16 da IN SPC n. 10/06.

O art. 81 expressa praticamente o princípio da transparência da previdência complementar. Concebido constitucionalmente a partir da EC n. 20/98 (CF, art. 202, § 1º), é uma exigência do sistema que se alçou ao nível do Estatuto Superior, como imposição da lógica e em razão de impropriedades históricas praticadas sob a égide da Lei n. 6.435/77. Em boa parte, ainda vigentes.

A regra comparece, em caráter geral, no art. 24 da LBPC, que reza: "A divulgação aos participantes, inclusive aos assistidos, das informações pertinentes aos planos de benefícios dar-se-á ao menos uma vez ao ano, na forma, nos prazos e pelos meios estabelecidos pelo órgão regulador e fiscalizador". Particularmente, em seu art. 10, § 1º, quando manda "disponibilizar" a todo participante e "entregue, quando de sua inscrição no plano de benefícios: ...", trata de vários documentos inerentes à relação jurídica.

A Carta Magna de 1988 introduziu e proclamou esse postulado da visibilidade, ditando: "A lei complementar de que trata este artigo assegurará ao participante de planos de benefícios de entidades de previdência privada o pleno acesso às informações relativas à gestão de seus respectivos planos" (CF, art. 202, § 1º). Não existe texto mais claro que esse nem tão pouco respeitado até hoje, por motivos incognoscíveis.

Quem tem de efetivamente garantir esse direito é a instituição gestora, como demonstração de suas intenções de acolher o participante, dividir com ele informações e responsabilidades. A lei, como norma abstrata, apenas assegura o direito subjetivo à transparência.

Em postulado desnecessariamente constitucional, ditou a EC n. 20/98 comando imperativo salutar nascido apenas e tão-somente do casuísmo pretérito de certas desavisadas EFPC, que não davam total conhecimento ao participante dos procedimentos administrativos, dos mandamentos técnicos do segmento ou dificultavam a obtenção de esclarecimentos, máxime para a defesa de interesse subjetivo. Em alguns casos, certamente raros, sem fornecer *(sic)* o próprio Regulamento Básico.

Transporta-se o disposto do art. 5º, XIV, da Lei Maior, convindo, por analogia de idéias, ler-se o que diz o seu inciso vizinho: "todos têm direito a receber dos órgãos públicos informações de seu interesse particular, ou de interesse coletivo ou geral, que serão prestadas no prazo da lei, sob pena de responsabilidade, ressalvadas aquelas cujo sigilo seja imprescindível à segurança da sociedade e do Estado" (XXXIII). Bem como o próprio inciso XXXIV, *b*: "obtenção de certidões em repartições públicas, para defesa de direitos e esclarecimento de situações de interesse pessoal". E, ainda, o inciso LXXII: direito de *habeas data*.

1. Divulgação — Divulgar quer dizer propiciar publicidade, atribuir notabilidade, dar conhecimento às pessoas interessadas, veicular notas, dados e informações, relatar minuciosamente os acontecimentos envolvidos na relação jurídica, prestar esclarecimentos, tudo isso mediante os meios de comunicação à disposição, entre outros, aqueles com alcance capaz de atingir a todos os interessados, podendo ser vários deles: a) editais ou resenhas em jornais de larga circulação; b) publicações internas regulares; c) boletins ocasionais; d) comunicação epistolar; e) Notas Técnicas; f) *e-mail;* g) imagens pela *internet/intranet*, etc. Essa prestação espontânea de serviços de iniciativa obrigatória das EFPC, à evidência, não exclui aquela especificamente requerida pelo beneficiário e, muito menos, a determinada pelos entes supervisores (parágrafo único do art. 24 da LC n. 109/01) ou determinada pelo Poder Judiciário.

2. Informações contábeis — São as que dizem respeito aos dados do plano de benefícios, como entrada e saída de recursos, receitas e despesas administrativas, débitos e créditos pendentes, tudo aquilo que faça parte da ciência contábil atrelada à relação jurídica de previdência social.

3. Informações atuariais — Caso particular, reportam-se à massa de participantes protegidos, em seus valores totais, sem distinção de pessoas, incluindo número de participantes, folha de pagamento, tábua biométrica adotada, etc.

4. Informações financeiras — Referem-se à contribuição e aos benefícios, à presença de superávit ou déficit, realização da receita, e assim por diante.

5. Informações sobre investimentos — Elas dão conta das aplicações operadas, resultados positivos e negativos obtidos, programações ulteriores, critérios adotados, etc.

6. Divulgação por outros meios — Na hipótese de serem criados ou implantados outros instrumentos de externalização, diferentes daqueles previstos pelos entes supervisores do MPS e do CMN, mas que atendam ao espírito do RPPC, ter-se-á de considerá-los, no mínimo, como atenuantes da infração e, se for o caso, como excludentes da responsabilidade.

7. Regularização intempestiva — Se a notícia acaba sucedendo, mas fora do prazo legal, igual tratamento condescendente terá de ser observado, convindo pensar-se numa advertência epistolar por parte da SPC e não na penalidade deste art. 81.

8. *Nomem juris* — Falta de informações ou ausência de transparência poderiam designar esta infração, mas aparentemente seria uma denominação genérica à luz do que diz o art. 81 do Decreto n. 4.942/03, que retrata uma espécie dessas falhas administrativas, que é a não divulgação de dados técnicos.

9. Elemento subjetivo — Não expor aquilo que a LC n. 109/01 quer que seja público, é ação omissiva por parte de quem tem esse dever. No mais das vezes, produto de uma cultura própria do segmento, outras vezes resultado da conclusão de que os interessados não compreenderiam a forma de expressão.

10. *Iter criminis* — Se o administrador reúne os parâmetros ou se os têm disponibilizados organizacionalmente, ainda que se trata de um não fazer, caracteriza a tentativa. Caso ele efetivamente não complete o ato de sonegar informações, consuma a ilicitude.

11. Tipo de procedimento — Ninguém age com culpa quando deste procedimento; é preciso vontade de não passar as informações aos participantes, logo presente o dolo, a deliberada intenção de privá-los do conhecimento reclamado pelo segmento.

12. Objetividade jurídica — Uma atividade complexa como a previdência social, acrescida dos indicadores de risco inerentes às circunstâncias da obtenção dos recursos garantidores dos benefícios, a serem apreendidos ao longo de até 40 anos, no caso a previdência complementar reclama uma instituição responsável, clara e transparente, porque a adesão do participante dá-se em função da confiança que ela desperta no interessado. No pode ser hermética, exceto naquilo que é legalmente protegido pelas normas sobre o sigilo.

13. *Modus operandi* — Evidentemente, feita a distinção entre elementos, informações e notícias que pertencem à privacidade da organização da entidade, como a remuneração dos seus empregados (não do plano) ou que por sua natureza têm de ser naturalmente reservados, comete-se a infração deixando de repassar o que a LC n. 109/01 quer que seja divulgado.

14. Sujeito passivo — A primeira vítima da não transparência de um sistema é aquele que dele participa; embora esteja associado às incertezas de um empreendimento que depende de tantas variáveis, só é justo mantê-lo atrelado ao plano de benefícios e de partícipe, sabendo o que está acontecendo.

CAPÍTULO LXXXII

INFORMAÇÕES À SPC

Art. 82. Deixar de prestar à Secretaria de Previdência Complementar informações contábeis, atuariais, financeiras, de investimentos ou outras previstas na regulamentação, relativamente ao plano de benefícios e à própria Entidade Fechada de Previdência Complementar, no prazo e forma determinados pelo Conselho de Gestão da Previdência Complementar e pela Secretaria de Previdência Complementar.

Penalidade: multa de R$ 15.000,00 (quinze mil reais), podendo se cumulada com suspensão de até sessenta dias.

Remissão: art. 201, § 1º, da CF;
arts. 10, § 2º e 24 da LBPC;
art. 37, XIX, do Decreto n. 4.206/02;
Resolução CGPC n. 1/01;
art. 81 do RPPC.

Inspirado pelo princípio constitucional da transparência, em seqüência à obrigação genérica de divulgar dados (art. 81), disciplina este art. 82 o dever de passar esses esclarecimentos e outros mais, agora, particularmente ao MPS, ficando claro que a vítima ou sujeito passivo da ação é exclusivamente a SPC.

Se a EFPC não fornece o solicitado pelo CGPC, poderá estar incidindo em outra impropriedade, como a do art. 81, mas não nesta infração. Deixando de atender a uma diligência em grau de Recurso de Apelação, também será preciso pensar em outro tipo de sanção.

As informações requeridas são as mesmas do art. 81, aproveitando os comentários ali expendidos, que podem ser as previamente fixadas nos atos normativos e as que se imponham para o cumprimento do papel do ente fiscalizador.

Em razão do texto resta evidente que essas notícias ainda podem ser divididas em dois grupos: a) não previstas e b) referidas expressamente na regulamentação. Isso leva a inquietações por parte do aplicador desta norma adjetiva quando se quedar na dúvida sobre quais delas está falando o decreto.

1. Conceito de informação — Só para se ter uma idéia, dizem que conhecimento é a interpretação da informação. A expressão é bastante genérica e ad-

quiriu extraordinária importância no mundo moderno. Há quem chegue ao exagero de equipará-las ao poder, mas o certo é que sem elas ele é impossível. No que diz respeito ao contencioso complementar administrativo a idéia de informação é mais específica, pode ser traduzida em vários subtítulos como números estatísticos, dados biométricos, elementos técnicos, registros contábeis, importâncias financeiras, dispositivos de lei, pareceres normativos ou não, notas técnicas, avaliações atuariais, constatações *in loco*, relatórios, diligências, depoimentos, laudos periciais, sentenças, conclusões, ou seja, uma infinidade de entes que interessem em função de um certo objetivo.

2. *Nomem juris* — Quer o administrador que a SPC seja municiada constantemente com informações básicas dos planos e das entidades fechadas para que possa cumprir o seu papel monitorador do segmento. São somente essas, daí um possível título da infração.

3. Elemento subjetivo — Para que seja consumado o ato negativo de deixar de atender à determinação da legislação, é preciso a clara e específica vontade do agente.

4. *Iter criminis* — A qualquer momento o administrador pode fornecer os dados previstos ou solicitados, mas extinto o prazo, estará consumada a infração. A Resolução CGPC n. 1/01 fixa prazo para a EFPC prestar informações aos participantes.

5. Tipo de procedimento — Carece de culpa o autor desta infração.

6. Objetividade jurídica — O bem jurídico tutelado pelo art. 82 é o controle por parte da SPC, que precisa reunir parâmetros sobre os planos e as entidades, para saber dos seus equilíbrios atuarial e financeiro.

7. *Modus operandi* — Procede ao infrator não cumprindo o dever de prestar esclarecimentos, negando-se a fornecê-los por inação, desatenção ou desdém, até mesmo respondendo que não os tem ou não os atenderá.

8. Sujeito passivo — Como salientado, é exclusivamente a SPC quem sofre a ação deletéria do dirigente que sonega informações, mas, à evidência, todo o segmento padece com essa indisposição da EFPC.

CAPÍTULO LXXXIII

INOBSERVÂNCIA DE NORMAS CONTÁBEIS

Art. 83. Descumprir as instruções do Conselho de Gestão da Previdência Complementar e da Secretaria de Previdência Complementar sobre as normas e os procedimentos contábeis aplicáveis aos planos de benefícios da Entidade Fechada de Previdência Complementar ou deixar de submetê-los a auditores independentes.

Penalidade: multa de R$ 15.000,00 (quinze mil reais), podendo ser cumulada com suspensão pelo prazo de até sessenta dias.

Remissão: art. 84, VI, da CF;
arts. 5º, 22 e 40 da LBPC;
art. 8º, V, da Lei n. 6.435/77;
Lei n. 4.695/65;
Decreto-lei n. 9.245/56 (CFC);
Decretos-lei ns. 9.710/46 e 2.284/86;
Decreto n. 806/69;
Resolução CNSP n. 13/80;
Resoluções CPC ns. 4/80 e 1/86;
Resoluções CGPC ns. 3/01, 4/02, 5/02, 7/02 e 11/02;
Resolução TCU n. 248/90;
Resoluções CFC ns. 290/70, 560/83, 685/90, 686/90, 700/91, 713/92, 732/92, 737/92 e 750/93;
Portarias SPC ns. 54/83, 146/95 e 176/96;
Circulares SUSEP ns. 42/84, 9/86, 10/92 e 1/93;
art. 37, XX/XXI, do Decreto n. 4.206/02.

O CGPC baixa resoluções e a SPC edita instruções, cada um desses entes monitoradores do MPS é detentor de atribuições específicas, disciplina atos normativos contábeis (ou não). Diz o art. 5º da LBPC: "A normatização, coordenação, supervisão, fiscalização e controle das atividades das entidades de previdência complementar serão realizados por órgão ou órgãos regulador e fiscalizador, conforme disposto em lei, observado o disposto no inciso VI do art. 84 da Constituição Federal".

Ficando claro que, agora, interessam apenas os órgãos supervisores, ou seja, o CGPC e a SPC e, em matéria contábil, importando avultar o significado dos cinco verbos apontados no dispositivo da LPBC, de vez que não observar essa competência do MPS pode implicar em infração e sanção. Atos regentes baixados pelo órgão regulador, isto é, nos termos do art. 74 da LBPC. Em alguns casos, dentro de sua competência, principalmente em matéria adjetiva, ainda em razão desse art. 74, pela SPC e pela SUSEP. Sem prejuízo de decretos presidenciais ou portarias do MPS, resoluções, instruções normativas, ordens de serviço, ofícios e circulares (geralmente não publicados no DOU), entendimentos e formulações administrativas gerais, normas inconfundíveis com a regulação interna das EFPC, que completam as fontes formais do segmento de Previdência Complementar. E claramente aquelas regras universais da ciência contábil do Conselho Federal de Contabilidade.

1. Normatização — Quer dizer a tarefa de fixar normas infralegais consentâneas com os postulados da ação estatal e das divisões superiores da Administração Pública, limitada a regulação a esses restritos objetivos e até onde a filosofia da LBPC e os princípios contábeis autorizam interferência na EFPC ou a submissão do tema aos princípios do direito privado.

2. Coordenação — Significa pôr em ordem, classificar superiormente, isto é, a sistematização acompanhada, a verificação do atendimento da legislação por parte da EFPC, com vistas ao disposto no art. 2º da LBPC. Representa, também, por outro lado, a uniformização dos planos de contas, seqüência burocrática dos registros, sugestões sobre encaminhamentos internos, emissão de formulários e de normas contábeis aplicáveis às relações entre duas ou mais entidades (*v. g.*, sobre a portabilidade).

3. Supervisão — É ação à qual correspondem várias responsabilidades, muitas das quais explicitadas nas expressões da oração da LBPC, compreendendo um de seus aspectos, que é a normatização (função bastante clara), a coordenação e os atos de controle da fiscalização. Quer dizer um conjunto de atribuições de quem tem de zelar pelo segmento complementar, de vez que os instrumentos da contabilidade (escrituração, registro, balanço e balancetes) dão conta da estrutura da entidade.

4. Fiscalização — Representa compulsar documentos da contabilidade da EFPC e verificar procedimentos, confrontando-se com a lei básica, atendido de perto o princípio da legalidade. Relatar os atos a quem de direito para que sejam tomadas as providências cabíveis. Por exemplo, averiguar se a entidade observa as regras, os postulados e padrões da ciência contábil.

5. Controle — É o acompanhamento *pari passu*, monitoramento periódico do seguimento da legislação específica, apurar metodicamente se as entidades estão observando os comandos da LBPC. Principalmente em relação à dinâmica das entidades em seus aspectos escriturais.

6. Contabilidade — O conceito de contabilidade é abrangente; a ciência e suas práticas correspondentes conhecem atividade de longa data regulamentada no Brasil. Quem tem competência para fixá-las é o Conselho Federal de Contabilidade — CFC (Decreto-lei n. 9.295/56). Diversas resoluções desse CFC tratam

das Normas Brasileiras de Contabilidade — NBC (tipos de conduta e procedimentos técnicos, a serem atendidos quando da realização dos trabalhos), em particular, sobre os balancetes (Res. CFC n. 658/90), conceitos, conteúdo, estrutura e nomenclatura das demonstrações (Res. CFC n. 686/90), perícia contábil (Res. CFC n. 731/91), avaliação profissional (Res. CFC n. 732/92). As entidades de seguros e de previdência privada jazem classificadas no Código 10.10 das NTC, subsistindo distinção, no estudo da técnica aplicada, entre sociedade de previdência privada e instituições de previdência privada (art. 4º, § 2º, da Res. CFC n. 3/92). As Normas Contábeis para as EFPC foram divulgadas pela Res. CPC n. 4/80. Novas determinações, em razão do Decreto-lei n. 2.284/86, sobrevieram com a Portaria CPC n. 01/86 (fechada) e da Circular SUSEP n. 9/86 (aberta).

7. *Nomem juris* — Contraria as obrigatórias regulações dos entes supervisores do MPS relativas à contabilidade quem não atende aos atos normativos do CGPC e da SPC, logo a infração pode ser designada como indicado: inobservância de normas contábeis.

8. Elemento subjetivo — O ato de desrespeito enfocado reclama procedimento positivo, isto é, ação dolosa, sendo raras, mas não impossíveis atitudes em que o administrador fica aquém do determinado, especialmente não cumprindo os prazos regulamentares ou não entendendo qual o seu dever.

9. *Iter criminis* — Ao não realizar a determinação consuma-se a ilicitude, mas o agente que se equivoca na sua promoção queda-se na figura da tentativa.

10. Tipo de procedimento — Procede omissivamente o agente que deixar de cumprir essa obrigação de fazer.

11. Objetividade jurídica — Quer o legislador e o administrador, elaboradores da LC n. 109/01 e do Decreto n. 4.942/03, que os gestores dos fundos de pensão atendam às regras estatuídas pelos órgãos superiores em matéria de contabilidade de modo geral e aquela aplicável à previdência privada. Uma das maiores dificuldades do dirigente de uma EFPC é conseguir separar aquilo que se integra no universo de sua liberdade do que pertence ao domínio monitorador do MPS. O certo é ter à mão, como se fosse uma bíblia do Rei Jorge, as resoluções e as instruções do CGPC e da SPC ao lado do seu manual de contabilidade e verificar, em cada caso, se elas estão sendo cumpridas. Não que, com isso, logre elidir a sua responsabilidade quando a ação não der certo, mas terá agido em consonância com o papel do governo federal.

12. *Modus operandi* — Quem não tem um plano de contas padronizado, aquele que não faz os balanços e balancetes nas datas estabelecidas, enfim, o descumpridor dos comandos contábeis integrantes dos ditames ministeriais, está agindo em desconformidade com o desejável e praticando a infração. Vale registrar que quem desobedece às normas contábeis não previstas nas normas ministeriais, previdenciárias ou não, poderá incidir em inobservância de alguma regra contábil merecedora de alguma sanção do CFC, mas não consumará a presente infração.

13. Sujeito passivo — De modo bastante geral padecem os princípios contábeis, a organização interna da EFPC, mas efetivamente o que conta é a infração ser cometida contra o CGPC e a SPC.

CAPÍTULO LXXXIV

DESATENDIMENTO DE REQUERIMENTO

Art. 84. Deixar de atender a requerimento formal de informação, encaminhado pelo participante ou pelo assistido, para defesa de direitos e esclarecimento de situação de interesse pessoal específico, ou atendê-la fora do prazo fixado pelo Conselho de Gestão da Previdência Complementar e pela Secretaria de Previdência Complementar.

Penalidade: advertência ou multa de R$ 10.000,00 (dez mil reais).

Remissão: arts. 5º, XIV e 201, § 1º, da CF;
EC n. 20/98;
art. 105 do PBPS;
art. 31 da Lei n. 9.784/99;
arts. 10 e 24 da LBPC;
Decreto n. 5.755/06;
art. 37, XXII, do Decreto n. 4.206/02;
IN SPC ns. 12/06 e 13/06;
art. 82 do RRPC.

De forma lapidar diz o art. 5º, XIV, da Carta Magna que "é assegurado a todos o acesso à informação e resguardado o sigilo das fontes, quando necessário ao exercício profissional". *En passant*, convém também reproduzir o inciso XXXIV do mesmo artigo: "são a todos assegurados, independentemente do pagamento de taxas: a) o direito de petição aos Poderes Públicos em defesa de direitos ou contra ilegalidade ou abuso de poder". Combinando-se os dois dispositivos e o que diz o art. 105 do PBPS, chega-se à conclusão de que subsiste o direito subjetivo de protocolar um requerimento no domínio da iniciativa privada, especialmente levando-se em conta que a previdência complementar é uma delegada da atividade estatal.

Imbuído das melhores intenções de regulamentar o parágrafo único do art. 24 da LBPC, o art. 84 sob enfoque oferece redação precária, tímida e acomodatícia.

Primeiro, o direito assegurado pela Constituição Federal (combinando-se os arts. 5º e 202) — que consagram o direito à informação — é muito mais amplo do que a possibilidade de requerer alguma coisa. Reporta-se a pretensão ao protocolo, para obter esclarecimento, benefício, prestação de contas, etc., tudo aquilo que o titular da relação desejar (apenas limitado ao que for por natureza sigilosa da EFPC ou de outro participante).

Segundo, é direito de qualquer pessoa, não só do participante ativo e assistido, mas dos seus dependentes e de quem não é participante, mas empregado da patrocinadora ou associado da EFPC setorial. O interesse pessoal também não tem de ser específico, podendo atender à generalidade.

É sempre bom lembrar, todavia, que estas observações dizem respeito à norma que não atendeu aos princípios constitucionais, até porque o próprio art. 24 também foi leniente. Só comete a infração, embora merecedor de sanção de outra ordem, quem descumpre o parágrafo único do art. 24 da LBPC.

Tanto quanto o INSS (PBPS, art. 105), o fundo de pensão é obrigado a acolher a solicitação do requerente e, se for o caso, indeferi-la. Quando o fizer, concedendo ou não o benefício (e *a fortiori*, neste último caso), deverá explicitar taxativamente os motivos que o levaram a isso.

O direito de consulta (art. 31 da Lei n. 9.784/99) subsiste no segmento pelos mesmos motivos, devendo a resposta ser clara, objetiva e minuciosa, a par de sua fundamentação legal e regulamentar.

Responder requerimento parcial ou incompletamente equivale a não atender-lhe, resultando em consumação da infração.

Importa ressaltar que as normas processuais e procedimentais referentes ao expediente administrativo são remissíveis quando do exame deste artigo. Uma EFPC, nesse particular, funciona como uma Gerência Executiva do INSS, obrigada a respeitar o direito de informar.

Não prestar os devidos esclarecimentos ou fazê-lo com insuficiência, às vezes abusando do tecnicismo, sem explicações, discriminativos ou elementos do cálculo, são muito comuns e fazem parte da cultura previdenciária, constituindo-se num dos maiores problemas que os interessados enfrentam, não se entendendo o motivo de uma multa tão pequena e ser esta uma das poucas infrações sem pena cumulativa.

No exame desta infração o julgador deve ter consciência de que, como sucede nas relações entre os segurados e o INSS, as desconformidades, frustrações e decepções das pessoas em relação à técnica protetiva, acaba por gerar certas indisposições entre os diferentes grupos, de tal sorte que o atendente está, ou é, mal preparado para o atendimento.

1. Fonte formal — O dispositivo legal que inspirou o art. 84 do RPPC é o parágrafo único do art. 24 da LBPC, que diz: “As informações requeridas formalmente pelo participante ou assistido, para defesa de direitos e esclarecimento de situações de interesse pessoal específico deverão ser atendidas pela entidade no prazo estabelecido pelo órgão regulador e fiscalizador”.

2. Informação — Isoladamente considerada, é ente hodierno de enorme significado, cujo conteúdo ainda não foi inteiramente alcançado. Não se confunde

com o conhecimento, representado na lei previdenciária, exemplificativamente dados numéricos, referências estruturais da organização, parâmetros contábeis e atuariais, decisões, políticas administrativas, enfim, conjunto enorme de elementos que, divulgados, não causem prejuízo ao titular nem à organização.

3. *Nomem juris* — Para que se tenha um título único para a infração, que logre abranger restrições tão relevantes em relação a direitos constitucionais enfaticamente expressivos, especialmente envolvendo o direito de protocolar, não poderia ser recusa de requerimento (entendida como falta de protocolo), porque, às vezes, o pedido é acolhido, mas não atendido ou deferido precariamente. Melhor mesmo que seja desatendimento de requerimento.

4. Elemento subjetivo — Ninguém comete esta infração por imperícia, imprudência ou negligência; quando acontece, o que há é disposição deliberada de descumprir o princípio constitucional. Em alguns casos porque o administrador não sabe distinguir o que pode ou não ser divulgado ou por julgar que o interessado, tanto quanto o elaborador da resposta, domine o tecnicismo complementar.

5. *Iter criminis* — Não será fácil caracterizar a tentativa, restando à SPC apenas punir a consumação. Elencando, exemplificativamente, um sem-número de casos específicos, a IN SPC n. 13/06 fixa as regras para o encaminhamento de requerimento à SPC. A IN SPC n. 12/06 trata dos requerimentos encaminhados ao DETEC — Departamento de Análise Técnica.

6. Tipo de procedimento — À vista da redação, age omissivamente quem não presta os esclarecimentos solicitados.

7. Objetividade jurídica — Tanto quanto o legislador que redigiu o art. 24 da LC n. 109/01 quanto o administrador que definiu esta infração, esses elaboradores da norma estão imbuídos da idéia de que o participante é o dono, para não dizer proprietário ou possuidor, da instituição e que ele precisa saber o que está acontecendo com as suas coisas.

8. *Modus operandi* — São múltiplas as ações conducentes à prática da ilicitude punida: a) não protocolar o pedido (sob alegação ou não de que não há o direito); b) protocolar, mas não atender-lhe, deixando cair no esquecimento; c) responder precariamente.

9. Sujeito passivo — Evidentemente, o maior prejudicado com essa ação é quem pede, ou seja, qualquer pessoa envolvida na relação jurídica (empregado, associado, participante ativo, participante assistido, dependente, pessoa que se julga com direito à pensão por morte, etc.).

CAPÍTULO LXXXV

FIM DE PLANO OU RETIRADA DE PATROCÍNIO

Art. 85. Promover a extinção de plano de benefícios ou a retirada de patrocínio sem autorização da Secretaria de Previdência Complementar.

Penalidade: multa de R$ 20.000,00 (vinte mil reais), podendo ser cumulada com inabilitação de dois a dez anos.

Remissão: arts. 25 e 33, da LBPC;
Resoluções CPC ns. 01/88 e 06/88;
Resoluções CGPC ns. 30/96 e 2/01;
art. 37, XXVI, do Decreto n. 4.206/02;
Resolução CGPC n. 12/04.

Não se definindo semanticamente, se prefere extinção do patrocínio ou extinção de patrocinadora — expressões não consagradas no segmento —, em redação singela para ilicitude seriíssima, haja vista a pena acumulável, regra o Decreto n. 4.942/03 disposição sobre matéria adjetiva de respeitabilíssima relevância (e quase jejuna de disciplina).

Cuidando de dois institutos técnicos importantes (fim de plano de benefícios e retirada de patrocínio), o art. 85 dispõe sobre temas importantíssimos (e mal compreendidos até hoje).

Ele trata da falta de autorização da SPC para as duas situações terminativas, em razão de iniciativa de sujeito ativo, não indicando no dispositivo, ser a EFPC, no primeiro caso, ou a EFPC mais a patrocinadora e a instituidora, no segundo. O fato é relevantíssimo como matéria substantiva e raramente sucederá de forma tão simples como enunciada, provavelmente revestindo-se de outras particularidades, desdobramentos e certa evolução histórica dos fatos conducentes.

Importará definir-se, para fins de caracterização da consumação da infração, que fique claro o que se deve entender por fim de um plano de benefícios (especialmente quando único) e retirada de patrocínio ou de patrocinadora. Por exemplo, quando a EFPC põe fim a um plano por estar migrando os participantes para outro. Carece lembrar cenário mais complexo da combinação da extinção do plano com a retirada da patrocinadora.

Sem ser cáustico, no art. 25 da LBPC, o legislador fala em extinção do plano, às vezes um eufemismo para não dizer da entidade (matéria regulada nos seus arts. 47/53). Verdadeiramente, quando único, liquidado com o seu término e não substituído, desaparecerá a instituição gestora, um dia criada, embora possa subsistir apenas para tornar viáveis as obrigações remanescentes ou transferir os encargos para a patrocinadora.

Os dois assuntos contidos no artigo justificam desenvolvimentos segundo a ordem em que se apresentaram.

Pierre Moreau e *Ana Paula Oriola Martins* afirmam que a retirada "bem como a segregação de seus ativos, não estão devidamente regulamentados, haja vista que a LC n. 109, de 2001, e a Resolução CPC n. 06, de 1988, são limitadas em relação a estas situações" ("Retirada de Patrocinador nas Entidades de Previdência Privada", *in* "Jornal do 2º Congresso Brasileiro de Previdência Complementar", São Paulo: LTr, 2002, pp. 19/20).

Nivaldo de Barros e Silva Júnior pensou na transformação da EFPC numa cooperativa que preserve o patrimônio dos participantes, no caso de retirada de patrocinadora ("Liquidação de EFPP. Motivo: Ausência de patrocinadoras. Alternativas e Soluções", *in* "Revista do 18º Congresso dos Fundos de Pensão", São Paulo: ABRAPP, 1997, pp. 83/87).

1. Retirada de patrocinadora — Ela ocorre quando a empresa que constituiu a EFPC deixa de financiar o plano de benefícios, afastando-se como provedora e não efetuando o recolhimento da contribuição convencionada, ficando "os patrocinadores e instituidores obrigados ao cumprimento da totalidade dos compromissos assumidos com a entidade relativamente aos direitos dos participantes, assistidos e obrigações legais, até a data da retirada ou extinção do plano" (art. 25 da LC n. 109/01). Não mais querer patrocinar a entidade em relação aos futuros participantes, porque em relação aos antigos ela os financiará à vista. Caso deixe de pagar qualquer contribuição, o que se tem é liquidação extrajudicial da EFPC, que é fato real e processo, ambos bastante complicados e onerosos para todos. Se a patrocinadora promove cisão do seu patrimônio, deslocando os recursos até então amealhados dos participantes para outro fundo de pensão, semanticamente o que se tem é transferência de participantes e não a retirada de patrocinadora (embora, de todo modo ela também esteja se afastando, é claro). A LBPC menciona retirada de patrocínio (art. 25), transferência de participantes e retirada de patrocinadora (art. 33). Insiste-se, esta última é a desconstituição jurídica do convênio de adesão entre a empresa e a entidade, não se cogitando agora dos seus deveres financeiros nascidos desse desfazimento do vínculo, é um vácuo correspondente ao cenário jurídico preexistente à implantação da EFPC. Identidade de raciocínio válida para os novos obreiros, admitidos depois da referida retirada. Trata-se de situação que consegue excepcionar legitimamente o comando da universalidade de cobertura (CF, art. 195, II), segundo a qual todos os trabalhadores podem se filiar ao plano de benefícios. Pela sua natureza, habitualmente a retirada de patrocinadora não está associada a qualquer mutação societária da provedora, mas pode ser passo antecedente à mudança na sua estrutura organizacional. Questão relevante diz respeito à solução a ser dada à entidade, se a patrocinadora se retira, máxime

em plano não contributário, convindo-se examinar, como tema para estudo, as possibilidades jacentes, que são: I — manutenção da entidade que administra as reservas preexistentes e os novos aportes, em cumprimento da responsabilidade da patrocinadora; II — no caso de não-atendimento das obrigações por parte da provedora, exame da possibilidade de manutenção da EFPC com os recursos conjuntamente amealhados e no de não-contributário, da sua revisão do plano, seguindo-se a instituição de contribuição por parte do participante; III — transferência dos deveres assumidos com os interessados para outra entidade aberta ou fechada; IV — saldamento das obrigações com os ativos presente na forma de pecúlio de pagamento único; V — liquidação da entidade; VI — continuidade da EFPC.

2. Retirada de patrocínio — É uma modalidade de alteração do patrocinador, normalmente sobrevinda quando de transformações societárias do empregador. Assim que certa empresa adquire o patrimônio de outra, absorvendo-a juridicamente, sucedendo-a comercial e laboralmente, os participantes dessa segunda empresa, se antes se integravam numa EFPC por ela criada, nela continuarão inscritos, agora, porém sob outro patrocínio. A retirada do patrocínio pressupõe a inovação do empregador. Isso ocorrendo, em virtude da semelhança dos efeitos também é necessária a garantia do aludido *caput* do art. 25 da LBPC.

3. Transferência de participantes — Consiste em um deslocamento formal dos participantes do plano de benefícios de uma entidade gestora para o plano de benefícios de outra entidade, designada receptora, mobilidade reconhecida pela lei somente quando da retirada da patrocinadora (LBPC, art. 33).

4. Transporte de participantes — Uma quarta figura, às vezes associada às três anteriores e por vezes com elas confundida, é o transporte de participantes de um plano para outro, dentro da mesma entidade, conhecido como migração.

5. Deslocamento por portabilidade — Se um grupo elevado de empregados deixa a patrocinadora e o fundo de pensão, levando o capital acumulado para outro fundo de pensão, também se terá o transporte de participantes.

6. Extinção de planos — Um plano desaparece em virtude de vários motivos. Os principais são: a) encerramento natural das atividades; b) retirada total da patrocinadora; c) déficit incontornável e liquidação extrajudicial da EFPC; d) vontade consciente e negociada das partes envolvidas; e) transferência para gestão de terceiros; e f) substituição por outro, presumidamente superior (a hipótese mais comum).

7. Cessação natural — Com o atendimento da pretensão do último titular do direito deixa de haver razão de ser para sua continuidade. Mesmo antes disso, formalmente, em virtude da diminuição das atividades burocráticas, com a transferência das incumbências para terceiros. Imagine-se o custo administrativo de um fundo de pensão em relação a uns poucos participantes remanescentes, até o derradeiro falecer...

8. Retirada do patrocinador — Ocorrendo o afastamento da patrocinadora, fenômeno maximizado no plano não-contributário, o empreendimento enfrenta

turbulência, se a provedora não cumpre as obrigações estatuídas no art. 33, III, da LBPC. Mesmo quando isso não acontece, a convivência numa mesma empresa de protegidos (aqueles inscritos antes da retirada) e não protegidos gera desconformidades.

9. Déficit incontornável — Um déficit que não possa ser equacionado corre o risco de pôr fim ao plano e à entidade, que se submeterá a liquidação extrajudicial.

10. Convenção — Após a necessária negociação e composição, convergindo os pólos da relação e caso decidam dessa forma, também acabará o plano de benefícios, normalmente com a quitação das obrigações na forma de um pagamento único.

11. Transferência para terceiros — Nos termos da LBPC, a gestão passar a terceiros, normalmente a EAPC, que pode ser tida como extinção do plano original gerido pela EFPC. Embora alguns julguem tratar-se de simples substituição de gestor.

12. Substituição — Na modalidade mais comum, um plano de benefícios "A" é substituído por outro "B", no bojo da mesma entidade, ocorrendo ou não saldamento, mas principalmente inovando-se a proteção. Isso tem sido comum com o abandono do BD e a adoção do CD. Se a extinção de um plano de benefícios é matéria complexa, a retirada de patrocínio é ainda maior, especialmente devido às conseqüências de variada ordem. Trata-se de tema não disciplinado no texto da Lei n. 6.435/77 e que, devido à omissão do legislador de então, suscitou respeitáveis discussões, como lembram *Pierre Moreau* e *Ana Paula Oriola Martins* ("Retirada da patrocinadora nas entidades de Previdência Privada", *in* "Jornal do 2º Congresso Brasileiro de Previdência Complementar", São Paulo: LTr, 2002, pp. 19/20). Aquela lei, revogada em 2001, não previa a enorme responsabilidade suscitada, mais ainda as conseqüências para o futuro do sistema que quis prestigiar e incentivar. Na verdade, agora, ainda abre espaço para reflexões, merecendo estudos balizados, monografias minuciosas e pareceres aprofundados. A escassez de bibliografia no Direito Complementar é gritante, convindo os especialistas meditarem até a detenção do melhor caminho. Comandos relativos a esse distanciamento do provedor, designado vulgarmente como retirada de patrocinadora, não estão ainda sistematizados no Direito Previdenciário à altura das necessidades, justificando maiores considerações para que a eventual infração fique bem decantada, valendo ressaltar: a) possibilidade jurídica; b) fontes formais; c) razões técnicas; d) conseqüências; e e) vigência.

13. Possibilidade jurídica — Exercitando liberdade inerente à faculdade contratual, em algum momento (que deve ser definido na lei), a empresa está autorizada a deixar de financiar a complementação ou parte desse esforço econômico. Quem tem o poder de constituir há de desfrutar ou de desconstituir, mas o raciocínio não é tão simples assim. Porque o Direito próprio dessa faculdade pressupõe sinalagmaticamente certo dever de responsabilização.

14. Fontes formais — São consideradas fontes formais os arts. 1º, IV e 170, II, da Carta Magna e os arts. 25 e 33, III, da LBPC. Até o advento da EC n. 109/

01, embora a matéria devesse ser cuidada por lei, encontrava-se disciplinada tão-somente na Resolução CPC n. 6/88 e em ensaios doutrinários não oficiais. Juridicamente, não existia dever constitucional, apenas a convenção e o respeito ao direito adquirido, e, se ajustado, a observância da expectativa do direito.

15. Razões técnicas — Os motivos dessa decisão são muitos, entre outros, dando-se por alienação (privatização, estatização, absorção, incorporação, fusão ou cisão) ou insolvência (concordata ou falência, extinção ou liquidação). E, ainda por volição própria e até por desencanto com o sistema protetivo. Muitos cuidados têm de ser tomados. Quando a patrocinadora se afastar sem que o plano esteja capaz de enfrentar os tumultos supervenientes, essa ação causará prejuízos irreversíveis para os participantes. Estes poderiam, no curso do tempo, ter encontrado outros meios de proteção, e o dano defluente carece ser indenizado. O correto é a lei impor, quando da constituição da EFPC, que o pacto disponha sobre tal evento e quais as obrigações da criadora. O Convênio de Adesão, aludido no *caput* do art. 13, deveria mencionar a obrigatoriedade da cláusula relativa aos consectários da retirada do patrocínio.

16. Conseqüências — No plano filosófico, se o Convênio de Adesão substanciado nos atos constitutivos da entidade não fixou regras a respeito, é discutível o dever da provedora de garantir o sucesso do plano até desaparecer o último titular da relação jurídica, pelo menos até 29.5.01, mas a LBPC não estabeleceu bem claramente essa regulação. Assim, os participantes ficam sujeitos à extinção da provedora, que, aliás, pode perecer por motivos econômicos ou não.

17. Vigência — Há ainda, e sobretudo, a data do início da eficácia dos dispositivos comentados, isto é, saber se eles se aplicam às entidades criadas após 29.5.01 ou se valem exclusivamente para as anteriormente constituídas. Em respeito ao ato jurídico perfeito, julga-se que a validade é total no respeitante às novas entidades, implantadas; *in casu*, a provedora tinha consciência da obrigação.

18. *Nomem juris* — Extinção do plano e retirada de patrocínio (de patrocinadora, se EFPC não associativa) são designações que sinteticamente descrevem bem a eventual infração, lembrando-se, claro, que *in casu* não é disso que trata o art. 85, mas de fazê-lo sem autorização da SPC.

19. Elemento subjetivo — Extinção de um plano ou retirada de patrocínio é um fenômeno vasto, complexo e de grandes significados, decisão tomada ao longo do tempo, amadurecida no comum dos casos e adotada como última alternativa. Mesmo na figura da substituição do plano pressupõe exame prévio, detida análise, estudo aprofundado e muitos cuidados operacionais. Ninguém os envidaria sem a deliberada intenção de fazê-lo, somente por vontade própria, muitas vezes desejo coletivo aprovado pelo Conselho Deliberativo da EFPC.

20. *Iter criminis* — Esta infração é modalidade que, pela sua complexidade formal e temporal admite *cogitatio*, atos preparatórios, tentativa e consumação, ou seja, todo o *iter criminis* infracional, mas à evidência, somente o ato final consumativo é punível. Antes disso a SPC tem de tomar providências de variada ordem.

21. Tipo de procedimento — Quem não comunica fatos tão relevantes quanto os cominados nas normas à SPC o faz omissivamente.

22. Objetividade jurídica — Não é muito difícil apontar o escopo do legislador com o plano e o seu patrocínio, de vez que na previdência fechada com plano contributário, a presença do provedor é altamente significativa e responsável pela saúde da EFPC. Ele quer que a entidade não tome qualquer atitude que induza a esses resultados sem que o MPS seja comunicado, consultado e que ofereça outras soluções.

23. Sujeito passivo — Nas duas hipóteses é ofendido o poder do Estado de monitorar o segmento e, em matéria substantiva, são bastante prejudicados os participantes.

CAPÍTULO LXXXVI

INSCRIÇÃO INDEVIDA

Art. 86. Admitir ou manter como participante de plano de benefícios pessoa sem vínculo com o patrocinador ou com o instituidor, observadas as excepcionalidades previstas na legislação.

Penalidade: multa de R$ 20.000,00 (vinte mil reais), podendo ser cumulada com inabilitação de dois a dez anos.

Remissão: arts. 8º, 16 e 31, da LBPC;
art. 1º, § 1º, da Lei n. 6.435/77;
art. 11 do PBPC;
art. 12 do PCSS;
Lei n. 11.196/05;
art. 9º do RPS;
art. 37, XXIII, do Decreto n. 4.206/02.

Não deixando dúvidas quanto ao alcance da disposição, ou seja, ela referir-se à inscrição indevida ou à manutenção igualmente imprópria da filiação ao plano de benefícios, o art. 86 cuida dessa situação ímpar de quem não reúne as condições para ser participante (e as hipóteses são muitas). Diz respeito não só à EFPC patrocinada como a instituída, devendo-se lembrar que neste último caso, isto é, da entidade associativa, quando órgão de controle do exercício profissional, *ex vi legis*, ela própria tem atribuição legal para definir os seus membros (gerando evidentes conflitos de competência).

Imaginem-se as dificuldades criadas para a gestão da EFPC, sabendo-se que as pessoas adquirem a qualidade de filiado como empregado ou associado (I), elas as mantém (II), as perdem (III) e as recuperam em diversos cenários (IV) e, principalmente, que esse vínculo jurídico freqüentemente é discutido no Poder Judiciário. Basta lembrar que o INSS tem atribuição para desconstituir falsos contratos de pessoas jurídicas ou de autônomos prestadores de serviços, considerando-os os empregados do art. 3º da CLT. E que a EFPC, a esse respeito, nem sempre tem conhecimento do que está acontecendo na patrocinadora.

Ab initio será preciso explicitar quem está autorizado a fazer parte de um fundo de pensão, devendo-se recorrer à LBPC, norma em que fica claro serem os empregados de um modo geral (da patrocinadora e da patrocinada), os associados e os empregados das entidades setoriais (quando sejam também associados).

Este dispositivo não regra matéria relativa a outros beneficiários. Caso se constate a presença de pessoas que não são verdadeiramente dependentes do participante — bastando examinar a discusão técnica vigente no RGPS —, especialmente se estiverem auferindo benefícios, talvez seja o caso de pensar na infração genérica aludida no art. 110 do RPPC.

Para os fins do art. 8º da LBPC, participante é "a pessoa física que aderir aos planos de benefícios", dicção que não explica nada sobre quem pode ser esse inscrito. Seguidas vezes a LBPC utiliza a expressão "participante", usa disposição didática, pretendendo uniformizar o tratamento semântico, rejeitando as designações "segurados" ou "beneficiários". Mas no fundo e na essência, os incluídos são os empregados ou associados, respectivamente das patrocinadoras ou instituições, isto é, normalmente segurados obrigatórios do RGPS.

Não se sabe por que muitíssimos Convênios de Adesão, Estatutos Sociais e Regulamentos Básicos tratam a patrocinadora como "participante", quando, em face da natureza e da sua "cooperação", ela é coadjuvante da ação protetiva, podendo ser classificada como provedora ou simplesmente patrocinadora. Diante da EFPC não associativa, embora implante a entidade, o título de instituidora não é salutar (exatamente para não confundir com os criadores da EFPC associativa).

Quando o art. 86 se refere ao participante está aludindo à pessoa física. Ele é o segurado, ou seja, o protegido pelo sistema supletivo, que tenha aderido ao plano de benefícios da entidade. No caso da EFPC, empregado ou outro prestador de serviços à empresa (art. 31). Tratando-se de associação de classe, o associado, se for o servidor estatutário, não há necessidade de estar efetivado, bastando a posse e o início do exercício.

Tanto quanto o segurado do RGPS, como se verá, em relação à qualidade de participante, ele: a) não tem; b) adquire; c) mantém; d) perde; e e) readquire o vínculo jurídico. O mesmo vale para os seus dependentes. O legislador não lhe atribui título específico, mas usualmente quando o participante se retira da patrocinadora sem se afastar da EFPC, prosseguindo a contribuir e por conta própria, é chamado de vinculado (ou autopatrocinado).

Repete-se *ad nauseam*. Somente a pessoa física pode ser participante ou beneficiária; a jurídica não é destinatária da norma protetiva de previdência complementar (nem da básica). Isso lembra a Lei n. 11.196/05, que autoriza a constituição de pessoas jurídicas em relação a ex-empregados ou autônomos *(sic)*. Isso sucedendo regularmente, a patrocinadora tem o dever de comunicar à EFPC a mudança do *status* jurídico desses obreiros. *De lege ferenda* a matéria terá de ser examinada pelo MPS, para que a regulamente em particular, senão deixará de atingir os propósitos daquela lei.

Igual providência se impõe diante da reclamação trabalhista de indivíduos contratados mediante pessoa jurídica ou autônomo, que acabam obtendo o reconhecimento do vínculo empregatício, tornando-se previdenciariamente capazes de serem participantes.

Se a empresa contrata um plano de benefícios gerido por entidades abertas em favor dos seus empregados, preferindo não instituir EFPC, nem por isso se pode dizer que ela é filiada a esse plano. Por se tratar de pessoa física, o titular terá de ter capacidade física, civil, econômica e previdenciária. Quem ingressa inapto para o trabalho não poderá fazer jus à complementação de benefícios por incapacidade, mas terá direito a outras prestações.

No § 1º, o art. 16 da LBPC equipara "aos empregados e associados a que se refere o *caput* os gerentes, diretores, conselheiros ocupantes de cargo eletivo e outros dirigentes de patrocinadores e instituidores". No art. 31 volta a falar em "empregados de uma empresa ou grupo de empresas e aos servidores da União, dos Estados, do Distrito Federal e dos Municípios, entes denominados patrocinadores" (inciso I) e aos "associados ou membros de pessoas jurídicas de caráter profissional, classista ou setorial, denominadas instituidores" (inciso II). Com tudo isso se tem legalmente o universo dos que podem participar de um fundo de pensão.

Tendo em vista o nível pecuniário da multa e a possibilidade elevada da inabilitação, ambas exageradas para a ocorrência, a SPC cercar-se-á de maiores cuidados porque, às vezes, a EFPC está litigando com os oponentes exatamente sobre a validade da inscrição, devendo, no caso, aguardar a solução dessa pendência.

A par do falecimento, comprovado por certidão de óbito, duas outras situações caracterizam a contingência protegida da pensão por morte, critério copiado pela maioria dos regulamentos básicos: ausência e desaparecimento. Se esse segurado faleceu, a sua inscrição se tornará indevida desde a data do óbito, mas tal cenário não decanta a infração.

1. *Nomem juris* — Levando em conta que a expressão "inscrição indevida" abarca não só o ato inicial como o fato dinâmico (sua permanência), essa pode ser a titulação que cabe à infração.

2. Elemento subjetivo — Nem sempre o fato punível sobrevirá por disposição expressa de quem de direito, ocorrendo por imperícia do gestor.

3. *Iter criminis* — Ato simples, raramente se pensará em tentativa; no mais comum dos casos quando se descobrir a ilicitude, ela estará consumada.

4. Tipo de procedimento — O ato humano estudado é comissivo; dificilmente, ele acontecerá por omissão de alguém.

5. Objetividade jurídica — A disposição pretende a lisura da relação jurídica entre o participante e a EFPC, de vez que somente são admitidos aquele que a lei desejou.

6. *Modus operandi* — A infração ocorre quando a entidade, cônscia de que aquela pessoa não poderia ser ou estar inscrita, autoriza a admissão ou permite que ela continue produzindo efeitos jurídicos indesejados. Se o trabalhador era tido como empregado, mas a Justiça do Trabalho entende diferente, ele deve ser afastado da EFPC, sem caracterizar a infração.

7. Sujeito passivo — O prejudicado pela inclusão indevida é o plano de benefícios e, ausente a má-fé, até mesmo o beneficiário da infração.

CAPÍTULO LXXXVII

TERCEIRIZAÇÃO DA GESTÃO DOS RECURSOS

Art. 87. Deixar, a Entidade Fechada de Previdência Complementar constituída por pessoas jurídicas de caráter profissional, classista ou setorial, de terceirizar a gestão dos recursos garantidores das reservas técnicas.

Penalidade: multa de R$ 15.000,00 (quinze mil reais) ou inabilitação pelo prazo de dois anos.

Remissão: arts. 12 e 31 da LBPC;
Lei n. 6.024/74;
Resolução CMN n. 2.829/01.

Conforme o art. 4º da LBPC, basicamente as entidades são classificadas em abertas e fechadas. Estas últimas, por seu turno, didaticamente dividem-se em patrocinadas, instituídas e públicas (art. 12). Quando as coleciona, a LC n. 109/01 estabelece certa confusão, ora referindo-se à entidade, ora ao plano de benefícios e, por último, ao plano de benefícios da entidade. Semanticamente, a entidade é fechada; os planos são acessíveis aos empregados da patrocinadora ou associados das instituidoras (isto é, são "abertos" para a inscrição deles, já que ela é facultativa). Mas não fará mal se chamar a esses planos de fechados.

Assim, para os efeitos do dispositivo adjetivo enfocado, *grosso modo*, convém deixar bem claro quais os três tipos de entidades fechadas: a) patrocinadas por empresas privadas (e até mesmo estatais); b) providas — no sentido de instituídas e patrocinadas — por entes políticos; e c) instituídas por associações (entidades de classe, profissionais e setoriais). Interessam mais de perto estas últimas, designadas, como preferimos, de associativas.

Elas têm a particularidade de a instituidora não as patrocinar na medida em que não contribuem com recursos financiadores, mas provê-las, querendo-se dizer que as implantam, organizam a sua gestão, acompanham e cooperam materialmente com as instalações. E, é claro, exercem outros papéis das patrocinadoras, quando compatíveis. No art. 31, II, quando a LBPC fala dos seus participantes, refere-se aos "associados ou membros de pessoas jurídicas de caráter profissional, classista ou setorial, denominadas instituidoras".

Dispondo substancialmente sobre a matéria enfocada pelo art. 87 do Decreto n. 4.942/03, diz o art. 31, § 2º, I, da LBPC, que elas deverão "terceirizar a gestão dos recursos garantidores das reservas técnicas e provisões mediante a contratação de instituição especializada autorizada a funcionar pelo Banco Central do Brasil ou outro órgão competente".

Saliente-se que diferentemente deste dispositivo reproduzido, o art. 87 fala em terceirizar a gestão de reservas técnicas, não incluindo as provisões ou fundos.

1. Terceirização — Significa não gerir ela própria os recursos do plano de benefícios. Vale dizer, transferir essa importante responsabilidade para pessoas jurídicas selecionadas. Noutras palavras, profissionalizar a administração dos instrumentos que exprimem as reservas técnicas.

2. Gestão de recursos — É atividade bastante complexa; implica o armazenamento de capitais com vistas à produção de rendimentos normais (alugueres) e de frutos financeiros (aplicações). Uma atividade nitidamente financeira acompanhada de perto pelo Banco Central do Brasil. Pelo que se entende pode ser cometida à pessoa jurídica idônea, bem escolhida no mercado de capitais, depois de ouvidos os especialistas na matéria.

3. Recursos garantidores — Entendam-se os recursos garantidores como expressão genérica que inclui os ativos patrimoniais representativos das reservas matemáticas (reservas técnicas), sem incluir, como antecipado, as provisões ou fundos de toda ordem. Na verdade, meios garantidores são todas as modalidades de economia dos capitais acumulados provenientes dos financiadores, dos frutos deles obtidos pelos diferentes mecanismos econômico-financeiros. Isto é, os bens que compõem o patrimônio da entidade.

4. Reservas técnicas — Elas consagram-se como a principal fonte de sustentação das prestações, isto é, as contribuições propriamente ditas e os dividendos delas oriundos em razão das aplicações e com vistas aos compromissos futuros. Economicamente, não há porque se chamar de técnicas, mas a intitulação está consagrada no segmento, distinguindo-as de outras espécies. Fundamentalmente, são reservas porque constituem capitais acumulados para serem consumidos à frente e garantem o desenvolvimento prospecto do equilíbrio do plano.

5. Iniciativa da delegação — Segundo a LBPC, a decisão previdenciária da EFPC não tem opção; terá de adotar a contratação, tema relevante, e a Diretoria Executiva sobrecarrega-se formal, política e tecnicamente com enorme responsabilidade ao fazê-lo, mas neste momento o RPPC dispõe apenas sobre essa obrigação, nada regulando sobre operá-la adequadamente (que é outra infração). Quem administrará os recursos serão instituições financeiras especializadas referidas na Lei n. 6.024/74. Nem a LBPC ou o RPPC se referem ao prazo para que a terceirização suceda, devendo-se entender que assim que esses recursos estiverem amealhados eles devem ser aplicados.

6. Punição — Curiosamente, a penalidade não cumula a pena, mas abre a possibilidade de alternativa: multa de R$ 15.000,00 ou inabilitação por dois anos.

7. *Nomem juris* — O fato descrito no art. 87 do RPPC pode ser designado como não terceirização da gestão dos recursos das entidades associativas. Isso é o que a SPC pretende tentar evitar e punir caso seja comprovado que não aconteceu a transferência dessa atividade.

8. Elemento subjetivo — Ainda que alguém ignore a obrigação (por indesculpável negligência) e se trate de uma ação nitidamente omissiva, a infração reclama a vontade de não terceirizar, ou seja, preferir gestão própria ou não aplicar os capitais acumulados.

9. *Iter criminis* — Praticamente não há *iter criminis*. Uma vez presentes os recursos de vulto significativo (capitais acumulados, como diz a lei) eles têm de ser investidos mediante ação de terceiros, profissionais dessa técnica financeira, consumando-se por ato omissivo da gestão.

10. Tipo de procedimento — Diante da importância da providência a ser tomada não é lícito esperar que alguém proceda comissivamente em relação ao seu dever. Para não terceirizar, que é uma omissão, é preciso a vontade de imobilizar-se.

11. *Modus operandi* — Tendo ciência de sua obrigação, o administrador simplesmente não transfere a responsabilidade para terceiros, que é uma atitude, ou decide que a própria EFPC promoverá as aplicações, revelando, nesta última hipótese, o *animus* de infringir a norma jurídica.

12. Sujeito passivo — A decisão do legislador de não permitir que a EFPC associativa administre a aplicação dos recursos garantidores dos compromissos e que deva transferir essa relevante responsabilidade para terceira pessoa jurídica, pelo menos revela duas coisas: a) o MPS julga que essas entidades, autorizadas a funcionar a partir de 2001, não têm experiência, material humano e capacidade para gerir os recursos e b) o MPS não confia na capacidade de tais organizações de empreenderem essa atividade e julga que profissionalizá-las é melhor para o sistema. Nessas condições quem padece é o plano de benefícios e, por resultado oblíquo, os participantes.

CAPÍTULO LXXXVIII

SEGREGAÇÃO DOS PATRIMÔNIOS

Art. 88. Deixar de segregar o patrimônio do plano de benefícios do patrimônio do instituidor ou da instituição gestora dos recursos garantidores.

Penalidade: multa de R$ 15.000,00 (quinze mil reais) ou inabilitação pelo prazo de dois anos.

Remissão: art. 31, §§ 2º e 3º, da LBPC;
art. 37, XXIV, do Decreto n. 4.206/02.

No art. 31 da LBPC, quando trata da natureza das entidades fechadas e cuida especificamente das patrocinadas, o seu § 3º diz: "Os responsáveis pela gestão dos recursos de que trata o inciso I do parágrafo anterior deverão manter segregados e totalmente isolados o seu patrimônio dos patrimônios do instituidor e da entidade fechada".

Na sua interpretação importa saber que ele fala de três patrimônios distintos: a) do gestor dos recursos pessoalmente considerado (bens particulares, em relação às duas pessoas jurídicas); b) do instituidor (provedor da entidade); e c) da entidade associativa (EFPC).

A referência ao inciso I é para explicitar que nesse momento disciplina sobre as EFPC associativas e não está pensando nas patrocinadas.

Nada obstante a individualidade didática dos dois tipos de EFPC, não há obstáculo para que uma entidade fechada com fundo multipatrocinado acolha um plano referente apenas aos associados de uma entidade profissional, classista ou setorial, o que não condiz com a necessária separação, mas se tem entendido possível. Mais do que nunca se imporá a separação desses patrimônios.

De todo modo, não quer o legislador nem o administrador ministerial que os bens das três pessoas envolvidas (físicas e jurídicas) sejam confundidos, isto é, fusionados, mesclados, envolvidos entre si, devendo jazer civil, patrimonial e contabilmente separados. Ocorrendo alguma mistura jurídica, que os responsáveis sejam punidos.

Quando uma instituidora repassa à instituída parte do seu patrimônio (por exemplo, para as instalações iniciais), esse bem não mais lhe pertence, salvo na hipótese de cessão mediante contrato de aluguel ou arrendamento.

A hipótese idealizada pelo legislador certamente é rara, exceto em se tratando de associações com poucos profissionais conhecedores da Previdência Complementar, especialmente aquelas organizações previdenciárias que no afã de proteger os seus associados, já vinham praticando gestão própria de planos de saúde e julgam poder fazer o mesmo em matéria de previdência social.

No comum dos casos, certamente no início das operações, como lembrado, a instituidora cederá espaço físico, instalações e equipamentos para a EFPC começar a funcionar.

Noutros casos, essa locação não onerosa continuará existindo todo o tempo, porque o vínculo que une o instituidor à instituída é maior do que a ligação do patrocinador com a entidade patrocinada. O provedor fornece inteligência, que pode ser aproveitada nos investimentos, aproximando-se à medida da infração.

Uma modalidade possível de confusão dos patrimônios é o gestor aplicador dos recursos ou a entidade pretenderem investir em bens pessoais do próprio dirigente, convindo lembrar que o resultado positivo da operação nada tem a ver com a infração.

Definindo a infração como sendo: "deixar o patrocinador ou o instituidor de separar o patrimônio da entidade fechada do seu próprio patrimônio" (art. 37, XXIV), o Decreto n. 4.206/02 não era claro ao distinguir a presença dos três bens que devem ficar insulados.

Em compensação, tratando de assunto tão relevante e complexo e querendo ser singela, a redação do art. 88 é muito simples porque, a rigor, apenas diz que os patrimônios terão de ser segregados.

1. *Nomem juris* — Como o exigido pela LC n. 109/01 é a individualidade física e jurídica dos patrimônios das três pessoas relacionadas no negócio complementar, devendo-se ser não comunicantes, por isso "segregação dos patrimônios" explicita bem a possível infração.

2. Elemento subjetivo — Para que a fusão dos bens sobrevenha e, portanto, não esteja presente a desejável separação patrimonial, impõe-se a vontade de alguém, normalmente não sucedendo por culpa, mas exigindo-se o dolo.

3. *Iter criminis* — Quer o legislador a consumação do ilícito, para que a infração comece, mas os procedimentos próprios dessa ação infracional são complexos e podem ser detectados quando do momento de sua realização.

4. Tipo de procedimento — Como é evidente, à falta de um procedimento, não age o autor da providência, caracterizando-se a omissão. Em alguns casos, é claro também, que isso sucede por comissão. Movido por qualquer interesse conflitante com o do segmento, o gestor une os patrimônios.

5. Objetividade jurídica — São afetados os patrimônios envolvidos e com eles até a EFPC e o plano de benefícios. A identidade, a individualidade e a personalidade desses bens são importantes para a apuração das eventuais responsabilidades. Mesclados, seria difícil a conclusão sobre a culpa de cada um.

6. *Modus operandi* — Tratando-se de omissão, o agente permite que a contabilidade do instituidor ou da EFPC confunda-se com a do operador dos recursos.

7. Sujeito passivo — De modo geral, quem tem o patrimônio afetado pela ocorrência é o instituidor, mas haverá casos em que a EFPC também sofrerá com essa agregação de patrimônios em relação ao gestor dos recursos pessoalmente considerado.

CAPÍTULO LXXXIX

SERVIÇOS NÃO PREVIDENCIÁRIOS

Art. 89. Prestar serviços que não estejam no âmbito do objeto das entidades fechadas de previdência complementar.

Penalidade: multa de R$ 20.000,00 (vinte mil reais), podendo ser cumulada com suspensão de até cento e oitenta dias.

Remissão: arts. 4º, 6º e 76 da LBPC;
art. 4º da Lei n. 6. 435/77;
Lei n. 10.431/02;
Resolução CNSP n. 78/02;
IN SPC ns. 34/02, 37/02 e 11/06;
Resoluções CGPC ns. 1.362/87, 1/00 e 16/05;
Circular SUSEP n. 101/93;
IN SRF ns. 89/01 e 497/05;
arts. 1º, III e 37, XXV do Decreto n. 4.206/02;
art. 41, II/III, da Minuta do Regulamento;
Parecer CJ/MPAS n. 2.898/02.

Possivelmente tendo em vista experiências passadas, não deseja o legislador de 2001 que as EFPC (patrocinadas ou instituídas e até mesmo as públicas), exerçam quaisquer atividades que não sejam as especificamente previdenciárias. Reclamando a definição legal, doutrinária e jurisprudencial do que se deva compreender por prestações securitárias ou por benefícios com essência previdenciária (um universo protetivo maior que abrange um universo menor).

Por isso, o art. 6º da LC n. 109/01 dita: "As entidades de previdência complementar somente poderão instituir e operar planos de benefícios para os quais tenham autorização específica, segundo as normas aprovadas pelo órgão regulador e fiscalizador, conforme disposto nesta Lei Complementar".

Sem má-fé, por vezes sucede de o gestor, equivocadamente, entender ser atividade-meio, especialmente por ocasião de aplicações não financeiras, e sobrevirem desvios de suas reais funções previdenciárias.

Um fundo de pensão não é banco de investimentos; também não é caixa econômica e muito menos os seus planos são modalidades de poupanças (a despeito de possuírem pequenas manifestações dessas técnicas). A EFPC não é companhia seguradora — sem embargo de suas prestações apresentarem nuanças com algumas dessas características. Logo, não pode ser organizada sob a forma de empresa mercantil com finalidade lucrativa ou de cooperativa.

Quando alguém se filia ao RGPS ou a uma EFPC pensando na cobertura da incapacidade para o trabalho, temporária ou permanente, está celebrando uma convenção com muita semelhança com um seguro (social), mas nem por isso a entidade fechada assumirá o papel de uma seguradora. Se o fizer, incidirá na norma regulamentar. A permissão para que o participante acresça valores à sua conta individual, pensando em melhorar o nível da renda mensal inicial complementar, não quer dizer que isso seja uma efetiva aplicação financeira.

Não pode servir partidos, ajudar candidatos durante as campanhas eleitorais, nem fazer empréstimos para empresas; seus recursos econômico-financeiros têm de ser apartados para os planos de benefícios. Descabe-lhe mesmo ajudar a própria patrocinadora em dificuldades econômicas ou financeiras (como se pretendeu em relação à Varig).

É inconfundível com companhia de investimentos; suas aplicações financeiras devem ser limitadas a produzir os frutos próprios responsáveis pelos compromissos atuais e futuros, e nada mais.

Rejeita o aval de títulos e não endossa documentos ou dá garantias. Quando compra bens móveis ou imóveis, arrenda ou os aluga, é com vistas em rendimentos, sem atuar como empresa imobiliária.

Em matéria de assistência social ou empréstimos, deve observar o art. 76 da LBPC e atuar naqueles estritos limites, caso contrário incidirá na infração estudada.

Na verdade, positivando a regra, o que o legislador e o administrador deviam fazer para tornar mais fácil a tarefa do aplicador do direito e o seu intérprete, era definir o que entende por "objeto das entidades fechadas", vedando tudo o mais que o contrariasse, porque o domínio das possibilidades é amplo e quase inenarrável. Especialmente na área da atividade-meio, em que se situam as maiores dificuldades operacionais e o limite do que é lícito ou não.

No DOU de 25.11.01 colhe-se o despacho do MPS de 20.11.02, com base no Parecer CJ/MPS n. 2.898/02, em que o sr. Ministro de Estado entendeu que a atuação como "instituição financeira, concedendo empréstimo ou financiamento à pessoa física ou jurídica ou abrindo crédito sob qualquer modalidade", contraria a Resolução CGPC n. 1.362/87, mantendo o AI.

1. Benefícios previdenciários — O conceito legal, doutrinário e jurisprudenciário do que sejam os benefícios da previdência social complementar não é tão simples como parece. A Resolução CGPC n. 16/05, para não deixar margem à dúvida, define o que sejam tais prestações na modalidade de benefício definido (art. 2º), de contribuição definida (art. 3º), contribuições variáveis (art. 4º). A IN SRF n. 89/01 fala em benefício de caráter previdenciário, para os fins do IR. Embora cuidando mais especificamente desse mesmo tributo federal, a IN SRF n. 479/05 menciona aqueles direitos com essa nuança protetiva. A Lei n. 10.431/

02 regulamenta a tributação das prestações de pagamentos com caráter previdenciário. Para efeito do RPPC o que a EFPC deve entender é o ponto de vista do MPS, contido nos seus atos administrativos e só consultando outras normas quando compatíveis.

2. Objeto da entidade fechada — A função de uma EFPC é filiar e inscrever certas pessoas, arrecadar contribuições da patrocinadora e dos participantes, geri-las com vistas ao crescimento do capital acumulado garantidor dos compromissos atuais e futuros, e pagar as complementações de benefícios consagrados, que são, principalmente, prestações continuadas em dinheiro e, excepcionalmente restituir uma parte dessas contribuições (resgate) ou transferi-las para outro fundo de pensão (portabilidade). Fora dessa atividade, *per se* ampla, mas sempre circunscrível, histórica e legalmente convencionada, tudo o mais contraria o seu objetivo previdenciário.

3. *Nomem juris* — Serviços previdenciários, como arrecadar contribuições, aplicar recursos garantidores e pagar prestações constituem o objeto das entidades. Fora desse âmbito, tudo o mais é vedado, cabendo, pois, atribuir o título à infração relativa a esses serviços previdenciários.

4. Elemento subjetivo — Age com vontade bastante definida quem se desvia do escopo da Previdência Fechada, mas é intuitivo que o fará principalmente por culpa, na figura da imperícia ou imprudência, dificilmente por negligência. Julgando estar procedendo para cumprir as obrigações, excede-se nas atividades, vai além das fronteiras do domínio previdenciário e pratica atos proibidos ou não consentâneos com o papel do fundo de pensão.

5. *Iter criminis* — Não será difícil à SPC, sob denúncia ou representação ou o que será mais fácil, por ocasião da fiscalização, constatar não só atos preparatórios como ameaças de praticar a ilicitude, cabendo, de imediato, as providências compatíveis com a não consumação. Às vezes, uma advertência verbal ou escrita será mais útil, inibidora ou educativa do que outra sanção.

6. Tipo de procedimento — A partir do conceito da infração é visível que o autor age comissivamente.

7. Objetividade jurídica — O edifício da previdência complementar apresenta características de uma dessas imensas torres ou arranha-céus, ou seja, devem estar preparadas para enfrentar terremotos, tsunamis e vendavais sem que sua estrutura seja afetada. Daí evitar que os seus esforços sejam baldados com aventuras que extrapolem, com a melhor das intenções, o planejamento previdenciário.

8. *Modus operandi* — De muitíssimas maneiras podem os fundos de pensão desviar-se de seus propósitos constitucionais e legais, mas devem ser levados em conta e estudados com afinco aqueles que estão muito próximos de sua atividade fundamental, que são as aplicações financeiras.

9. Sujeito passivo — A entidade e o plano de benefícios são diretamente afetados por desvios de conduta administrativos e, à evidência, como sói, também os participantes são prejudicados.

CAPÍTULO XC

CLÁUSULA AJUSTADA OU NÃO APROVADA

Art. 90. Descumprir cláusula do estatuto da Entidade Fechada de Previdência Complementar ou do regulamento do plano de benefícios, ou adotar cláusula do estatuto ou do regulamento sem submetê-la à prévia e expressa aprovação da Secretaria de Previdência Complementar.

Penalidade: multa de R$ 10.000,00 (dez mil reais), podendo ser cumulada com suspensão pelo prazo de até cento e oitenta dias.

Remissão: art. 63 da LBPC;
art. 37, XL, do Decreto n. 4.206/02.

O artigo 90 cuida de duas disposições referentes aos atos constitutivos da entidade, às quais chama de cláusulas e que devem ser consideradas: a) as disposições aprovadas pela SPC, que façam parte do ES e do RB e b) aquelas sem a homologação do MPS. Não fala de outros procedimentos administrativos que façam parte do dia-a-dia da EFPC e que não estejam convencionados nesses atos. Se eles descumprirem a LBPC ou preceitos regulamentares, portarias ministeriais, resoluções do CGPC e instruções normativas da SPC, poderão suscitar medidas próprias, mas não esta agora comentada.

O dispositivo esqueceu-se de mencionar o Convênio de Adesão, em que podem jazer preceitos igualmente importantes. Exceto se buscar cobertura na generalidade do art. 110, a SPC terá dificuldade para enquadrar a infração em relação a esse ato constitutivo da EFPC.

Acostando-se à idéia de um possível contrato, referido *en passant* no art. 202 da Carta Magna, provavelmente e na melhor das hipóteses, contrato de adesão, o art. 90 alude à cláusula, em vez de se referir a dispositivos, preceitos ou até mesmo artigos do Estatuto Social, Regulamento Básico da entidade, salientando-se que se esqueceu do Convênio de Adesão, documento importante em que podem ser encontrados comandos essenciais para a estrutura do plano de benefícios.

As normas ora consideradas, que farão parte dos atos constitutivos e que têm de ser aprovadas previamente pela SPC são específicas e dizem respeito à estrutura da EFPC e do plano de benefícios. Mas não são todas e aí sediam-se dificuldades, salvo se ficar bem explícito qual é a competência desses documentos. Determinações, institutos específicos, práticas administrativas fixadas pela gestão da entidade não contempladas pela regulamentação do MPS como obrigatórias.

É importante lembrar que o comando irregular é aquele não expresso nem previamente homologado pela SPC. Teoricamente, se a autorização aconteceu depois da ocorrência sucedida, a infração sobreveio, mas como foi corrigida, não há de ser punida ou se for absolutamente necessário, considerando-se a correção como uma magnífica atenuante. Também é de se considerar que esta norma não cuida da disposição inconstitucional ou ilegal, eventualmente contida no ES ou no RB (e até mesmo aprovada pela SPC).

1. Estatuto Social — Este ato constitutivo da entidade é o documento em que são registradas as principais normas da relação entre a patrocinadora e a patrocinada e a instituidora e a instituída, fixados os princípios regentes do vínculo jurídico, especialmente no que diz respeito à administração (diretoria e conselhos).

2. Regulamento Básico — A par do ES, é o documento que disciplina a inscrição, a contribuição e os benefícios da entidade, de certa forma também podendo ser visto como um decreto regulamentador do ES.

3. Cláusula convencionada — Serão entendidas as convenções firmadas nos atos constitutivos da EFPC, os ditames técnicos que informarão as relações jurídicas entre os três envolvidos: patrocinador ou instituidor, entidade e participantes. À evidência, o art. 90 reporta-se às prescrições legítimas, legais e vigentes; descumprir norma inconstitucional é infração impossível.

4. Cláusula não convencionada — Essa figura não existe, porque a disposição ou foi ajustada ou não faz parte do mundo jurídico, embora existam práticas, usos e costumes que são observados.

5. *Nomem juris* — Descumprir cláusula convencionada indica bem este tipo de evento ou deixar de submetê-la à aprovação da SPC são as duas modalidades de decantação da infração enfocada.

6. Elemento subjetivo — Quem assim procede, move-se comissivamente, com deliberado *animus*, ainda que seja deixar de dar cumprimento à determinação e, omissivamente, quando adota regulamentação da qual a SPC não tenha conhecimento. O julgador, examinando o cenário descrito na apuração dos fatos, não esquecerá que existem atos de boa e de má-fé praticados por pessoas desinformadas, inocentes e bem-intencionadas.

7. *Iter criminis* — Dificilmente alguém conseguirá postar-se na preparação ou tentativa deste acontecimento, chegando imediatamente ao resultado.

8. Tipo de procedimento — A culpa é bastante viável, porque a autuação do administrador se dá por imperícia, imprudência ou negligência, não se reclamando o dolo para que a infração esteja caracterizada.

9. Objetividade jurídica — O artigo quer o cumprimento do pactuado ou que ele chegue ao conhecimento da SPC. Ainda que a relação jurídica seja um misto de instituição e ajuste adesivo, pretende-se proteger essa mesma relação, atribuindo-lhe credibilidade, idoneidade e confiança.

10. *Modus operandi* — Sobrevém a infração quando o agente deixa de cumprir a cláusula convencionada (matéria sempre discutível) ou se a estabelece, não a inclui nas comunicações ao MPS.

11. Sujeito passivo — Na primeira circunstância é ofendida a relação jurídica; na segunda, por via oblíqua o direito do participante; e na terceira delas, sobrevém prejuízo para o monitoramento do sistema.

CAPÍTULO XCI

REORGANIZAÇÃO SOCIETÁRIA

Art. 91. Realizar operação de fusão, cisão, incorporação ou outra forma de reorganização societária da Entidade Fechada de Previdência Complementar ou promover a transferência de patrocínio ou a transferência de grupo de participantes ou de assistidos, de plano de benefícios e de reservas entre entidades fechadas sem prévia e expressa autorização da Secretaria de Previdência Complementar.

Penalidade: multa de R$ 20.000,00 (vinte mil reais), podendo ser cumulada com inabilitação de dois a dez anos.

Remissão: art. 202, § 1º, da CF;
arts. 33 e 38 da LBPC;
Ato Declaratório SRF n. 35/00;
Lei n. 6.404/76;
IN SPC n. 6/95.

O art. 91 tem quatro verbos relativos à entidade: fundir, cindir, incorporar ou reorganizar e mais um verbo: transferir patrocínio ou participantes sem a anuência da SPC, que devem ser explicitados para a configuração da infração. *Newton Cesar Conde* elencou os principais aspectos das transformações societárias ("Fusão, Aquisição e Incorporações de Empresas", *in* "Jornal do 1º Congresso de Fundos de Pensão", São Paulo: ABRAPP, 1997, pp. 32/34), ficando evidentes as dificuldades que existem quando desses acontecimentos.

No inciso II do art. 33 da LBPC, o legislador exemplifica algumas formas dinâmicas relativas à organização das entidades, lembrando a fusão, a cisão e a incorporação. A reorganização societária de empresas é atividade burocrática bastante complexa e pertence ao Direito Comercial. Depois de longos estudos prévios, negociação intensa, aprovação de propostas, são encetadas as providências formais iniciais que resultarão nas modificações desejadas. No tocante às EFPC, em razão de sua tipicidade, essas medidas apresentam outras características e formas institucionais, especialmente no que diz respeito à massa da clientela protegida.

Em virtude do princípio constitucional da transparência, é absolutamente necessário que o administrador da patrocinadora e o gestor da entidade dêem conhecimento das primeiras tratativas aos interessados, promovendo reuniões com associação de aposentados e sindicatos de trabalhadores na atividade.

Essas atividades de preparação podem se constituir em tentativa da infração, que não é sancionada, porque o que o dispositivo explicita é a falta de avisar a SPC, nada mais do que isso. A norma enfocada não veda nem poderia vedar essas reorganizações empresariais das entidades, apenas se preocupa com as conseqüências que daí podem advir para o sistema, às EFPC envolvidas e aos participantes. Também que fique bem claro que não cuida dessas operações comerciais envolvendo as patrocinadoras ou instituidoras.

1. Fusão — Dá-se a fusão de duas ou mais entidades fechadas quando elas reúnem sua estrutura administrativa, associando-se material e juridicamente, conforme documento constitutivo próprio, e com a deliberada intenção de criar terceira EFPC, ainda que com o mesmo objetivo e com isso os patrimônios passarem a ser um só. Tal idéia não se confunde com a do fundo multipatrocinado. Na fusão, preexistem duas ou mais EFPC, ambas individualmente providas, e elas acabam se tornado uma só, fundindo-se as finalidades. Obrigando à revisão dos atos constitutivos, planos contábeis, cálculos atuariais, etc. No fundo multipatrocinado empresas patrocinadoras ou instituidoras se ligam com o escopo de criar a EFPC, ou aderem a uma já existente. Também não podem ser identificadas com as várias hipóteses modernas de reuniões mercantis, grupos de empresas, entidades coligadas ou controladas, sem ocorrer a confusão das personalidades jurídicas dos componentes, apenas de interesses. A figura da fusão é bastante viável quando a patrocinadora adquire outra patrocinadora e resolve unir dois fundos de pensão. Respeitando o direito adquirido, mudanças poderão sobrevir nos planos, ao serem fusionados. Filosoficamente, não é recomendável manterem-se planos distintos para pessoas iguais, trabalhando ombro a ombro.

2. Cisão — A cisão é operação negocial que afeta a personalidade jurídica da entidade, dividida em sua composição, com a criação de dois ou mais fundos daí derivados, obrigada à recomposição organizacional. Não se estranhará, no caso de várias patrocinadoras, no fundo multipatrocinado, que cada uma delas resolva implantar a sua própria EFPC. Pode haver um seccionamento total do patrimônio, de modo de não mais existir a EFPC original e sim, nova entidade ou parcial, em que parte dos bens continua a administrar sob a égide da EFPC original. Essa cisão de atividade difere da separação dos planos num fundo multipatrocinado, que, ainda, continua sendo gerido pela entidade, que não se divide, partilhando-se apenas patrimônios e responsabilidades.

3. Incorporação — Incorporação é modalidade de fusão em que uma entidade absorve outra, aumentando o patrimônio original, se o surgimento de terceira EFPC resultar da fusão.

4. Outras reorganizações — O Direito Comercial conhece inúmeros meios de reorganização societária ou eles poderão ser imaginados, afetando mais ou menos a situação dos participantes.

5. Transferência de patrocínio — Com esta figura o patrocinador é substituído, e pode dar-se por vários meios de alteração da organização societária, como a incorporação, a fusão, a privatização, enfim, modalidades de sucessão

comercial. Se a patrocinadora sofre alguma forma de mudança em sua organização societária, inevitavelmente conseqüente alteração sobrevirá com a patrocinada, posição assumida formalmente por meio de convênio de adesão.

6. Transferência de participantes — A LC n. 109/01 admite a possibilidade de fração de participantes vir a ter novo patrocinador. Nessas condições, grupos de pessoas, particularizadas historicamente, serão atingidos por essa transformação, permanecendo as demais nas condições anteriores. A lei não exige que todos os participantes de um plano fiquem submetidos ao novo patrocínio, podendo a medida alcançar apenas parcela dos trabalhadores.

7. Transferência de reservas — Para raciocinar, partindo-se da idéia simples da portabilidade (transporte de recursos pessoais), na transferência de reservas elas acompanham a migração de um plano para outro e até mesmo de uma entidade para outra.

8. *Nomem juris* — Promover reorganização societária sem permissão das autoridades é a infração descrita no art. 91 do RPPC, sem haver necessidade de o título descrever todas as modalidades operacionais que a integralizam.

9. Elemento subjetivo — A omissão é o elemento substancial da ação da reorganização societária, pois o administrador deixa de requerer a autorização da SPC para que a proceda.

10. *Iter criminis* — Reorganização societária é operação complexa que pressupõe inúmeras atividades administrativas formais, materiais e jurídicas, enfim, um conjunto múltiplo de ações, medidas e procedimentos que podem ser interrompidos no curso dessas providências, admitindo, destarte, a tentativa.

11. Objetividade jurídica — As transformações operadas nas EFPC, no que diz respeito à fusão, cisão e incorporação, são relevantes para a sua organização. Por outro lado, transferência de patrocínio ou de participantes produz conseqüências fáticas e jurídicas que não podem ocorrer sem o monitoramento do MPS.

12. Tipo de procedimento — Não tomar as providências reclamadas pela LC n. 109/91 raramente sucederá em virtude de desconhecimento (imperícia), idéia de correr riscos (imprudência) e falta de cuidados mínimos (negligência). Quando isso acontecer, provavelmente se deverá à vontade de assim agir.

13. *Modus operandi* — Os complexos atos que compõem a infração acontecem por quem tem o dever de providenciá-los, que deixa de dar ciência à SPC de tais fatos.

14. Sujeito passivo — A principal vítima da ação deletéria é o MPS que sofre a diminuição de sua autoridade.

CAPÍTULO XCII

ESTRUTURA NÃO LEGALIZADA

Art. 92. Instituir ou manter estrutura organizacional em desacordo com a forma determinada pela legislação ou manter membros nos órgãos deliberativo, executivo ou fiscal sem o preenchimento dos requisitos exigidos pela legislação.

Penalidade: multa de R$ 10.000,00 (dez mil reais), podendo ser cumulada com inabilitação de dois a cinco anos.

Remissão: arts. 31 e 34 da LBPC;
art. 4º da Lei n. 6.435/77;
Resolução SUSEP n. 65/01;
art. 52 da Minuta do Regulamento.

A LC n. 109/01 interfere significativamente na organização interna da EFPC, disciplinando vários aspectos de sua ordenação interna, como já o fizera a Lei n. 6.435/77. Ainda que seja pessoa jurídica de direito privado sofre uma séria influência do poder do Estado interventor, que age movido pela idéia de que a gestão administrativa padronizada pelo MPS deve ser aquela adequada à função exercida e a que, presumidamente, produzirá os melhores resultados. Avizinhando-se de alguma inconstitucionalidade.

Externamente, no que diz respeito ao Direito Comercial, tais instituições atípicas só podem ser organizadas sob a forma de fundações de direito privado ou associações civis, ambas sem fins lucrativos (LPBC, art. 31, § 1º). Eventualmente, no que diz respeito ao fundo de pensão do servidor público, ser gerida por fundações de direito público. Logo, sem ser empresa comercial, isto é, sociedade por quotas de responsabilidade limitada, sociedade anônima ou cooperativa.

Internamente, a LC n. 109/01 estabelece uma estrutura mínima composta por Diretoria Executiva, Conselho Deliberativo e Conselho Fiscal. Entes gestores presentes e convencionados nos seus atos constitutivos elementares: Convênio de Adesão, Estatuto Social e Regulamento Básico (LBPC, art. 34).

O art. 92, como já o fizeram outros, divide a infração em duas: a) ter ou manter estrutura inadequada em relação à legislação e b) manter (esqueceu-se do empossar) membros dos conselhos administrativos.

1. Diretoria Executiva — O órgão dirigente da entidade, na medida em que operacionaliza as atividades-meio e as atividades-fim da instituição é a Diretoria

Executiva, cumprindo as diretrizes dos entes supervisores ministeriais e diferentes conselhos próprios, executando as tarefas diuturnas da organização intramuros com vistas ao cumprimento das disposições legais e as convencionadas nos três atos constitutivos. Como em quase todas as associações, ela é quem efetivamente gestiona, para isso pratica os atos inerentes à condução do empreendimento. Seus membros são os que mais correm riscos de incidirem nas infrações dos arts. 68/110 do Decreto n. 4.942/03.

2. Conselho Deliberativo — Ente coletivo paritário postado no ápice da pirâmide da supervisão interna da entidade. Seu papel é estudar, esmiuçar e enfrentar as grandes questões apresentadas, ou imaginá-las, discutir e tomar as decisões importantes, sopesar e encaminhar as políticas da EFPC, enfim, exercer o superior comando, sem executá-lo efetivamente (papel reservado à Diretoria Executiva). Segundo o art. 52 da Minuta do Regulamento: "órgão máximo da estrutura organizacional da entidade fechada, é responsável pela definição da política geral de administração da própria entidade e de seus planos de benefícios, pelo estabelecimento da política para aplicação dos recursos garantidores e pela aprovação dos planos de custeio elaborados pelo atuário". Deliberando por maioria simples, algumas matérias são de sua competência:

> I — política geral de administração da entidade e do plano de benefícios — quando estudadas a centralização ou a divisão dos encargos, a terceirização de serviços ou não;
>
> II — alteração do Estatuto Social e do Regulamento Básico, implantação e extinção de planos, e retirada de patrocinador ou instituidor — amplos aspectos dos atos constitutivos, regras explícitas sobre a transferência ou fim de planos ou da própria entidade;
>
> III — gestão de investimentos e proposta de aplicação de recursos — como operar a profissionalização dos investimentos dos capitais;
>
> IV — nomeação e exoneração dos membros da Diretoria Executiva — aspectos funcionais da designação ou eleição, posse, exercício, bem como a suspensão de mandato;
>
> V — apuração de responsabilidades pelas ações dos seus administradores — instalação de comissão de sindicância e inquérito com caráter administrativo; e
>
> VI — exame, em grau de recurso, das decisões da Diretoria Executiva — efetivação dos princípios fundamentais de Direito Previdenciário Procedimental no âmbito administrativo interno (art. 53).

3. Conselho Fiscal — À evidência, o papel do Conselho Fiscal é auditar o cumprimento da LBPC, do Convênio de Adesão, do Estatuto Social e do Regulamento Básico, bem como dos atos normativos emanados dos entes supervisores do MPS, ou suas recomendações. E, é claro, das resoluções das divisões internas. Principalmente, analisar e avaliar as contas, expressando suas conclusões em relatórios com notas técnicas, pareceres e votos, decisões constantes de livro próprio, igualmente bem divulgadas. O ideal é que dele façam parte, no mínimo, um advogado, um economista-financista e um contador. Para o § 1º do

art. 54 da Minuta do Regulamento, ao Conselho Fiscal compete "a análise e a avaliação das contas da entidade, bem como a elaboração dos respectivos pareceres e votos, devidamente registrados em livro próprio, revestidos das formalidades legais". Sobre a organização do Conselho Fiscal algumas idéias podem ser colhidas na Lei das Sociedades Anônimas.

4. Estatuto Social — O ES deverá contemplar "a forma de escolha dos representantes de participantes e assistidos para integra os conselhos de que traga o *caput*" (regra a participação dos dois conselhos) "por meio de processo eletivo direto ou indireto, com garantia de participação dos representados no respectivo processo eleitoral" (Minuta do Regulamento, art. 55, § 2º). Como salientado, é o ato constitutivo da entidade, seu principal papel é prever a organização interna e a composição dos dois conselhos e da Diretoria Executiva.

5. Regulamento Básico — Quando a LC n. 109/01, em seu art. 10, menciona a expressão "regulamento", a impressão que fica é que reserva a esse ato constitutivo específico o papel de depositário das cláusulas convencionadas com os participantes, de certa forma silenciando quanto ao Estatuto Social. Entendendo-se o regulamento no sentido de repositório da convenção, o ES estaria incluído. De qualquer forma, ele contemplar esses cuidados não será demais, a sua ausência (se presente do Regulamento Básico) diante do texto, que não ignorar a diferença entre os dois, não significará inadimplência sancionável. É da tradição do Regulamento Básico explicar as condições predisponentes para que se firme a relação jurídica de Previdência Complementar. Entre muitíssimas outras podem ser lembradas:

a) procedimento da inscrição;

b) fase da instrução, decisão e emissão do certificado;

c) encaminhamento do expediente formal de adesão;

d) dever de entrega do ato constitutivo;

e) ciência do vulto do aporte mensal;

f) referência à possibilidade de alterações em matéria de custeio e de benefícios;

g) tipo do plano (CD, BD, híbrido, etc.);

h) regime financeiro (capitalização ou repartição);

i) prazo de decadência e prescrição para exercício do direito;

j) critério de elegibilidades (evento determinante, tempo de contribuição, período de carência, limites de idade, etc.);

l) fórmula de cálculo da renda mensal inicial;

m) *vesting*;

n) nível do resgate;

o) explicitação esmiuçada da portabilidade;

p) explicação esmiuçada da portabilidade;

q) método de aplicação das reservas e provisões financeiras;

r) gestão interna da EFPC;

s) referência à não-subsidiaridade;

t) Direito Procedimental (formulação dos entes decisores e recursos);

u) normas sobre a retirada da patrocinadora ou condições da vinculação ao plano do afastado da patrocinadora; e

v) regime repressivo.

6. *Nomem juris* — Constituída a EFPC, sua organização interna deve observar os parâmetros fixados ministerialmente, de tal sorte que a organização de EFPC sem a observância da lei descreve bem a ocorrência punida pelo art. 92.

7. Elemento subjetivo — Age comissivamente quem (?) não monta a estrutura da entidade sem perfilhar as determinações da LC n. 109/01 ou dos atos normativos do CGPC e da SPC. Certamente não o fará por omissão, porque tem de dar importância a essa organização.

8. *Iter criminis* — A constatação de que a EFPC foi estruturada em desconformidade com a LBPC ou o acolhimento de gestores sem os requisitos legais é normalmente possível quando consumada essa ação administrativa, tornando praticamente impossível a tentativa.

9. Objetividade jurídica — O dispositivo enfocado pretende instrumentalizar a instituição dirigente com os meios indispensáveis à realização dos seus propósitos, que é de arrecadar contribuições e pagar benefícios e fazê-lo como o modelo esculpido pela legislação.

10. Tipo de procedimento — Embora ele seja muito mais difícil de ser constatado, porque o será no mais das vezes subjetivo, o dolo deverá estar presente nesta ação, mas, certamente, é só por culpa que alguém montaria uma entidade sem os órgãos dirigentes.

11. *Modus operandi* —Age o instituidor sem os cuidados legais e organiza uma entidade sem um dos órgãos gestores ou, o que será mais comum, admite como diretores ou conselheiros as pessoas que não preencham os requisitos legais.

12. Sujeito passivo — Ocorrida a infração, ela agride a organização da EFPC.

CAPÍTULO XCIII

DADOS DO APLICADOR

Art. 93. Deixar de prestar, manter desatualizadas ou prestar incorretamente as informações relativas ao diretor responsável pelas aplicações dos recursos do plano de benefícios da entidade fechada de previdência complementar, bem como descumprir o prazo ou a forma determinada.

Penalidade: multa de R$ 10.000,00 (dez mil reais), podendo ser cumulada com suspensão pelo prazo de até cento e oitenta dias.

Remissão: art. 35, § 5º, da LBPC;
Decreto-lei n. 73/66;
Resolução TCU n. 248/90.

Diz o art. 35, § 5º, da LC n. 109/01: "Será informado ao órgão regulador e fiscalizador o responsável pelas aplicações dos recursos da entidade, escolhido entre os membros da diretoria-executiva".

Dispõe a LBPC, conforme o texto acima, um dever da EFPC de municiar o CGPC e a SPC com informações relativas à pessoa física do responsável pelas aplicações. Na verdade, o legislador deveria ter dito informar "o nome" desse responsável e, é claro, suas qualificações, para que o MPS possa exercer o monitoramento cabível.

O Decreto n. 4.942/03 indevidamente ampliou a obrigação da EFPC ao não mencionar a quem se deve prestar as informações, quando estendeu a exigência, falando em manutenção dos seus dados, os prazos e os procedimentos formais. Assim, a infração difere da descrição legal e sujeita a entidade ao dever em relação também aos participantes.

A Diretoria Executiva obriga-se a prestar as informações ao MPS. Seu dever é de informar o nome e a qualificação da pessoa com a responsabilidade indicada na lei, a duração do seu mandato e eventuais substituições ocorridas. Vale lembrar que não é só aos entes supervisores que as EFPC devem atender. A Resolução TCU n. 248/90 exige: "informações anuais e detalhadas sobre as respectivas EFPP integrarão as prestações de contas dos administradores, das entidades da Administração Indireta ou de outras sob a Jurisdição do Tribunal" (art. 2º).

Do parágrafo único consta: "As informações de que trata este artigo deverão ser constituídas dos seguintes elementos: a) relação dos administradores, membros de conselhos deliberativos, consultivos, fiscais ou assemelhados da Entidade de Previdência Privada".

Por sua vez o art. 3º, III, enuncia: "recomendar às Estatais patrocinadoras, quando caracterizadas infrações ou irregularidades, apenas dos administradores, membros de conselhos deliberativos, consultivos, fiscais ou assemelhados das Entidades de Previdência Privada, as sanções estabelecidas no regime disciplinar-repressivo (art. 75 da Lei n. 6.435/77), na forma prevista no art. 35, §§ 1º e 2º do citado diploma legal".

Os entes supervisores do MPS armazenarão informações, entidade por entidade, gestor por gestor, dos ocupantes do cargo referido, com os seus períodos de atuação.

1. Responsável pelas aplicações — É profissional especializado em Ciências das Finanças ou Economia, a quem se atribuirá a função principal de empreender os investimentos da entidade, esforço, à evidência, dos mais delicados e relevantes, a ser acompanhado *pari passu* por toda a Diretoria Executiva. A partir da determinação da lei, se antes não tinha, agora passa a assumir extraordinário realce no segmento e para a entidade mesma, especialmente diante da inexistência de limites em sua eficácia.

2. Aplicações — São operações mercantis, em que presente o investidor, pessoa física ou jurídica, que negocia bens rentáveis, títulos públicos ou comerciais de toda ordem, ações e outros valores ou bens, com vistas à obtenção de juros, dividendos, alugueres ou vantagens financeiras. Trata-se de ente significativo da entidade, talvez o seu coração, uma vez que dos resultados positivos ou negativos dependerá o sucesso econômico do plano de benefícios.

3. *Nomem juris* — A ocorrência penalizada consiste em não fornecer ao MPS (e outros órgãos) os dados pessoais relativos ao responsável pelas aplicações no prazo legal. Portanto uma omissão complexa que envolve não prestar as informações, mantê-las desatualizadas ou descumprir os termos fixados para isso. Todas referentes a uma pessoa física, logo, cabe uma designação relativa aos dados do aplicador.

4. Elemento subjetivo — É evidente a figura da omissão, porque ausente a informação, falha no sentido de precária ou fora do prazo.

5. *Iter criminis* — O procedimento reclamado da EFPC é dinâmico, sucede no curso de alguns acontecimentos relativos às aplicações, mas como se trata de uma missão, dificilmente se poderá falar em tentativa. Ou a entidade omite os dados ou não.

6. Objetividade jurídica — Acompanhar monitoradamente, na medida do possível, o equilíbrio do plano, assinaladamente no que diz respeito às contas, talvez seja a mais nobre das funções dos entes supervisores, dado o extraordinário valor que tem a realização dos frutos dos investimentos. Provavelmente a maior parte das receitas garantidoras dos compromissos futuros se deva à renta-

bilidade das aplicações. Tendo em vista a pessoalidade dessa providência, escolha individual, ressalta a importância óbvia de quem vai fazê-lo. Daí a relevância de saber qual o responsável por essas providências. E daí o controle.

7. Tipo de procedimento — A ninguém é dado desconhecer esta norma jurídica e não será fácil sustentar que não ocorra o atendimento por culpa, logo, estando presente a idéia do dolo (mas que não será condição para a consumação).

8. *Modus operandi* — Os gestores da EFPC não procedem como manda a lei.

9. Sujeito passivo — Os órgãos supervisores do MPS, tão atingidos pela ação deletéria, sofrendo também aqueles que desejam informações sobre a figura do aplicador.

CAPÍTULO XCIV

OBSTRUÇÃO À FISCALIZAÇÃO

Art. 94. Deixar de atender à Secretaria de Previdência Complementar quanto à requisição de livros, notas técnicas ou quaisquer documentos relativos aos planos de benefícios da Entidade Fechada de Previdência Complementar, bem como quanto à solicitação de realização de auditoria, ou causar qualquer embaraço à fiscalização do referido órgão.

Penalidade: multa de R$ 20.000,00 (vinte mil reais), podendo ser cumulada com suspensão pelo prazo de até cento e oitenta dias.

Remissão: art. 41 da LBPC;
art. 41 da Lei n. 6.435/77;
art. 33 do PCSS;
arts. 14, *b* e 18, *c* do Decreto n. 81.240/78;
arts. 229/237 do RPS;
Decreto n. 1.317/94;
IN SPC ns. 4/95, 9/96, 10/96 e 15/97;
Despacho da SPC de 8.2.91.

A disposição do art. 94 é quase não previdenciária; reporta-se às relações funcionais entre a SPC e as EFPC. Por força de lei as entidades são obrigadas a prestarem informações ao MPS e, notificadas para tanto, quando isso acontece e não atendem, ficam sujeitas a estas penalidades do Decreto n. 4.942/03.

O tema está diretamente envolvido com o monitoramento das entidades, operado epistolarmente, mediante a nomeação do administrador, fiscalização e intervenção. Para tanto se impõe um contato material ou virtual e, em alguns casos, implica em correspondência mediante a qual a SPC (de Brasília) requisita documentos e até mesmo pessoalmente, na modalidade de atuação fiscalizatória (na sede social da EFPC).

Reza o art. 41 da LBPC que os auditores e servidores da SPC podem "requisitar e apreender livros, notas técnicas e quaisquer documentos, caracterizando-se embaraço à fiscalização, sujeito às penalidades previstas em lei, qualquer dificuldade oposta à consecução desse objetivo".

O pressuposto lógico e jurídico da infração, isto é, o fato que precede a consumação da ocorrência penalizada, é a requisição do documento. Não havendo a provada solicitação anterior não há a infração.

1. Requisição — Requisitar é solicitar verbalmente (quando simples a exigência) ou por escrito (designada como notificação), determinando que sejam apresentados e exibidos os documentos ou as informações de interesse da SPC, dados contabilizados, registrados em livros ou armazenados no computador. Nesse sentido difere de requerer, porque o requisitado está obrigado a fornecer os livros que a legislação contempla. O formalismo da solicitação implantou o Termo de Apreensão de Documentos — TAD (IN SPC n. 9/96) e a IN SPC n. 10/96 definiu infrações e comentou, um a um, os diferentes documentos. Quem é fiscalizada é a pessoa jurídica, a EFPC, e não a pessoa do administrador, mas a SPC pode solicitar a exibição de documento identificador de gestor (atuário, contador, advogado, médico perito, etc.).

2. Apreensão — É ato extremo de exibição e detenção de documentos. Diante da gravidade da providência ela reclama causa determinante efetiva, solenidade e formalidade. Gesto extraordinário, não comporta interpretação extensiva; qualquer abuso nesse sentido pode caracterizar figura assemelhada ao do excesso de exação do Código Penal.

3. Livros — São documentos encadernados, podendo ser estatutários (atos constitutivos da entidade), contábeis (plano de contas, diário, conta corrente, razão, etc.), escriturais (folha de pagamento, recibos, notas fiscais, etc.) laborais (livro ou ficha registro de empregados) e fiscais (guias de recolhimento). Os requisitáveis ou apreensíveis pela SPC são os da contabilidade ou escrituração que digam respeito à parte previdenciária da organização. Mas o INSS pode requisitar outros documentos quando dá cumprimento ao art. 33 do PCSS, o que é outra coisa.

4. Notas técnicas — São estudos emitidos por atuários, em que são estabelecidos os parâmetros prévios das avaliações a serem procedidas nos planos de benefícios.

5. Quaisquer documentos — É uma vala comum que compreende tudo o que envolve o custeio e os benefícios e outros aspectos com a administração da entidade, locução não recomendada em matéria punitiva e que gerará abuso, celeuma e polêmica. Documentos são registros de toda ordem que interessam à criação, manutenção, desenvolvimento, sistematização da entidade, são papéis ou não, incluindo-se forma de expressão de idéias. Às vezes, o fiscalizado cria dificuldades para o fiscalizador e, com isso, sua função não se realiza, impondo-se, destarte, providência de variada ordem, dentre as quais as sancionadoras. Para que sobrevenham essas medidas extraordinárias reclama-se a definição desse cenário de oposição ao fato da auditagem.

6. Embaraços — É obstrução deliberada da ação fiscalizadora, demora ou recusa na entrega dos documentos solicitados ou fornecidos incompletos. A respeito da ação fiscal, diz o parágrafo único do art. 2º do Decreto n. 1.317/94: "Ao exame da documentação que envolva operações ou assuntos de caráter sigiloso, deverá ser dado tratamento especial, ficando o fiscal responsável obrigado à guarda da informação e à sua utilização, exclusivamente nos documentos elaborados em decorrência do exercício de suas atividades".

7. Dificuldades — É dicção muito genérica e imprópria por si só. A ação fiscal compreende, basicamente, a solicitação de documentos necessários à verificação da regularidade da EFPC, sua exibição e exame. Posteriormente, quando for o caso, apresentação de relatórios com as conclusões.

8. Embaraços ou dificuldades — São variadíssimos, incluindo inúmeras práticas humanas, como as que seguem:

a) não receber a fiscalização;

b) não querer assinar a notificação para a apresentação de documentos;

c) demorar em exibir o requisitado;

d) fornecer informações incompletas;

e) entregar embaralhados os documentos;

f) atrasar no registro dos papéis;

g) não entregar o material solicitado;

h) sonegar livros;

i) resistir à entrega dos procedimentos de concessão de benefícios;

j) recusar-se ao fornecimento de elementos relativos a outras áreas mais de interesse do ente supervisor; etc.

9. Auditoria — Consiste num exame objetivo da gestão total ou parcial, da entidade ou do plano, ou parte deles, promovida interna ou externamente. Segundo o art. 23 da LC n. 109/01 as EFPC são obrigadas a submeter suas contas à auditoria independente, que consistirá em a EFPC oferecer os demonstrativos para análise de auditoria às entidades terceirizadas. Estas, com ampla liberdade contratual compulsarão os documentos, deles divergirão se for o caso, irão analisá-los e, ao final, sob contrato de prestação de serviços, encaminharão parecer técnico, favorável ou não à organização. Auditores são profissionais especializados em verificar, avaliar e sopesar a organização das empresas. Não são fiscais, embora operem como se fossem. Sua função é localizar impropriedades de toda ordem na azienda do empreendimento, levantar as conseqüências práticas e jurídicas e relatá-las a quem de direito. Auditar é inspecionar sem o poder de império da administração, e suas conclusões devem ser formalizadas como verdadeiras notificações. Auditores independentes são pessoas jurídicas ou físicas que não façam parte da entidade, da patrocinadora ou do grupo econômico, e que por sua idoneidade técnica sejam recomendáveis.

10. *Nomem juris* — O art. 94 caracteriza obstrução à ação fiscalizadora da SPC no tocante à matéria previdenciária, reduzindo-se a sonegação de documentos requisitados ou óbices operacionais impostas à auditagem. Os vários procedimentos indicados na infração dizem respeito à obstrução da fiscalização, alargando-se a idéia para abrigar a realização de auditoria.

11. Elemento subjetivo — Age comissivamente quem não fornece os documentos solicitados.

12. *Iter criminis* — Uma ação fiscalizadora do MPS é ato complexo, às vezes perdura por algum tempo e reclama disposição dos fiscalizados de cooperarem com esse papel monitorador do Estado. A recusa em entregar os documentos, da mesma forma, é decisão complexa, nebulosa e variada, compreendendo a interrupção.

13. Objetividade jurídica — A LBPC, mais do que a Lei n. 6.435/77, tornou possível uma presença maciça do Estado junto do segmento. Essa ação monitoradora é expressa de variadas maneiras, principalmente com uma regulamentação minuciosa dos mínimos expedientes administrativos, uma fortíssima ação que é a intervenção, e um controle mais miúdo que é a fiscalização. Consiste este ato estatal de auditoria preventiva num interesse da própria previdência complementar.

14. Tipo de procedimento — O que acontecerá é o dolo específico de não querer atender à fiscalização.

15. *Modus operandi* — De muitíssimas maneiras a inspeção é obstruída em seu papel fiscalizador. Pela própria natureza das relações humanas nunca é bem-vindo quem encontra os nossos erros. A obstrução pode se dar em face de desorganização do fiscalizado ou predisposição expressa de sonegar informações. O agente se nega a exibir documentos, entregar livros obrigatórios, enfim, prestar as informações necessárias, obstaculizando a ação fiscal, fornecendo deficientemente o solicitado, atrasando na entrega ou fora do prazo.

16. Sujeito passivo — Proximamente, o Auditor-Fiscal da SPC é restringido em sua ação de fiscalização, mas a entidade ofendida é a SPC, que não logra realizar o seu papel de monitorar o segmento.

CAPÍTULO XCV

AUSÊNCIA DE INFORMAÇÕES

Art. 95. Deixar de prestar ou prestar fora do prazo ou de forma inadequada informações ou esclarecimentos específicos solicitados formalmente pela Secretaria de Previdência Complementar.

Penalidade: multa de R$ 20.000,00 (vinte mil reais), podendo ser cumulada com suspensão de até cento e oitenta dias.

Remissão: arts. 5º, XXXIII e 202, § 1º, da CF;
arts. 10 e 24 da LBPC;
art. 41 da Lei n. 6.435/77;
Decreto n. 81.240/78;
Resoluções CGPC ns. 1/01 e 23/06;
art. 37, XXII e XXVIII, do Decreto n. 4.206/02;
arts. 81/82, 94 e 96 do RPPC.

No seu art. 82 o Decreto n. 4.942/03 diz que as EFPC têm o dever de prestar "informações contábeis, atuariais, financeiras, de investimentos ou *outras previstas* na regulamentação, relativamente ao plano de benefícios e à própria entidade fechada de previdência complementar, no prazo" (grifos nossos) e na forma determinada pelo CGPC e pela SPC. Com receio de ter esquecido alguma, *in fine* acresceu a "outras" informações. Quer dizer, o MPS, como regulamentado, e somente assim, deseja ter à mão todos os dados possíveis; a idéia é que monitorando as entidades possa controlá-las e cooperar com o seu sucesso.

Tal posicionamento do Governo Federal é expressão do princípio da transparência que tantas vezes permeia a LC n. 109/01 e neste RPPC. E, à vista deste artigo ora comentado, fica claro que tal transparência não diz respeito apenas aos participantes (LBPC, art. 24, parágrafo único), mas inclui os entes supervisores, em particular a SPC.

O art. 95 distingue-se do art. 81 em razão de ali se tratar de elementos continuados, então relacionados, e aqui se cuidar dos solicitados particularmente, possivelmente por via epistolar, caso a caso.

Ele utiliza-se de três idéias, designando ações distintas que têm de ficar aclaradas para a compreensão da infração em relação ao solicitado:

a) não prestá-las;

b) atendê-las fora do prazo; e

c) fazê-lo de forma inadequada. Matéria que já salientamos no "Jornal do 2º Congresso Brasileiro de Previdência Complementar", São Paulo: LTr, 2002, pp. 30/33 ("Comunicação ao ente fiscalizador").

A Resolução CGPC n. 1/01 fixou prazo para as EFPC prestarem informações aos participantes, entre os quais o "relatório discriminando assembléias gerais", etc.

1. Informações — As notícias que a SPC deseja, em cada caso, não são aquelas referidas no art. 81, embora elas também estejam incluídas se, concomitantemente, a EFPC não as forneceu. De regra, portanto, serão as que julgaram necessárias para operacionalizar o seu monitoramento. Em alguns casos, assim age porque recebeu uma renúncia ou representação e, na dúvida, deseja maiores pormenores.

2. Esclarecimentos — Pedido de esclarecimentos é ato formal circunstanciado, originário da SPC. Seus principais elementos são: a) destinatário da solicitação (EFPC); b) qualificação do destinatário (órgão da entidade); c) razão de ser da solicitação ou mérito da questão (fundamento); d) texto próprio do pedido; e) endereço para resposta; f) prazo; e g) data e assinatura.

3. Ausência de informações — Não dar informações é negar-se a fazê-lo, deixar de oferecê-las à SPC. Pressupõe, à evidência, que elas tenham formalmente sido demandadas.

4. Intempestividade da prestação — Se a determinação é atendida, mas fora do prazo, ainda que satisfeita a pretensão do MPS, decanta-se a infração, possivelmente contando como atenuante.

5. Formalidade da providência — Cumprida a medida, mas sendo insatisfatória, é como se não tivesse havido a observância da obrigação.

6. Especificidade — Não se trata agora de dados genéricos, gerais ou difusos, mas daqueles especificados pela exigência.

7. *Nomem juris* — Essencialmente o que ocorre é falha na prestação de informações, ou seja, a sua ausência.

8. Elemento subjetivo — Exceto na figura da inadequação, que aparentemente reclama a imperícia e no descumprimento do prazo, que é negligência, não atender a solicitação escrita decorre de vontade expressa do agente.

9. *Iter criminis* — Como se trata principalmente de inação, somente na figura da consumação ocorrerá a infração.

10. Tipo de procedimento — Freqüentemente age por comissão omissiva quem não atende às solicitações do MPS. Ou seja, decide não fazer.

11. Objetividade jurídica — O monitoramento das EFPC é a principal tarefa da SPC, sua razão institucional de ser. Esse objetivo nasceu de experiências

passadas, em que o Governo Federal perdeu a supervisão dessa atividade estatal de tamanha importância para as pessoas, a ponto de rever toda a legislação anterior a 29.5.01.

12. *Modus operandi* — Solicitado a prestar informações o sujeito ativo da infração não as atende, ou acaba fazendo-o fora do prazo fixado na requisição ou, ainda, atende incorretamente o que foi solicitado.

13. Sujeito passivo — A vítima dessa ação, em primeiro lugar, é a SPC e, depois, o segmento protetivo.

CAPÍTULO XCVI

INFORMAÇÕES A GESTORES ESPECIAIS

Art. 96. Deixar os administradores e conselheiros ou ex-administradores e ex-conselheiros de prestar informações ou esclarecimentos solicitados por administrador especial, interventor ou liquidante.

Penalidade: multa de R$ 20.000,00 (vinte mil reais), podendo ser cumulada com suspensão de até cento e oitenta dias.

Remissão: arts. 42, 44/46 e 47/62 da LBPC;
arts. 1.101 e 1.102 do NCC;
Leis ns. 6.404/76 e 9.947/97;
Decreto-lei n. 2.321/97;
arts. 15/57 da Lei n. 6.024/74;
arts. 51/74 da Lei n. 6.435/77;
arts. 16/21 do Decreto n. 4.206/02;
arts. 31 e 95 do RPPC.

O art. 96 é praticamente o art. 95 com a particularidade de que, agora, as principais vítimas da ocorrência são pessoas especificadas: administrador especial, interventor e liquidante, que ficam sem as informações necessárias à sua atuação. Não se fala em Auditor-Fiscal. A norma assinala quais são os agentes ativos: os atuais administradores e conselheiros e os anteriores gestores. Para se saber quais são esses ex-gestores e apurar-se as suas responsabilidades ter-se-á que ir ao art. 31 do RPPC, momento em que fixa a regra da prescrição da punibilidade.

Aproveitam, pois, os comentários feitos ao artigo anterior, com a observação de que a infração somente poderá ocorrer quando da vigência dessas direções atípicas que consistem na presença do administrador especial (LBPC, art. 42), intervenção (LBPC, arts. 44/46) e liquidação extrajudicial (LBPC, arts. 47/62).

Diante da generalidade da norma, são todas as informações e os esclarecimentos que interessam ao comando particular e, em caráter excepcional, aqueles elementos pessoais (como remuneração dos diretores) que possam influenciar, de alguma forma, a administração.

1. Administradores — Não se confundindo com o administrador especial (*in casu* um dos sujeitos passivos da ação), há de se entender os membros da Diretoria Executiva, aqui, por vezes designados como gestores.

2. Conselheiros — São tidos como tais os membros do Conselho Deliberativo e do Conselho Fiscal e outros órgãos colegiados que possam estar previstos no ES.

3. Ex-gestores — Os diretores e os conselheiros que já cumpriram o seu mandato comparecem como obrigados às informações ou esclarecimentos. Só interessa os mandatos realizados até cinco anos, contados da ocorrência para trás.

4. Administrador especial — É uma presença ministerial, que se situa entre a fiscalização (LBPC, arts. 41/43) e a intervenção (LBPC, arts. 42/46). Ele executa as suas tarefas de gerente com poderes de interventor e liquidante. Portanto, carece de dispor de todos os elementos necessários ao seu mister, a isso não podendo se opor os membros da Diretoria Executiva nem dos conselhos deliberativo e fiscal.

5. Interventor — Por seu turno, uma pessoa nomeada pela SPC para proceder à intervenção, ato e afetação mais intensos, em que afastados totalmente os dirigentes da entidade (LBPC, art. 44). Da mesma forma que o administrador especial e tanto quanto o diretor-fiscal das abertas (LBPC, art. 43), *a fortiori* ele tem motivos para assenhorear-se de todos os dados necessários a sua missão.

6. Liquidante — Titular que enceta a liquidação extrajudicial da entidade (LBPC, art. 48), cenário que corresponde à recuperação judicial das empresas privadas, ou seja, a "quebra" ou a "falência" das EFPC. Para promover o seu empenho terá de acessar tudo o que disser respeito aos planos de benefícios.

7. *Nomem juris* — Nesta ocorrência, três grupos distintos de pessoas sonegam informações para três grupos distintos de dirigentes temporários da entidade, agindo em caráter excepcional, de modo que o ato infracional possa ser intitulado como informações a gestores especiais.

8. Elemento subjetivo — Há, na hipótese, evidente disposição dos agentes ativos da ação persecutória ministerial de não fornecerem esclarecimentos necessários, operando, por conseguinte, com disposição efetiva de assim agir, vale dizer, para que consumem a ação é preciso a comissão de fazê-lo.

9. *Iter criminis* — Não há muito que intermediar entre a solicitação das informações ou esclarecimentos e a negativa, embora a recusa possa ser precedida de demora no atendimento, hesitação ou negaceio, que seriam desempenhos aproximados da tentativa, mas tratando-se de tipo de procedimento por inação, somente com a consumação haverá a punição.

10. Objetividade jurídica — Se os dados solicitados existem, eles devem ser fornecidos; sendo inexigíveis, caso não tenham sido elaborados, é preciso perscrutar a ocorrência de uma outra infração. Para que sobrevenha, seja efetivo e válido o gesto fiscalizador do MPS, impõe-se que os agentes supervisores ministeriais sejam municiados com os elementos próprios dessa atuação. Quando não são fornecidos, qualquer que seja a motivação, haverá prejuízo para a presença do Estado.

11. Elemento subjetivo — Exceto na hipótese de não ter elaborado o que era regulamentarmente previsto — quando terão de confessar a inadimplência, escusando-se da penalidade —, qualquer um dos sujeitos ativos está procedendo como dolo de não atender.

12. *Modus operandi* — O diretor ou o conselheiro, esquecendo-se, por ora, de outras pessoas que trabalhem na EFPC (e que podem ter sido os culpados), avisados, solicitados ou notificados, não fornecem os elementos indicados pelo dispositivo.

13. Sujeito passivo — São vítimas desta ação as três figuras referidas expressamente no preceito regulamentar: administrador especial, interventor e liquidante.

CAPÍTULO XCVII

ATOS DO INTERVENTOR

Art. 97. Deixar, o interventor, de solicitar aprovação prévia e expressa da Secretaria de Previdência Complementar para os atos que impliquem oneração ou disposição do patrimônio do plano de benefícios da Entidade Fechada de Previdência Complementar, nos termos disciplinados pelo referido órgão.

Penalidade: multa de R$ 10.000,00 (dez mil reais).

Remissão: art. 45, parágrafo único, da LBPC;
art. 57 da Lei n. 6.435/77;
arts. 4º e 5º da Lei n 6.024/74;
Lei n. 10.190/01;
art. 87 do Decreto n. 81.240/78;
art. 67 do Decreto n. 81.402/78;
art. 69 da Minuta do Regulamento;
art. 19 do Decreto n. 4.206/02.

Diz o parágrafo único do art. 45 da LC n. 109/01: "Dependerão de prévia e expressa autorização do órgão competente os atos do interventor que impliquem oneração ou disposição do patrimônio".

Vale dizer, além de excepcional, formal e ser ato administrativo de iniciativa do MPS, a intervenção submete-se a alguma regência da SPC. O titular da entidade é soberano em relação à EFPC, mas subordinado ao ente fiscalizador ministerial.

Qualquer ato importante que afete relevantemente o patrimônio do fundo de pensão, a ser praticado por esse representante do MPS, está condicionado à oitiva de terceiros. Corajosamente, dizia o art. 69, § 1º, da Minuta do Regulamento que: "As operações do programa de investimentos da entidade, quando se referirem a simples troca de posição no mercado financeiro e de capitais, não estão sujeitas à obrigação prevista no *caput*".

Ou seja, os entes supervisores permanecerão à distância, controlando as atividades da gestão operada na intervinda, podendo impugná-las, mesmo *sponte propria*, sem provocação, desde que tomem conhecimento dos fatos que comprometam os bens da EFPC.

Com o parágrafo único do art. 45, dividem-se as atribuições, mas não as responsabilidades. Como subsistem obrigações correntes (pagamento de benefícios) que fazem parte da rotina administrativa e que reduzem o patrimônio, podem aqueles entes gestores circunscrever algumas ações que ficam à margem das decisões, caso contrário a direção restará ainda mais limitada.

Nenhuma providência há de ser tomada sem antes serem auscultados os órgãos competentes. Em cada caso, epistolarmente, impõe-se obter a permissão superior para a ação administrativa.

Tal determinação pode gessar a atuação estatal, caso os órgãos reguladores não fixem critérios que separem quais as medidas administrativas a serem tomadas sem convalidação anterior, aquelas que sejam presumidamente permitidas e as que, efetivamente, precisam desse aval.

A autorização terá de ser escrita, solene e formal, embora possa se utilizar os modernos meios de comunicação virtual, como o *e-mail*.

Diante do elevado número de casos, esse alvará poderá ser padronizado pelos ministérios. A propósito dizia o art. 69, § 2º, da Minuta do Regulamento: "A alienação de ativos com o fim de gerar recursos necessários ao pagamento de benefícios e obrigações regulares da entidade será objeto de plano de desembolso a ser apresentado, periodicamente, para aprovação do órgão regular e fiscalizador".

O *nihil obstat* sobrevirá quando os entes supervisores se convencerem da propriedade da ação por parte do interventor.

É preciso perscrutar a natureza jurídica da afetação estatal, porque ela pressupõe o exame do cenário interno da entidade, consciência de seus deveres para com os participantes, oportunidade da solução encontrada, enfim, a participação na decisão de onerar ou dispor deste ou daquele bem.

O interventor não se isenta de responsabilidade quanto à condução dos negócios jurídicos, após a oitiva dos entes controladores. Provavelmente porque essa liberação superior restringe-se à verificação da propriedade da providência, em seus termos mais gerais, já que localmente esse gerente atípico é quem desfruta de critérios superiores de avaliação. Dificilmente o MPS estará em condições de sopesar o que é melhor ou pior para a entidade, quando da comercialização de um bem. Assim, a responsabilidade continua sendo de quem pratica o negócio jurídico.

Questão a ser solucionada diz respeito à alteração promovida pela Lei n. 10.190/01, quando alterou o art. 56 da Lei n. 6.435/77 que, em seu § 4º, dispôs: "Na hipótese de indicação de pessoa jurídica para gerir a sociedade" (possivelmente a seguradora) "em regime de intervenção, esta poderá, em igualdade de condições com outros interessados, participar de processo de aquisição do controle acionário da sociedade intervinda".

O parágrafo único do art. 45 fala claramente em duas condições para a autorização: a) ser prévia e b) ser expressa. Se ocorrer *a posteriori* estará consumada a ilicitude, não podendo ser presumida, tem de ser materialmente exteriorizada e por escrito.

Como já lembrado em outras oportunidades, a infração não é onerar ou dispor dos bens, até porque o comando da entidade pressupõe essa providência em determinadas circunstâncias diuturnas, mas fazê-lo sem a homologação do MPS.

1. Oneração patrimonial — Onerar é cometer encargo jurídico ao bem da entidade, gravá-lo com alguma responsabilidade. Significa alguma forma de diminuição do patrimônio da EFPC, operando esse ato por muitos meios admitidos em Direito e, principalmente no Direito Comercial. Entendido o patrimônio como o conjunto de bens que compõe o ativo da entidade.

2. Disposição — Quer dizer a comercialização do patrimônio, ainda que com a melhor das intenções.

3. *Nomem juris* — A medida condenada pelo art. 97 consiste em o interventor, pessoalmente ou representando uma pessoa jurídica, dispor de bens da entidade sem que tenha sido autorizado pela SPC, permissão essa que terá de ser precedente. Logo, aprovação prévia de atos do interventor diz bem da sua atuação e pode designar a infração.

4. Elemento subjetivo — Age omissivamente quem promove a comercialização ou o arrendamento, aluguel ou qualquer modalidade de cessão de bens patrimoniais sem que, antes disso, tenha obtido a devida permissão ministerial.

5. *Iter criminis* — Ainda que não possa ser punido por isso, às vezes, no afã de obter os recursos, precipitando-se, o interventor dá início às tratativas para a oneração sem que ela ocorra. Somente a operação negocial caracterizará a ilicitude prevista no parágrafo único do art. 45.

6. Objetividade jurídica — Como tantas outras infrações previstas na LBPC e no RPPC, ainda uma vez a norma pretende preservar, primeiro, o patrimônio da entidade e segundo, a defesa das atribuições dos entes supervisores.

7. Elemento subjetivo — O ato de onerar o patrimônio não pode suscitar dúvidas quanto ao interventor ignorar o dever de antes da operação lograr a autorização superior, de sorte que é impossível fazê-lo por culpa, subsistindo sim, por dolo.

8. *Modus operandi* — Neste caso, o interventor vende uma propriedade, aluga um imóvel, cede um direito sem que antes tenha tido a permissão legal.

9. Sujeito ativo — Somente o interventor pode ser responsável pela ação.

10. Sujeito passivo — Padece a certeza de que o patrimônio garantidor dos compromissos seja bem utilizado se a SPC não for ouvida.

CAPÍTULO XCVIII

INCLUSÃO OU OMISSÃO DE CRÉDITO

Art. 98. Incluir, o liquidante, no quadro geral de credores habilitação de crédito indevida ou omitir crédito de que tenha conhecimento.

Penalidade: multa de R$ 10.000,00 (dez mil reais).

Remissão: art. 50 da LPBC;
arts. 335/354 do Código Comercial;
art. 96 do Decreto-lei n. 7.661/45;
arts. 22/28 da Lei n. 6.024/74;
art. 186 do CTN;
arts. 206/219 da Lei n. 6.404/76;
Lei n. 6.830/80 (LEF);
art. 449 da CLT;
arts. 748/786-A do CPC de 1973;
Decreto n. 3.000/99 (RIR);
art. 36 do Decreto n. 4.206/02.

Diz o *caput* do art. 50 da LC n. 109/01 que: "O liquidante organizará o quadro geral de credores, realizará o ativo e liquidará o passivo". No âmbito da liquidação extrajudicial da entidade fechada esta é a principal tarefa do profissional que a comandará, reclamando acuidade, atenção e conhecimento do processo necessário.

O liquidante é o principal ator dessa extraordinária operação, disporá de todos os livros, estudos, relatórios, demonstrações e demais papéis à mão para assenhorear-se da situação. Verificará cada um dos créditos realizados e a realizar, e apurará os débitos, imediatos e mediatos, particularmente em relação à massa dos destinatários da atividade previdenciária supletiva (privilegiados). Na medida do possível, não poderá ocupar-se sozinho de todos esses empenhos e, então, delegará às pessoas de sua confiança, entre as quais empregados da EFPC ou terceiros, especialmente profissionais com domínio de contabilidade, finanças e Direito.

A LBPC teve grande preocupação com os diretores e os conselheiros (art. 3º), mas pouco contemplou sobre a pessoa do liquidante. Claro, a escolha deverá recair sobre técnico maduro, experimentado em administração, possivelmente portador de título universitário de economista, advogado, contabilista ou administrador de empresas, indivíduo idôneo com folha corrida limpa, não credor, comissário de concordata ou síndico de falência, enfim, tecnicamente habilitado para exercer esse verdadeiro *munus publico*.

Emprestando a ajuda de auxiliares, contadores e atuários, e dos arquivos da EFPC, elaborará relação dos credores envolvidos com a previdência complementar. Falando em organização, a lei obriga-o a sistematizar a exposição dos elementos da liquidação, operando racionalmente o levantamento que se prestará para as medidas subseqüentes.

Sem ser verdadeiramente lei orgânica, a LC n. 109/01 não enfoca a definitividade do quadro de credores. Entretanto, é de se esperar que sobrevenham contestações individuais ou coletivas e estas, procedimentalmente, tenham de ser solucionadas pelo liquidante e este, ao final, republicará o quadro de credores definitivo, incluindo aí os retardatários.

No procedimento falimentar, que é judiciário, o encaminhamento é outro, mas no liquidacional, com natureza administrativa, a solução é a fixação de prazo para as impugnações (art. 26 da Lei n. 6.024/74).

Os créditos não impugnados no termo estabelecido são tidos como válidos, fazendo coisa julgada administrativa. De certa forma, sob esse aspecto, à vista do art. 62 da LBPC (art. 74 da Lei n. 6.435/77), cabe aos entes supervisores o papel de "juízes da falência" em relação à liquidação.

A LBPC simplifica enormemente a problemática questão, só ao mencionar credores, sem explicitá-los esmiuçadamente. Credores são pessoas que têm créditos em relação à liquidanda, garantidos ou não pelo patrimônio desta. *Grosso modo,* eles podem ser:

1. Quadro geral de créditos — Nota técnica que arrolará beneficiários ou outros indivíduos, é exposição sistematizada, clara e objetiva dos nomes dos titulares e dos montantes a que fazem jus. Diante do disposto no art. 50, especialmente dos seus §§ 2º/3º, esse demonstrativo analítico, plano por plano, separará três grupos: a) participantes e assistidos (§ 2º); b) assistidos e segurado em riscos iminentes (§ 3º); e c) credores quirografários.

2. Credores de obrigações vincendas — Lista que arcaram com despesas decorrentes da própria liquidação (gastos com o liquidante, seus auxiliares e administração).

3. Credores trabalhistas e fiscais — Direitos em favor dos empregados da entidade sob liquidação e do Estado exacional.

4. Privilégios especiais — Pretensões, nessa ordem, dos assistidos e dos participantes assistidos.

5. Privilégios gerais — Créditos dos assistidos e dos com direito adquirido.

6. Credores previdenciários retardatários — Assistidos, participantes ativos e com direito adquirido que vierem a reclamar valores posteriormente.

7. Quirografários — Créditos civis ou comerciais, não previdenciários (fornecedores e outros).

8. *Nomem juris* — Tendo em vista que o preceito diz respeito aos créditos, sejam eles incluídos ou excluídos indevidamente, a ocorrência sancionada poderá ser conhecida com o título deste capítulo, ou seja, inclusão ou omissão de créditos.

9. Elemento subjetivo — Quem age consoante a descrição do Decreto n. 4.942/03 é movido por vontade deliberada de arrolar ou olvidar pessoas ou direitos.

10. *Iter criminis* — Enquanto não for publicada a relação dos credores gerais não há de se falar em tentativa; ou se consuma a infração ou ela não pode ser punida e, evidentemente, com a republicação será sempre possível o arrependimento eficaz a ser considerado.

11. Tipo de procedimento — Ainda que possa haver a intenção deliberada de ajudar pessoas sem direito ou de prejudicar aqueles que dele desfrutam é bem provável que a ação cominada se deva à imperícia do liquidante.

12. Objetividade jurídica — O tipo descrito pela lei pretende a verdade, o direito e a justiça. Não podem ser excluídas pessoas que fazem jus e, da mesma forma, serem incluídos aqueles sem esse direito.

13. *Modus operandi* — Cônscio de quais pessoas têm direito a fazer parte do rol de credores, o liquidante deixa de arrolar pessoas com essa pretensão ou enumera quem não faz jus.

14. Sujeito passivo — Sofre a comunidade de credores; são prejudicados principalmente os participantes e outras pessoas com direito.

CAPÍTULO XCIX

EXECUÇÃO DE DÍVIDA DO PATROCINADOR

Art. 99. Deixar de promover a execução judicial de dívida do patrocinador de plano de benefícios de entidade fechada de previdência complementar, nos termos do art. 62 deste Decreto.

Penalidade: multa de R$ 20.000,00 (vinte mil reais), podendo ser cumulada com suspensão de até cento e oitenta dias ou com inabilitação de dois a dez anos.

Remissão: arts. 62, 63 e 65 da LBPC;
art. 62 do RPPC.

Este é um ilícito de contextura delicada, com algum caráter político e possivelmente o único sujeito à possibilidade de causar duas penalidades não pecuniárias ao agente, chamando a atenção para o rigor punitivo.

Evidentemente, a contribuição da patrocinadora (que, ocasionalmente, poderá incluir a cotização retida dos participantes), é fundamental para a manutenção da Previdência Complementar fechada, às vezes a causa imediata de déficits incontornáveis.

Quando essa provedora dos recursos entra em dificuldades operacionais, enfrentando crises econômicas, financeiras ou comerciais, em algum momento é tentada a não recolher tributos (INSS, IR, FGTS, etc.) e chegar ao extremo de não aportar o que foi convencionado com a EFPC ou de atrasar deliberadamente os pagamentos por mais de 90 dias.

Noutras oportunidades não é isso que ocorre, mas sobrevém inadimplência programada, ou seja, não faltariam os recursos, mas a direção da empresa entende não ser devido aquele montante, concordando com outro, menor.

Com mira no prazo para o desembolso (90 dias), previamente estabelecido no art. 62 da LBPC, se sucede de o patrocinador não promover a quitação mensal, a entidade deve entrar em contato com os dirigentes empresariais para, administrativamente, tentar solucionar o problema. Entender-se-á que o desembolso com os acréscimos devidos à mora não caracterizará a inadimplência, com vistas à infração enfocada, porque se trataria do arrependimento eficaz. Caso a SPC julgue diferente terá de admitir presente a atenuante.

Quando de dissídio sobre a exigibilidade de algum *quantum* que esteja sendo discutido entre ambas as direções (patrocinadora e patrocinada), até mesmo com a solicitação da oitiva da SPC ou de pareceristas especializados, a EFPC deve se empenhar em obter a solução civil da obrigação.

O correto é formular procedimento interno formal pensando no prazo para o cumprimento do dever para que não se consuma a infração, mas ficando clara a exigência, a providência seguinte será a cobrança judicial.

Um cenário em que deverá não ser tão incomum às cobranças é do equacionamento de déficits, em que a patrocinadora se compromete a oferecer numerários altíssimos durante períodos longos, com possibilidade de atrasos e até mesmo de se iniciarem procedimentos de novos parcelamentos da dívida. Da mesma forma em relação a participantes que tenham recebido benefícios indevidos, com os óbices próprios da cobrança executiva de débitos de pessoas físicas.

A infração descrita no art. 99, tendo em vista as dificuldades operacionais de apuração de dívidas por parte da patrocinadora e das diferentes políticas administrativas vigentes, reclama conhecimento da legislação, inteligência e sabedoria do gestor da EFPC na sua condução e, mais ainda, sensibilidade da SPC em relação à sua decantação. Para que ela esteja bem caracterizada é preciso que o autor tenha consciência da obrigação, o que nem sempre será fácil apurar, porque, a rigor, a cada atraso mensal no pagamento, caberia a execução judicial e muito antes que ela fosse instruída, debatida ou julgada, já terá havido a quitação.

Este é exemplo de situação em que um Manual de Operações, elaborado pela SPC, em muito ajudaria os diretores das EFPC, porque os motivos que levam à inadimplência dos contribuintes variam muito e alguns deles são justificados consoante as circunstâncias, mas, na maioria dos casos, essa avaliação padece de subjetivismo.

Diante da multiplicidade de formas remuneratórias contidas no conceito de base de cálculo da contribuição a ser descontada do participante ou incluída na parte patronal, pode-se afirmar que é praticamente impossível alguma patrocinadora não estar recolhendo a mais ou a menos em algum momento das relações.

A referência ao art. 62 da LBPC lembra que os administradores da patrocinadora também serão responsabilizados pela inadimplência.

A exemplo do art. 79 esta é mais uma modalidade de invasão da iniciativa privada, passível de questionamento, como lembra *Silvio Wanderley do Nascimento Lima* ("Regulação e Previdência Complementar Fechada", São Paulo: LTr, 2004, p. 185).

1. *Nomem juris* — A infração não diz respeito ao não pagamento das contribuições mensais, mas trata da falta da cobrança mediante processo de execução civil. Logo, o título desta ocorrência bem pode ser execução de dívida do patrocinador.

2. Elemento subjetivo — Omite-se o administrador da EFPC quando, diante do vencimento do prazo para o pagamento, deixa de promover a devida cobrança judicial da dívida, em ação omissiva.

3. *Iter criminis* — Enquanto não se esgotar o termo convencional para a quitação da dívida, ainda que esta seja a vontade do gestor, não estará caracterizada a ocorrência punível, que reclama a consumação do ilícito.

4. Objetividade jurídica — Quer o art. 99 que o gestor empenhe-se na realização da receita da entidade, o que pressupõe a regularidade das mensalidades devidas. Se isso não acontece durante algum tempo, com certeza o plano de benefícios correrá o risco de se desequilibrar.

5. Elemento subjetivo — Somente por dolo é possível que ocorra a infração sob estudo.

6. *Modus operandi* — Ato omissivo, o autor deixa de iniciar o processo de cobrança devida, quedando-se inerte.

7. Sujeito passivo — O vitimado pela inadimplência é o plano de benefícios e, indiretamente, sofrem os participantes.

CAPÍTULO C

COMUNICAÇÃO DA INADIMPLÊNCIA

Art. 100. Deixar de comunicar à Secretaria de Previdência Complementar a inadimplência do patrocinador pela não-efetivação das contribuições normais ou extraordinárias a que estiver obrigado, na forma do regulamento do plano de benefícios ou de outros instrumentos contratuais.

Penalidade: multa de R$ 20.000,00 (vinte mil reais), podendo ser cumulada com suspensão de até cento e oitenta dias.

Remissão: art. 62, § 1º, da LBPC;
art. 99 do RPPC.

A entidade fechada tem a obrigação legal de dar conhecimento à SPC da inadimplência da patrocinadora, para que o MPS tome as primeiras providências e não seja surpreendido com o desequilíbrio do plano de benefícios.

Deverá dar ciência da falta das cotizações normais como das extraordinárias, ou seja, de qualquer dívida que possa estar prevista nos atos constitutivos da entidade (Convênio de Adesão, Estatuto Social ou Regulamento Básico); mas não só nesses documentos como também em contratos celebrados, acordos de parcelamentos, etc. e outras formas de ajustes.

Esta é mais uma infração relativa à formalidade, a ser considerada em combinação com o artigo anterior, que diz respeito à própria inadimplência. Trata-se de providência indesculpável, porque a comunicação é bastante facilitada e ainda que a dívida não esteja bem caracterizada, ela deve ser noticiada à SPC.

É importante salientar, diante do atraso nos pagamentos, o prazo que para isso foi acordado nos atos constitutivos, que pode variar conforme a natureza do débito, devendo ficar claras as várias hipóteses excepcionais, como é o caso de definição da obrigação por parte do Poder Judiciário. No silêncio desses documentos, por analogia com o RGPS, cientificado do dever civil, o prazo será de 30 dias.

O fato de ter dado cumprimento ao artigo anterior sem a comunicação ora contemplada, não ilide a responsabilidade da EFPC de cientificar a SPC de que existe uma dívida. Chamando a atenção para a reedição dos débitos, tendo em vista que são obrigações continuadas. Para evitar problemas jurídicos será preferível reeditar a comunicação todos os meses.

Evidentemente que, a exemplo do que se passa na exigência anterior, só existirá a ocorrência caso a entidade tenha conhecimento da consumação da dívida. Pode dar-se de um empregado ter reclamado administrativa ou judicialmente algum acréscimo salarial, este ter sido incorporado ao seu patrimônio, sem que a EFPC fique sabendo disso.

1. *Nomem juris* — Se o que falta é a comunicação da inadimplência (da patrocinadora) esse pode ser o título da infração.

2. Elemento subjetivo — Quem não faz essa comunicação está se omitindo.

3. *Iter criminis* — A praticamente instantaneidade da ocorrência torna muito difícil a tentativa, ainda mais que se trata de inação.

4. Objetividade jurídica — Como salientado, para que o monitoramento seja efetivo, a SPC carece de saber como estão sendo feitos os pagamentos mensais da patrocinadora.

5. Elemento subjetivo — Possivelmente haverá dolo, mas também culpa, a serem apurados em cada caso.

6. *Modus operandi* — Tendo conhecimento da inadimplência o gestor não dá ciência ao MPS dessa ocorrência.

7. Sujeito passivo — Sofrem os entes supervisores, a EFPC e até mesmo os participantes.

CAPÍTULO CI

AFETAÇÃO JURÍDICA DE BENS INDISPONÍVEIS

Art. 101. Alienar ou onerar, sob qualquer forma, bem abrangido por indisponibilidade legal resultante de intervenção ou de liquidação extrajudicial da entidade fechada de previdência complementar.

Penalidade: multa de R$ 25.000,00 (vinte e cinco mil reais), podendo ser cumulada com inabilitação pelo prazo de dois a cinco anos.

Remissão: art. 5º, XXII/XXIII, da CF;
art. 1.228 do NCC;
arts. 44/46, 47/53 e 59 da LBPC;
art. 37, XXXVI, do RPPC.

De forma muito clara, objetiva e incisiva, diz o art. 59 da LC n. 109/01 que os bens dos administradores, controladores e membros dos conselhos da EFPC sob intervenção ou liquidação extrajudicial, ficam indisponíveis.

A disposição, politicamente seriíssima e de grande repercussão, significa que o legislador presume a responsabilidade desses gestores em relação ao quadro institucional de dificuldades da entidade, o que quer dizer muito, ainda que a norma admita exceções (LBPC, art. 59, § 5º).

Vale lembrar que esse *animus* é tão severo que até mesmo os parentes dos dirigentes são atingidos (LBPC, art. 59, § 2º). Evidentemente, a matéria reclama, mais do que nunca, magnífico conhecimento, experiência da vida, e até mesmo alguma sabedoria do aplicador do Direito.

Se os bens estão comprometidos pela indisponibilidade, claramente eles não podem ser objeto de afetação econômica financeira ou jurídica, de alienação ou de oneração.

Na tentativa de escapar da indisponibilidade (até porque exatamente esses bens possam ser utilizados na responsabilização de alguma culpa), premido pelas circunstâncias e obrigações de toda ordem que hajam assumido, o agente faculta acesso ao patrimônio que estava sob compromisso legal da indisponibilidade.

1. Indisponibilidade — Ficarem indisponíveis esses bens quer dizer uma extraordinária erosão do direito constitucional de propriedade, de tal sorte que eles não podem ser agravados (CF, art. 5º, XXII/XXIII), alienados, submetidos por qualquer negócio jurídico.

2. Alienação — Alienar equivale a comercializar o bem, transferir-lhe a propriedade, vendê-lo, entregá-lo para terceiros, desfazer-se dele, cedê-lo em comodato, diminuir o seu patrimônio.

3. Oneração — Onerar quer dizer atribuir encargo ao bem que deve permanecer livre de qualquer hipoteca, garantia ou compromisso.

4. *Nomem juris* — Não será difícil atribuir-se nomenclatura própria a esta irregularidade, que terá de dizer respeito a gênero que abarque a alienação e a oneração, ou seja, bastará designá-la como afetação jurídica indevida de bens indisponíveis.

5. Elemento subjetivo — Age comissivamente quem assim procede, assumindo a deliberada intenção de reverter a situação em relação à indisponibilidade do patrimônio, que há de ser preservado intacto até determinado momento.

6. *Iter criminis* — O ato de alienação ou de oneração é complexo, implica em variadas providências jurídicas, formais e burocráticas de toda ordem, impulsos esses que podem ser interrompidos, frustrados, cessados, mas na figura da tentativa não é punido.

7. Objetividade jurídica — Durante o processo de intervenção e de liquidação extrajudicial (LBPC, arts. 47/53), importa que sejam oferecidas garantias quanto à lisura dos procedimentos dos administradores, o que leva à indisponibilidade do seu patrimônio. Se ele é comprometido essa proteção desaparece.

8. *Modus operandi* — De dois modos opera o autor responsável pela infração: a) desfaz-se do bem inalienável ou b) agrava esse mesmo bem que não pode ser onerado.

9. Tipo de procedimento — Age com dolo quem promove a alienação ou a oneração de bem indisponível.

10. Sujeito passivo — As garantias que cercam o processo de afetação do MPS em relação à responsabilidade dos gestores e envolvidos são atingidas com a ação do agente ativo.

CAPÍTULO CII

EXERCÍCIO DE PREVIDÊNCIA COMPLEMENTAR

Art. 102. Exercer atividade própria das Entidades Fechadas de Previdência Complementar sem a autorização devida da Secretaria de Previdência Complementar, inclusive a comercialização de planos de benefícios, bem como a captação ou a administração de recursos de terceiros com o objetivo de, direta ou indiretamente, adquirir ou conceder benefícios previdenciários sob qualquer forma.

Penalidade: multa de R$ 2.000,00 (dois mil reais) a R$ 1.000.000,00 (um milhão de reais) e inabilitação pelo prazo de dois a dez anos.

Remissão: arts. 65, IV e 67 da LBPC;
art. 80 da Lei n. 6.435/77;
art. 113 do Decreto-lei n. 73/66;
Lei n. 6.024/74;
Lei n. 9.983/00;
art. 38 do Decreto n. 81.240/78;
art. 109 do Decreto n. 81.402/78;
art. 37, I, do Decreto n. 4.206/02.

Tendo em vista a infração cominada neste art. 102 do Decreto n. 4.942/03, convém reproduzir o art. 67 da LBPC: "O exercício de atividade de Previdência Complementar por qualquer pessoa, física ou jurídica, sem autorização devida do órgão competente, inclusive a comercialização de planos de benefícios, bem como a captação ou a administração de recursos de terceiros com o objetivo de, direta ou indiretamente, adquirir ou conceder benefícios previdenciários sob qualquer forma, submete o responsável à penalidade de inabilitação por prazo de dois a dez anos para o exercício de cargo ou função em entidade de previdência complementar, sociedades seguradoras, instituições financeiras e no serviço público, além de multa aplicável de acordo com o disposto no inciso IV do art. 65 desta Lei Complementar, bem como noticiar ao Ministério Público".

Pela oportunidade, da mesma forma, é importante também descrever o que dizia o art. 80 da Lei n. 6.435/77: "Qualquer pessoa que atue como entidade de Previdência Privada, sem estar devidamente autorizada, fica sujeita a multa, nos termos do artigo 78 desta Lei, e à pena de detenção de 1 (um) a 2 (dois) anos. Se se tratar de pessoa jurídica, seus diretores e administradores incorrerão na mesma pena".

Evidentemente, a ocorrência penalizada descrita é grave, complexa e adversa ao monitoramento ministerial, explicando-se a punibilidade (aliás, excessiva e impraticável). Como se vê das fontes formais relativas ao tema, desde 1966 subsiste preocupação do Governo Federal quanto a eventual ocorrência.

O dispositivo impressiona pela sua descrição, abrangência e preocupação reveladas. Não quer o legislador nem o administrador ministerial que alguém tente ou logre criar uma instituição previdenciária fora das vistas do Estado, ainda que seja com a melhor das intenções e, principalmente, não subsista objetivo de lucro, resultado ou vantagem para o empreendedor.

Na versão da lei é exercício de previdência complementar, mas aqui no Decreto n. 4.942/03 diz respeito apenas à previdência fechada, imaginando-se que a hipótese dificilmente seria consumada, exceto por parte de algum município ou associação de classe, profissional ou setorial, bastante desavisada. Supõe-se que possa ocorrer a figura da tentativa, mas jamais a da consumação. Quer-se com isso dizer que alguém venha a tomar apressadas iniciativas de proteção complementar, porque ainda não tenha sido aprovado o Convênio de Adesão, o Estatuto Social ou o Regulamento Básico da entidade. E que também a pessoa física ou jurídica não saiba que a modalidade de proteção adotada tenha natureza previdenciária.

A explicitação das várias ações penalizadas não prescinde do exame do texto legal, que é mais amplo que o art. 102. Convém esmiuçá-las já que todo o complexo de denúncia ou representação, inquérito, Auto de Infração, perseguição administrativa de apuração das responsabilidades, em virtude da elevada pena, produzirá inevitavelmente dúvidas, polêmicas e discussões sobre a decantação da infração.

Não deseja o legislador criar instituições de seguro social no âmbito das empresas ou fora delas, à exceção da modalidade disciplinada na LBPC, consoante sua severa regulamentação e controle pelos órgãos supervisores. Pode dar-se de pessoas criarem singelos mecanismos grupais mutualistas, assemelhados aos securitários, mediante cotizações mensais de pequena monta com vistas a pecúlios, principalmente do tipo dependente de sorte, que não caracterizariam as ações arroladas, por lhes faltar estrutura aziendal e objetivo protetivo. Entre esta proto-organização e as quase-entidades subsiste uma respeitável gama de variáveis, sede de preocupações do aplicador da norma. A SPC carece deter sensibilidade para reconhecer o engatinhar de uma entidade bem intencionada, ainda sem ter atendidas as complexas formalidades com as articulações enganosas de mal-intencionados.

Embora seguramente raro, o que não pode suceder é alguém organizar EFPC e fazê-lo funcionar sem dar cumprimento às normas formais da LC n. 109/01 ou implantar informalmente, pondo-a em funcionamento antes da aprovação do Convênio de Adesão, do Estatuto Social ou do Regulamento Básico pelo ente supervisor. Reabrindo o celebérrimo debate sobre o que importa na questão: a materialidade ou a formalidade?

Para se ter uma idéia da incisividade da norma, vale lembrar que tanto o Decreto-lei n. 73/66 (aberta) quanto a Lei n. 6.435/77 (fechada), em norma transitória, permitiram a regularização de entidades informais, mas a LC n. 109/01 assim não foi tão leniente.

Possivelmente não existe outro evento do RPPC cuja disciplina mereça mais considerações do que este. Os limites da pena, variando de dois mil a um milhão de reais *(sic)* e inabilitação podendo chegar a dez anos *(sic)* e ocorrência, em si mesma, tão complexa, suscitam discussões infindas e que desaguarão em questões políticas.

A SPC, quando se deparar com a possibilidade de ocorrência deste fato, deve ser inspirada pelo mais alto nível de justiça, objetividade e sabedoria. Durante a averiguação deve cercar-se de todos os cuidados possíveis e encaminhar a apuração presidida pela idéia de o objetivo do empreendedor que cometeu a infração ser elemento importante no deslinde da responsabilidade.

1. Sujeito ativo — Quando fala em qualquer pessoa, física ou jurídica, o legislador se direciona a toda e qualquer hipótese de sujeito ativo, aí incluindo o próprio ente político (Municípios, Estados e Distrito Federal). Nesse sentido, as pensões oferecidas pelo Estado, em seus quatro níveis, a certas pessoas meritórias, por variados motivos, não constituem modalidade previdenciária, em virtude da ausência da compulsoriedade, da contribuição e do direito subjetivo às mesmas prestações.

2. Atividade de previdência — O legislador não explicita o que se deve entender por atividade previdenciária; ele fornece algumas indicações, ao exemplificar procedimentos contra-indicados. Resta à doutrina e à jurisprudência fazê-lo. Seria, na mais simples das concepções, exercer as atividades de natureza protetiva contemplada na LC n. 109/01. Isto é, informalmente e sem autorização para isso, a pessoa amealhar recursos e pagar benefícios pecuniários. Logo, excluída a prestação de assistência ou financeira. No dizer do Estatuto da ABRAPP, EFPC "são sociedades civis ou fundações criadas com o objeto de instituir planos privados de concessão de benefícios complementares ou assemelhados aos da Previdência Social, acessíveis aos empregados ou dirigentes de uma empresa ou de um grupo de empresas, nos expressos termos da legislação pertinente" (São Paulo: ABRAPP, 1978, p. 2).

3. Campanha de adesão — Campanha de adesão de um plano de benefícios ainda não aprovado, se empreendida com os elementos legais em relação ao financiamento e às prestações, com alguma generalidade publicitária (mas, evidentemente, sem propaganda enganosa) não consumaria a infração.

4. Inscrição — Se a campanha de adesão não pode ser considerada a consumação da infração punida, o mesmo não diga do acolhimento de inscrições, porque este é ato formal constituidor de algum direito ou obrigação.

5. Comercialização de planos — Comercializar, *in casu*, é vender planos de benefícios, sem impedir que pessoa física ou jurídica possa oferecer exatamente esses planos aos interessados, quando para isso devidamente autorizadas. Pro-

vavelmente o verbo "comercializar" foi utilizado no sentido de adquirir os produtos previdenciários e revendê-los, também querendo dizer a venda dos próprios produtos (claro, sem permissão).

6. Captação de recursos — Captar é parte da comercialização, tarefa de intermediação entre o fornecedor do plano e os interessados adquirentes, pouco importando se o produto provém do Brasil ou do exterior.

7. Administração de recursos — Gestão de meios é uma atividade financeira igualmente vedada.

8. Objetivo perseguido — Para caracterizar a infração, conforme os dizeres da LBPC, faz parte do ilícito penalizado haver escopo e, então, este se realizar, porque aparentemente a ilicitude não comprovada caracteriza a tentativa, só na consumação será penalizado. Note-se que a norma legal não fala em oferecer; não imporia o *modus operandi*, podendo ser diretamente ou indiretamente. Na primeira modalidade, com a oferta promovida de forma direta.

9. Aquisição de benefícios — Adquirir benefícios, comprá-los, possivelmente para depois vendê-los.

10. Concessão de benefícios — A concessão de benefícios pressupõe organização elaborada de entidade consistindo em processo complexo de deferimento da prestação.

11. Modalidade de atuação — Não importa muito como se dará a concessão dos benefícios. Exagerando o legislador, inclui também os sorteios.

12. Atenuantes — O art. 80, § 1º da Lei n. 6.435/77 previa: "A pena de detenção, a que se refere este artigo, será aplicada nos casos de reincidência ou quando, recebida notificação do órgão fiscalizado, os responsáveis não cessarem imediatamente suas atividades". O fato de a SPC demorar a homologar os atos constitutivos não caracteriza motivo para elidir a responsabilidade, embora possa também ser atenuante.

13. *Nomem juris* — O agente que incide na infração do art. 102 pratica indevidamente ato de previdência. Portanto, exercício de previdência é um título que descreve bem as várias ações referidas na LBPC e no RPPC.

14. Elemento subjetivo — Procede com disposição clara e objetiva quem assim age; dificilmente alguém lograria atingir o resultado não desejado por omissão, a despeito de praticar atos que reclamam autorização superior. Comissivamente não quis a homologação da SPC ou antecipou-se a esse ato formal, quando deveria esperar pela autorização.

15. *Iter criminis* — A ocorrência pressupõe os atos preparatórios, a tentativa e a consumação, e até mesmo o arrependimento eficaz, uma vez que é constituída de uma seqüência relevante de atos e fatos jurídicos. A montagem de uma entidade ou de um plano, a captação de recursos e a comercialização de prestações são atividades compostas de múltiplas ações, primeiro idealizadas *(cogitatio)*, depois iniciadas, desenvolvidas e, afinal consumadas, mas podendo ser interrompidas a qualquer momento, incluindo-se nesse domínio que antes da ação

punitiva, dê cumprimento à lei. Para que sobrevenha a consumação do ato punido é preciso que o agente o pratique continuadamente, não sendo suficiente para caracterizá-lo um ou outro procedimento contrário à descrição da norma. Respeitada a continuidade, como a lei não estabelece duração para a decantação, bastará o *modus operandi* e a intenção do autor para definir a sua responsabilidade.

16. Objetividade jurídica — O legislador pretende defender o segmento protetivo e a reputação que desfruta na população e na clientela. Se não policiar estas providências, permitirá que sejam criadas arapucas que prejudiquem pessoas ou que amadores tentem implantar organizações inviáveis e que, com a melhor das intenções, acabem por deturpar o prestígio da instituição. Isso já aconteceu no passado e quer ser evitado.

17. Tipo de procedimento — A culpa e o dolo estão presentes nestas variadas, complexas e desarticuladas ações conducentes a uma entidade de fato. O empreendedor age movido por imperícia, imprudência ou negligência. Ele organiza equivocadamente o plano ou a entidade, procede correndo riscos e descumpre os parâmetros técnicos e jurídicos. Dar-se-á também, mas será raro fazê-lo por vontade consciente de pretender subtrair a influência do Estado, julgando pertencer à iniciativa privada a liberdade de atuar sem qualquer controle (quando não pode ignorar que a técnica vem sendo regulamentada pelo menos desde 1966).

18. *Modus operandi* — O agente, só ou associado, empregado ou não de uma empresa, futura patrocinadora, ainda sem ser participante ou gestor — porque inexistente a entidade — pouco importando a sua motivação, objetiva e subjetiva, toma uma infinidade de providências visando à implantação de uma entidade de previdência complementar, promovendo estudos técnicos, contratando profissionais especializados, fazendo pesquisas, reunindo pessoas, minutando CA, ES e RB (medidas classificadas como atos preparatórios e tentativa), — finalmente, ingressando na consumação, inicia a prática arrecadando contribuições ou pagando benefícios.

19. Sujeito passivo — Ainda uma vez diretamente quem é atingido pela ofensa procedimental é o MPS, especialmente a SPC e o seu papel de principal monitorador do segmento protetivo. De qualquer modo, é de solar evidência que o sistema complementar é afetado em sua essência, que é a credibilidade, descabendo aventuras, amadorismo ou falta de conscientização técnica em área tão sensível como a proteção social privada. *Lato sensu*, até mesmo os participantes correm o risco de ingressar em organizações não habilitadas, preparadas ou suficientemente organizadas para o seu relevante papel.

CAPÍTULO CIII

OPERAÇÃO EM NOME DA EFPC

Art. 103. Realizar em nome da entidade fechada de previdência complementar operação comercial ou financeira, vedada pela legislação, com pessoas físicas ou jurídicas.

Penalidade: multa de R$ 20.000,00 (vinte mil reais), podendo ser cumulada com a suspensão pelo prazo de até sessenta dias.

Remissão: arts. 32 e 76 da LBPC;
art. 99 da Minuta do Regulamento.

De acordo com o *caput* do art. 32 da LC n. 109/01, o objetivo da EFPC é administrar e executar planos de benefícios, isto é, prestar serviços previdenciários. Por conseguinte, mesmo no âmbito da atividade-meio, não pode executar outros serviços. São livres somente aqueles atos jurídicos que tenham a ver com o seu propósito, por isso autorizada a promover investimentos, sendo válido comprar e vender bens com esse estrito escopo final.

Quer dizer, um fundo de pensão não é banco de empreendimento, empresa comercial, muito menos indústria, cooperativa de prestação de serviços, seguradora ou financiadora. Logo, não lhe cabe praticar atos de comércio (que é comprar para vender), mas tem permissão para desfazer-se de bens da sua administração (como móveis, instalações e equipamentos). Em razão disso, diz o parágrafo único daquele art. 32 que lhe é vedada "a prestação de quaisquer serviços que não estejam no âmbito de seu objeto, observado o disposto no art. 76".

O art. 76 da LBPC cuida de empréstimos e fora dessa hipótese a entidade não tem autorização de oferecer assistência social ou planos de saúde, etc. A rigor, funcionar como instituição financeira, especialmente bancária, ou qualquer outra atividade estranha à previdenciária.

É curioso o início da oração do art. 103 quando fala em agir em nome da EFPC, porque nenhum gestor procede em nome próprio. Mais curioso ainda é falar em pessoas físicas ou jurídicas, expressão que somente é utilizável quando de distinções. Mencionadas as duas únicas hipóteses que existem nesse domínio, não havia necessidade de a elas aludir. Ou seja, alguém ou entidade não pode negociar com ninguém.

O dispositivo chama a atenção para a diferença, que se impõe, relativa à distinção entre essas operações comerciais, então vedadas, policiadas e censuradas, e aquelas próprias das aplicações econômicas ou financeiras.

O texto dá a falsa impressão de dizer uma obviedade, de que as EFPC não podem praticar atividades vedadas; claro que não, mas agora está limitando apenas àquelas vedadas pela legislação própria.

1. Sujeito ativo — Pela descrição do tipo a infração diz respeito a uma pessoa, possivelmente o membro de Diretoria Executiva, que praticaria o ato censurado, que é o sujeito ativo da ação, mas na verdade quem está proibida de fazer essas operações não-previdenciárias é a EFPC.

2. Operações comerciais — Por ato de comércio se entende a compra e a venda de bens, produtos e mercadorias. Somente em sentido lato se incluiria a prestação de serviços. Vender plano de benefícios, que também é proibido, não constitui atividade mercantil. Quem intermedia serviços não é comerciante. O produtor rural (que produz e não compra) vende os seus produtos, mas não é comerciante. Industrial que transforma a matéria e tem de "comercializar" as suas mercadorias não pratica comércio. Quando a LBPC veda a comercialização é no sentido estrito da prática de atos submetidos ao Código Comercial.

3. Operações financeiras — Tecnicamente, uma EFPC não é uma empresa financiadora nem bancária ou seguradora, é entidade ou instituição previdenciária. Quando se diz que alguém faz um seguro com o INSS ou com uma entidade de previdência é no sentido de que a relação tem algumas características do seguro privado, mas não é essa modalidade de proteção (que, aliás, está no mercado). Evidentemente, que as aplicações financeiras a que está obrigado o fundo de pensão nada têm a ver com esta vedação. O art. 103 fala nas operações proibidas pela legislação, que vem a ser o Decreto-lei n. 73/66 (seguro privado), Lei n. 6.024/74 e as expressamente referidas na LBPC.

4. *Nomem juris* — Como as operações comerciais e financeiras são todas jurídicas e como algumas estão fora do alcance dos fundos de pensão, operação jurídica em nome da EFPC é um bom título para a infração.

5. Tipo de procedimento — Há verdadeira ação comissiva para que o resultado seja atingido, é quase impossível realizar esta tarefa condenada por omissão.

6. *Iter criminis* — Como toda ação complexa, ela admite atos preparatórios, tentativa e consumação.

7. Objetividade jurídica — A especialização das suas atividades, que têm de ser eminentemente previdenciárias (e chega o que um fundo de pensão tem de fazer em matéria de investimentos para amealhar ativos garantidores), obriga à não diversificação dessas mesmas atividades. Quem tem um enorme capital nas mãos, montante comprometido com o porvir dos protegidos, é tentado a se utilizar deles com outros propósitos, às vezes até alvissareiros. O legislador não quer isso.

8. Elemento subjetivo — Ainda que essas operações censuradas conceitualmente estejam muito próximas da própria atividade previdenciária (que au-

torizadamente compreende algumas delas), raramente o autor da infração as praticou sem saber o que estava fazendo. Provavelmente agiu com manifesta vontade de exercê-las e, quiçá, com *animus* de beneficiar a entidade, o plano de benefícios e os participantes. Entretanto, o legislador não quer isso porque sabe dos perigos dessa proximidade.

9. *Modus operandi* — O agente compra e vende um produto previdenciário. Ele faz uma aplicação financeira fora do que está programado, regulamentado para isso.

10. Sujeito passivo — Como na maioria dos casos são prejudicados a EFPC, o plano de benefícios e os participantes.

CAPÍTULO CIV

DESCUMPRIMENTO DA LC N. 108/01

Art. 104. Permitir que participante, vinculado a plano de benefícios patrocinado por órgão, empresa ou entidade pública, entre em gozo de benefício sem observância dos incisos I e II do art. 3º da Lei Complementar n. 108, de 2001.

Penalidade: multa de R$ 10.000,00 (dez mil reais), podendo ser cumulada com suspensão pelo prazo de até trinta dias.

Remissão: arts. 37, 40 e 202 da CF;
ECs ns. 20/98, 41/03 e 47/05;
art. 3º, I/II da LC n. 108/01;
Leis ns. 9.717/98, 10.666/03 e 10.887/04;
art. 15 do PCSS;
arts. 24/27 e 142 do PBPS;
art. 5º do Decreto-lei n. 200/67;
Decreto-lei n. 900/69;
art. 12 do RPS;
Portaria MPAS n. 4.882/98;
Resolução CGPC n. 7/02.

No mesmo dia em que foi promulgada a LBPC, em 29.5.01, também foi editada a LC n. 108/01, cuja ementa diz tratar-se da relação "entre a União, os Estados, Distrito Federal e os Municípios, suas autarquias, fundações, sociedades de economia mista e outras entidades públicas e suas respectivas entidades fechadas de previdência complementar".

Logo, ela cuidava da previdência privada referida no art. 40 da Carta Magna dos servidores ocupantes de cargo efetivo, também designados como estatutários e dos empregados regidos pela CLT, vinculados à administração indireta, cuja regência é a LC n. 109/01. Ou seja, no que agora importa, a complementação desses trabalhadores obedece a essas duas normas.

Numa disposição que disciplina especificamente as entidades fechadas patrocinadas por essas empresas, também genericamente designadas como estatais, o art. 104 do RRPS pretende o cumprimento de preceito específico da LC n. 108/01, como antecipado, norma co-irmã da LC n. 109/01, em matéria de previdência complementar.

Diz o aludido art. 3º: "Observado o disposto no artigo anterior," (que diz: "As regras e os princípios gerais estabelecidos na Lei Complementar que regula o *caput* do art. 202 da Constituição Federal aplicam-se às entidades reguladas por esta Lei Complementar, ressalvadas as disposições específicas") — que introduz a disciplina da previdência complementar dos entes políticos — ("autarquias, fundações, sociedades de economia mista e empresas controladas direta ou indiretamente, enquanto patrocinadores de entidades fechadas de previdência complementar" — art. 1º) — "os planos de benefícios das entidades de que trata esta Lei Complementar atenderão às seguintes regras: I — carência mínima de sessenta contribuições mensais a plano de benefícios e cessação do vínculo com o patrocinador, para se tornar elegível a um benefício de prestação que seja programada e continuada; e II — concessão de benefício pelo regime de previdência ao qual o participante esteja filiado por intermédio de seu patrocinador, quando se tratar de plano na modalidade de benefício definido, instituído depois da publicação desta Lei Complementar".

Se a entidade pública não observa o que diz a LC n. 108/01, que tem regras próprias sobre os seus benefícios complementados, ela descumpre a norma superior. O Regulamento Básico dessa EFPC dispor contrariamente à dita regra caracterizará a infração, que consiste em conceder a prestação em desconformidade com o preceituado.

Dizem respeito a três tópicos importantes: a) período de carência; b) afastamento do trabalho para fins de prestação programada e continuada; e c) tipo de plano de benefício definido.

Vale lembrar que a norma da LC n. 108/01 obriga o administrador do fundo de pensão do servidor a estar, todo o tempo, acompanhando a evolução da legislação do PBPS, porque essas normas afetam o seu Regulamento Básico. É só lembrar da MP n. 242/05 que durou apenas quatro meses e quantos transtornos causou ao RGPS.

À evidência a disposição é precária, consagrando expressões genéricas, sinônimas, confusas e que são gênero e espécie ao mesmo tempo. Querendo-se, semanticamente, tanto o "órgão", a "entidade" quanto o "estatal", abarcam todo tipo de organização pública da administração direta (ente político e autárquico) e indireta (fundações, empresa pública e sociedade de economia mista).

O dispositivo, para ser cumprido, pressupõe por parte do agente, que ele domine conceitos de Direito Administrativo, até para saber se a patrocinadora é uma das indicadas no art. 104 e no art. 3º da LC n. 108/01. Basta ver as dificuldades históricas quanto à classificação da natureza jurídica da OAB, o que são os "terceiros" (ou Grupo S) e principalmente das entidades cuja existência é provisória como são as campanhas públicas.

Curiosamente, a pena para esta infração é diminuta.

1. Período de carência — De regra, necessariamente, o período de carência da prestação complementar não se confunde com o período de carência do RGPS, disciplinado nos arts. 24/27 e 142 do PBPS, comandos alterados pela Lei

n. 10.666/03. Pode dar-se do obreiro público beneficiar-se desse comando particular, em relação ao benefício básico, sem poder usufruir a mesma vantagem em relação ao complementar.

2. Desligamento — O empregado que desejar a complementação, diferentemente dos demais trabalhadores regidos pela CLT e que fazem parte da iniciativa privada, tem de romper o vínculo empregatício para fazer uso do direito ao benefício da EFPC.

3. Tipo de plano — O plano de benefícios definido, se criado depois de 29.5.01, terá de seguir "as regras e os princípios gerais estabelecidos" na LBPC.

4. Sujeito ativo — Apenas os administradores da EFPC praticam essa ocorrência, e a SPC terá enormes dificuldades em averiguar quem é o responsável de vez que o ES e o RB são documentos elaborados antes de sua instituição, por ela aprovados e contando, até então, com a anuência da Diretoria Executiva e do Conselho Deliberativo.

5. Órgão — A expressão órgão significa o ente político da Administração Pública direta (União, Estado, DF e Município). Logo, aplica-se o dispositivo à EFPC de natureza pública regida superiormente pelo art. 40, §§ 14/16, da Constituição Federal.

6. Empresa — Aparentemente fala da empresa pública. Para o art. 5º, II, do Decreto-lei n. 200/67: "a entidade dotada de personalidade jurídica de direito privado, com patrimônio próprio e capital exclusivo da União ou de suas entidades de Administração Indireta, criada por lei para desempenhar atividades de natureza empresarial que o Governo seja levado a exercer, por motivos de contingência ou conveniência administrativa, podendo tal entidade revestir-se de qualquer das formas admitidas em direito". Por seu turno sociedade de economia mista é "a entidade dotada de personalidade jurídica de direito privado, criada por lei para o exercício de atividades de natureza mercantil, sob a forma de sociedade anônima, cujas ações com direito a voto pertençam, em sua maioria, à União ou à entidade da Administração Indireta" (art. 5º, III).

7. Entidade pública — Como antecipado, entidade pública é locução precaríssima e só pode estar indicando as fundações públicas.

8. *Nomem juris* — Embora se tenha de chamar de descumprimento da LC n. 108/01, devido às sucessivas remissões, na verdade ela estará falando da não observância da LBPC e dos arts. 40 e 202 da Constituição Federal.

9. Elemento subjetivo — A enormidade de situações que podem deflagrar esta infração torna impossível classificá-la como decorrente de apenas omissão ou de apenas comissão. A história mostra que ocorrerão as duas circunstâncias.

10. *Iter criminis* — São todos atos complexos, como a elaboração de ES ou RB e eles podem ser interrompidos, caracterizando-se a tentativa, mas somente a consumação será punida.

11. Objetividade jurídica —Vários postulados doutrinários e constitucionais vêm sendo adotados e disciplinados pelo legislador e um deles é a universalidade

da previdência social, pretendendo que um dia ela seja igual para todos: básica e complementar (porque todos seriam iguais). Assim, embora ofereça um ou outro item distinto, na maior parte dos casos quer regras universais.

12. Tipo de procedimento — O autor age por culpa e dolo, conforme cada situação.

13. *Modus operandi* — Quando da organização da entidade ou já criada, permite que os benefícios concedidos vão de encontro à regra do art. 3º da LC n. 108/01.

14. Sujeito passivo — A organização da proteção social, em particular da previdência complementar, é erodida com esta prática.

CAPÍTULO CV

GANHOS INDEVIDOS

Art. 105. Permitir o repasse de ganhos de produtividade, abono ou vantagens de qualquer natureza para o reajuste dos benefícios em manutenção em plano de benefícios patrocinado por órgão ou entidade pública.
Penalidade: advertência ou multa de R$ 10.000,00 (dez mil reais).

Remissão: arts. 40, § 8º e 201, § 11, da CF;
ECs ns. 20/98, 41/03 e 47/05;
art. 3º, parágrafo único, da LC n. 108/01;
Lei n. 9.717/98;
Lei n. 10.877/04;
art. 28, § 9º, do PCSS;
art. 41 do PBPS;
Portaria MPAS n. 4.882/98;
Resolução CGPC n. 1/00.

O exame deste preceito reclama reprodução do parágrafo único do art. 3º da LC n. 108/01: "Os reajustes dos benefícios em manutenção serão efetuados de acordo com critérios estabelecidos nos regulamentos dos planos de benefícios, vedado o repasse de ganhos de produtividade, abono e vantagens de qualquer natureza para tais benefícios". Note-se que *ab initio* fixa regra magnífica, atribuindo importância ao Regulamento Básico e, em seguida, a limita (não poderia incluir certos valores).

Na única disposição sobre a política de reajustamento dos benefícios previdenciários, que abarca as figuras da paridade absoluta, da paridade mitigada e do critério da variação integral do INPC (própria do RGPS), tenta o art. 105 policiar o repasse de acréscimos havidos na remuneração ou nos vencimentos dos participantes ativos para os inativos das empresas públicas. Com isso, a regra de atualização monetária definida no Regulamento Básico só pode ser aquela que repõe a perda do poder aquisitivo da moeda e, aí, conforme certo indexador; que no RGPS é o INPC.

Curiosamente, como sucede desde o art. 105 o comando penalizou com pena não pecuniária em primeiro lugar para, em seguida, fixar punição pecuniária, ambas de pouca expressão. Dá a entender que dentro da opção e em face do que julga ser *lana caprina*, primeiro haveria a advertência. Se, a despeito da infração, os administradores não estivessem obrigados a desfazer o ato equivocado (RPPC, art. 59), as sanções postas à disposição da SPC não seriam capazes de elidir a ação deletéria infracional.

Importa deixar bem claro o que se deva entender por repasse, ganhos de produtividade, abono, quaisquer vantagens e entidade pública. E também que tal disposição pode padecer de algum vício de inconstitucionalidade.

A Resolução CGPC n. 1/00 determinou que a partir de 16.12.00, as EFPC deverão observar a paridade entre a contribuição existente entre patrocinador e a dos segurados.

1. Repasse — Habitualmente, repassar significar majorar o valor das complementações consoante ganhos havidos pelos participantes ativos durante o curso de sua vida profissional, de sorte que possam obter todos os acréscimos reais que favorecem o empregado ou o servidor enquanto na atividade, procedimento também conhecido como paridade entre ativo e inativo e que sofreu modificações com as ECs ns. 41/03 e 47/05.

2. Ganhos de produtividade — Tendo em vista que os ganhos habituais integram o salário-de-contribuição (CF, art. 201, § 11), pretende o RPPC que esses ganhos dos trabalhadores em atividade sejam incorporados ao valor da prestação complementar. Ganhos de produtividade são gratificações aferidas em razão do esforço pessoal do trabalhador, sendo comuns em relação a auditores-fiscais, procuradores e outros obreiros do serviço público.

3. Abonos — São acréscimos salariais de duração limitada sem se incorporarem à remuneração do segurado; normalmente, não fazem parte do conceito de salário-de-contribuição (PCSS, art. 28, § 9º, *e*, 7).

4. Vantagens — A expressão "vantagens" é genérica demais para ser utilizada numa norma jurídica exceto quando associada ao vocábulo "quaisquer", com isso pretendendo excluir tudo relacionado com a vedação. Propicia ampla discussão sobre o seu significado, alcance e validade, o que tornará onerosa a aplicação deste dispositivo do Decreto n. 4.942/03. Num sentido amplo, tudo o que não for o vencimento básico será uma vantagem e ainda que todas as conquistas sociais.

5. Entidade pública — Como antecipado, o emprego de certas expressões, por sua generalidade, cria problemas para o aplicador e intérprete da norma. Tendo em vista a proximidade do tema à LC n. 108/01, é perceptível que a disposição está se referindo à abrangência do seu art. 3º, em que fala em órgãos da administração pública direta e indireta, entes políticos autárquicos, fundações, empresas públicas e sociedades de economia mista.

6. *Nomem juris* — Sinteticamente, repasse de ganhos, consagra esta última expressão como indicativa de acréscimo, tais como as gratificações de produtividade, abonos e vantagens espelham a ocorrência que, uma vez caracterizada, implicaria na pena do art. 105 do RPPC.

7. Elemento subjetivo — Repassar valores é ação nitidamente comissiva, reclama procedimentos ajuizados, objetivos, intencionais. Não ocorre por omissão.

8. *Iter criminis* — Esta ação é complexa; exige seqüência de atos e comporta corte antes da sua realização, mas a tentativa não experimentará punição. Assim, uma simples comunicação verbal ao Auditor-Fiscal ou simples correspondência da SPC porá fim ao desiderato infracional.

9. Objetividade jurídica — O Decreto n. 4.942/03 quer a observância das ECs ns. 20/98, 41/03 e 47/05 em matéria de reajustamento de benefícios para os servidores.

10. Tipo de procedimento — O dolo é bastante caracterizável.

11. *Modus operandi* — Programando o acréscimo vedado pelo art. 3º, parágrafo único, da LC n. 108/01, o administrador manda pagá-lo.

12. Sujeito passivo — Com *plus* não permitido pela lei o plano de benefícios é afetado e nos casos de excessos pode desdobrar-se em desequilíbrio.

CAPÍTULO CVI

ELEVAÇÃO DE APORTE PATRONAL

Art. 106. Elevar a contribuição de patrocinador sem prévia manifestação do órgão responsável pela supervisão, pela coordenação e pelo controle de patrocinador na esfera de órgão ou entidade pública.

Penalidade: advertência ou multa de R$ 10.000,00 (dez mil reais).

Remissão: art. 202, § 3º, da CF;
art. 5º da EC n. 20/98;
art. 6º, §§ 1º e 3º da LC n. 108/01;
art. 9º da LBPC;
LC n. 100/01;
Lei n. 4.595/64 (CMN);
art. 21 da LBPC;
Lei n. 8.666/03;
LC n. 101/00 (LRF);
Decreto n. 3.107/94;
Resolução CVM n. 3.121/03;
art. 37, XXXIV, da Minuta do Regulamento;
art. 37, XL, do Decreto n. 4.206/02.

Em alguns ambientes da massa protegida, o plano de benefícios da entidade pública enfrenta dificuldades, conhece déficit e se desequilibra. Nesse momento ou até antes disso, prevendo os obstáculos à frente, às vezes o gestor busca recursos no patrocinador, em vez de, se for o caso, operar em consonância com o art. 21 da LBPC. Nessas circunstâncias, justificado tecnicamente o procedimento administrativo, o RPPC pretende que tal providência não suceda sem que sejam ouvidos diversos órgãos da Administração Pública. Entre os quais, no âmbito do MPS, inicialmente, a SPC.

Pela oportunidade, registre-se que o art. 202, § 3º, da Constituição Federal obsta a contribuição patronal superar a dos participantes. No máximo, poderá ser igual.

A redação do dispositivo dá a entender que, ao contrário, a diminuição do aporte patronal não sujeita o autor a qualquer penalidade, mas evidentemente isso terá de ocorrer em conformidade com a LBPC.

Claramente a norma é uma defesa do patrimônio do Estado e, em virtude disso, as contribuições dos participantes individualmente considerados, especialmente se previamente convencionado, podem ser majoradas sem a dita oitiva. À evidência, enfrentando os questionamentos próprios das mudanças de regras no curso da relação jurídica complementar (LBPC, art. 17).

Também está bastante solar que nesse dispositivo não há vedação à majoração dos aportes patronais, mas apenas e tão-somente uma proibição de que isso suceda sem serem previamente ouvidas as autoridades do serviço público indicadas.

Exceto a determinação genérica ("violar dispositivos legais ou regulamentos aplicáveis aos componentes do regime de previdência complementar" do art. 37, XL), o Decreto n. 4.206/02 não tinha normas a respeito.

Silvio Wanderley do Nascimento Lima lembra que: "A aplicação dos recursos garantidores se dá, precipuamente, nos mercados financeiros de valores mobiliários. Essa atividade é levada a efeito segundo a orientação superior do Conselho Monetário Nacional, cabendo ao Banco Central do Brasil — BACEN e à Comissão de Valores Mobiliários — CVM, nas áreas financeiras e de valores mobiliários, respectivamente, fiscalizar as entidades atuantes nestes mercados e, ao CMN, regulamentar subsidiariamente as respectivas operações e atuações" ("Comentários sobre a natureza das Entidades Fechadas de Previdência Complementar dos Servidores Públicos titulares de cargo efetivo?", *in* RPS n. 187/869).

1. Contribuição — Por contribuição há de se entender o aporte normal e o extraordinário, não a alíquota ou a base de cálculo, mas a contribuição propriamente dita.

2. Órgãos controladores — Órgãos da Administração Pública de cada um dos entes políticos têm o dever constitucional e legal de monitorar os gastos públicos antes que eles sucedem e até depois disso (TCU). A Controladoria Geral da União também exerce esse papel e são várias as autoridades que controlam os gastos públicos, entre os quais, a CVM e o BCB.

3. Sujeito ativo — Na maior parte dos casos o sujeito ativo da ação a ser desencorajado é uma pessoa envolvida com a previdência complementar, parte integrante da administração da EFPC, mas algumas delas não são protegidas ou não adquirem esse nível e até estranhas ao sistema. Este é o caso, aqui se refere o RPPC ao administrador da patrocinadora que promove o aumento da contribuição, logo o sujeito ativo da infração.

4. *Nomem juris* — O art. 107 não veda o aumento de contribuições de quem quer que seja; o que ele quer proibir é a majoração da parte patronal sem que sejam ouvidas as autoridades que detêm o poder de policiá-las. Também não cuida de contribuições indevidas. Logo é uma elevação não autorizada do aporte patronal.

5. Elemento subjetivo — Quem assim opera age, efetivamente, por comissão clara e deliberada. Trata-se de ação complexa, formidável e que repercute no seio da patrocinadora, implicando numa série de providências que não podem ser tomadas sem expressiva volição.

6. *Iter criminis* — Se o administrador da patrocinadora aumenta a participação pecuniária desta ele consuma a infração. Se isso ainda não aconteceu não há o que se fazer em matéria contenciosa, ainda que reclame outras providências por parte da SPC.

7. Objetividade jurídica — A EC n. 20/98, ao dar nova redação ao art. 202 da Carta Magna, e a própria LC n. 109/01, revelam a preocupação do Governo Federal em que os entes políticos não canalizem excessivos recursos para os fundos de pensão públicos (ainda que necessários), criando o princípio do equilíbrio da sua contribuição com os participantes. Para que não ocorram desvios administrativos, cautelarmente fiscaliza esses aportes e pretende saber como são desembolsados em condições usuais e excepcionais.

8. Tipo de procedimento — O agente procede com dolo deliberado, mas não foi descartada a ignorância do dispositivo e por isso não obteve a prévia homologação das autoridades.

9. *Modus operandi* — O gestor da patrocinadora aumenta a contribuição patronal sem ouvir as autoridades públicas. Haverá casos em que ele não espera a autorização chegar e inicia os pagamentos censurados.

10. Sujeito passivo — O ofendido é o respeito que há de haver com o erário, ofensa à Administração Pública, desrespeito à ordem jurídica.

CAPÍTULO CVII

EXIGÊNCIA EXCESSIVA DE CONTRIBUIÇÃO

Art. 107. Cobrar do patrocinador na esfera de órgão ou entidade pública contribuição normal excedente à do conjunto dos participantes e assistidos a eles vinculados ou encargos adicionais para financiamento dos planos de benefícios, além dos previstos no plano de custeio.

Penalidade: advertência ou multa de R$ 10.000,00 (dez mil reais).

Remissão: art. 202, § 3º, da CF;
arts. 5º e 6º da EC n. 20/98;
arts. 4º, parágrafo único e 5º, da LC n. 108/01;
art. 19, parágrafo único, I/II, da LBPC;
Resolução CGPC n. 1/00;
IN SPC ns. 34/02 e 37/02;
art. 11, § 2º, II e § 3º, da Minuta do Regulamento;
art. 99 do RRPC.

Convém destacar *ab initio* que o art. 202, § 3º, da Carta Magna não quer que mensalmente as patrocinadoras "públicas" paguem contribuições patronais no total superior à dos participantes, modalidade fiscal conhecida como "um por um", sem prejuízo de que o *quantum* possa ultrapassar a das patrocinadoras. E assim ajuizou o Constituinte Reformador, mesmo sabendo que no RGPS praticamente a relação é de "três por um" *(sic)*, o que não importa na análise. E sem que tenha sido criada uma regra que estabeleça um vínculo entre a parte da sociedade (patronal) e a do indivíduo (contribuinte).

O art. 107 é norma eminentemente jurídica, no sentido de prestigiar, valorizar e corroborar a eficácia das cláusulas de custeio constantes no Regulamento Básico (e/ou do ES). Pretende reafirmar a importância formal daquilo que foi ajustado entre as partes (ainda que se saiba que não há volição alguma nos dois pólos, mas adesão a quadro previamente determinado). É mais um artigo específico para o cuidado na gestão das estatais, iniciado com o art. 104 do RPPC, que diz respeito a órgão (os quatro entes políticos) e empresa estatal, ambiente em que a infração pode vir a ocorrer.

A determinação nasce do equilíbrio financeiro das contas, questão relevante que deixou o nível da pretensão doutrinária e alçou-se a verdadeiro postulado constitucional, segundo o qual, como antecipado, no máximo, a cotização da patrocinadora, no seu total considerado, não deve ultrapassar a soma dos aportes dos participantes ativos e assistidos.

Já que não há menção à homologação dos entes ministeriais, a infração em si não é deixar de ouvi-la e sim proceder à exigência, ainda que esse descumprimento possa estar presente em outro artigo do RPPC. Por equívoco, ainda que a SPC autorize esse desembolso, estará consumada a providência censurada.

Quando diz "além dos previstos no plano de custeio", não significa que, ao contrário, se houver previsão regulamentar contrária ao postulado da Lei Maior, que a providência será acolhida.

1. Cobrança — Diferentemente do art. 99 do RPPC, o dispositivo fala em "cobrar", a ser entendido como a exigência judicial e a administrativa, e até mesmo uma eventual exigência epistolar ou política, das contribuições.

2. Tipo de contribuições — Didaticamente, pelo menos três contribuições estão envolvidas no cálculo do seu total, para saber se se igualam ou não à dos participantes: a) contribuições normais; b) cotizações excepcionais; e c) encargos adicionais.

3. Cálculo do valor — Mensurar o valor é operação complicada e somente será possível à SPC caracterizar a infração quando tiver certeza dos montantes envolvidos na ocorrência. A demonstração do fato sob comentário reclama, mais do que nunca, um relatório discriminativo objetivo, técnico e inatacável, caso contrário se estabelecerá discussão infindável, impondo auditoria externa custosa.

4. Participantes e assistidos — Por ocasião do dimensionamento do total das contribuições que servirão de base de cálculo para a aferição da parte patronal, serão levados em conta os pagamentos dos contribuintes ativos e inativos, excetuados os autopatrocinados (porque já pagam a dupla cota), valores a serem confrontados com os da patrocinadora no mesmo interregno.

5. Legalidade das contribuições — Evidentemente que eventuais encargos adicionais legais, como aqueles previstos no art. 21 da LPBC estão fora da hipótese.

6. Sujeito ativo — Se antes o dirigente da patrocinadora poderia incidir na infração, aqui o sujeito ativo é alguém da EFPC.

7. Órgão — Como antes, por órgão se entenderá a presença dos entes políticos que compõem a administração direta dos quatro entes políticos.

8. Entidade — Da mesma forma, a concepção de entidade diz respeito aos órgãos da administração indireta.

9. *Nomem juris* — Diante do que é usual, exigir mais não passa de uma cobrança excessiva de contribuição.

10. Elemento subjetivo — O diretor da EFPC que, tendo conhecimento dos números, cobra excessivamente da patrocinadora é movido por comissão.

11. *Iter criminis* — Cobrar não é consumar o recebimento do cobrado. Basta a exigência para decantar a infração.

12. Objetividade jurídica — No passado, as estatais carrearam recursos para os fundos de pensão de modo que afrontaria o que a doutrina especializada chama de equilíbrio na relação entre a participação da sociedade (leia-se patrocinadora) e a participação do indivíduo (segurado). Essa relação matemática e financeira, ainda que válida, nunca foi positivada nem é muito conhecida, mas desde a EC n. 20/98 cimenta um princípio constitucional a ser respeitado.

13. Tipo de procedimento — Podem ocorrer duas hipóteses: a) ação dolosa de aumentar o patrimônio da entidade e b) ação culposa, por imperícia.

14. *Modus operandi* — O administrador promove a cobrança de importâncias que sabe indevidas por descumprirem as duas leis básicas da previdência complementar (LC ns. 108/01 e 109/01).

15. Sujeito passivo — Quem sofre a ação é a patrocinadora diretamente, o Estado pessoalmente e, por último, a coletividade.

CAPÍTULO CVIII

COBRANÇA DE DESPESA ADMINISTRATIVA

Art. 108. Cobrar despesa administrativa do patrocinador na esfera de órgão ou entidade pública ou dos participantes e assistidos sem observância dos limites e critérios estabelecidos pelo Conselho de Gestão da Previdência Complementar ou pela Secretaria de Previdência Complementar.

Penalidade: advertência ou multa de R$ 10.000,00 (dez mil reais).

Remissão: art. 42, I, da Lei n. 6.435/77;
art. 10, § 1º, da LBPC.

As despesas administrativas de uma EFPC têm de ser custeadas por alguém e os recursos, de uma forma ou de outra, provirão do patrocinador e do participante. Em matéria de entidade fechada não pública, as partes convencionam a respeito desse assunto desde o Convênio de Adesão até o Regulamento Básico, inexistindo norma punitiva na LBPC ou no RPPC, em face de excessos ou insuficiências.

Mas os princípios administrativos recomendam cautela nessa política da EFPC quando se tratar da entidade pública. Daí, terem os órgãos reguladores e fiscalizadores o poder de orientar, normatizar e fiscalizar os diferentes níveis dos valores cobrados a esse título do patrocinador ou dos participantes. Ocorrendo abuso, estará caracterizada a ocorrência punida pelo Decreto n. 4.942/03.

Caso uma entidade entenda que reúne características próprias e que não pode suportar os encargos administrativos, se acolher o tabelamento ministerial, ela deve reunir dossiê sobre o assunto, submetê-lo à SPC e requerer a distinção, sem cobrar indiscriminadamente.

A LBPC e mesmo a vetusta Lei n. 6.435/77, não dispuseram sobre o tema, abrindo espaço para a regulamentação.

1. Despesa administrativa — O *quantum* das despesas administrativas de uma entidade é totalizável. O custo poderia ser distribuído a todos os participantes, como se fosse um imposto, ainda que cada um deles não tenha deflagrado esse ou aquele encargo, mas considera-se mais justo que assuma a natureza de taxa, ou seja, que o atendido pessoalmente considerado deva pagar certo valor

tarifado previamente. Para que isso suceda com alguma identidade, igualdade e responsabilidade impõem-se regras estatuídas pelos entes ministeriais, caso contrário cada EFPC adotará um critério particular.

2. *Nomem juris* — Deixando de atender às determinações legais há descumprimento da norma. Logo, esse é um procedimento indevido e, por isso, o título da infração pode ser igual ao deste capítulo.

3. Elemento subjetivo — Não cumprir as determinações regulamentares é proceder com vontade deliberada, ou seja, ação comissiva.

4. *Iter criminis* — Uma vez fixados os parâmetros ministeriais, que podem não coincidir com as planilhas de custos de cada fundo de pensão, a eles estão obrigadas as EFPC. Diante do ato de descumprimento da norma, estará caracterizada a infração.

5. Objetividade jurídica — Alguma uniformidade de procedimentos, ou seja, certa universalização da cobrança das despesas, é desejável.

6. Tipo de procedimento — Opera com dolo exigir valores vedados em norma previdenciária ministerial.

7. *Modus operandi* — O administrador cobra taxas de administração e outros encargos em distonia com as regras do MPS.

8. Sujeito passivo — São desrespeitados os entes supervisores ministeriais.

CAPÍTULO CIX

CONTROLE DE EMPRESAS

Art. 109. Exercer em nome de entidade fechada de previdência complementar patrocinada por órgão ou entidade pública o controle de sociedade anônima ou participar em acordo de acionistas, que tenha por objeto formação de grupo de controle de sociedade anônima, sem prévia e expressa autorização do patrocinador e do seu respectivo ente controlador.

Penalidade: multa de R$ 15.000,00 (quinze mil reais), podendo se cumulada com inabilitação pelo prazo de dois anos.

Remissão: art. 40, §§ 14/16 da CF;
ECs ns. 20/98, 41/03 e 47/05;
LC n. 108/01;
arts. 111/117 da Lei n. 6.404/76;
Decreto-lei n. 2.321/87;
Leis ns. 6.024/74 e 9.447/97.

Encerrando a disciplina das infrações que podem ser cometidas pelas entidades fechadas públicas, iniciado com o art. 104 do RPPC, dispõe o seu art. 109 sobre tema de Direito Comercial relativo ao controle de sociedades anônimas.

Não pretende o administrador ministerial que alguém em nome da entidade pública previdenciária exerça domínio sobre sociedades anônimas nem que participe de acordo de acionistas, pensando em grupo de controle de sociedades anônimas, sem que seja ouvido o patrocinador e o ente controlador.

Salienta-se que, aqui e agora, não é a oitiva da SPC ou do CGPC que é reclamada e, sim, de pessoas jurídicas de direito público.

Essa participação, que uma vez autorizada, seria legal e um tanto estranha às atividades de uma EFPC, máxime pública, mas por vezes há interesse em que isso aconteça; o que não pode suceder é tal atividade, tão importante, sobrevir sem que os entes supervisores disso tomem conhecimento.

Fábio Zambite Ibrahim estudou os fundos públicos ("Análise do art. 40 da Carta Magna — A Previdência Complementar do Servidor Público", *in* "Jornal do 4º Congresso Brasileiro de Previdência Complementar", São Paulo: LTr, 2004, pp. 26/28).

1. *Nomem juris* — Diante da generalidade das ações compreendidas na descrição regulamentar o controle de empresas pode exprimir a infração.

2. Elemento subjetivo — Autorizado legalmente para a operação, omite-se aquele que teve a iniciativa da ação quanto ao seu dever, que permeia toda a LPBC e o RPPC, de submeter tal importante providência ao MPS.

3. *Iter crinimis* — Outro ato complexo, que envolve um sem-número de medidas, impossível de ocorrer sem uma seqüência interrompível, podendo quedar-se na tentativa.

4. Objetividade jurídica — Ações dessa natureza, por sua nuclearidade, complexidade e riscos a serem assumidos, podem pôr em risco a estabilidade da EFPC, o que leva o Estado a acompanhá-la diuturnamente.

5. Tipo de procedimento — Só o dolo pode justificar essa ação.

6. *Modus operandi* — Depois de auscultado o Conselho Deliberativo, a Diretoria executiva exercer o controle indesejável sem dar conhecimento à SPC.

7. Sujeito passivo — É ofendido o controle monitorador do MPS com a ação infracional do agente.

CAPÍTULO CX

VIOLAÇÃO DE OUTROS DISPOSITIVOS

Art. 110. Violar quaisquer outros dispositivos das Leis Complementares ns. 108 e 109, de 2001, e dos atos normativos regulamentadores das referidas Leis Complementares.

Penalidade: multa de R$ 10.000,00 (dez mil reais), podendo ser cumulada com suspensão pelo prazo de até cento e oitenta dias ou com inabilitação pelo prazo de dois até dez anos.

Remissão: arts. 40 e 202 da CF;
ECs ns. 20/98, 41/03 e 47/05;
art. 28 da LC n. 108/01;
art. 65 da LC n. 109/01;
Leis ns. 6.435/77, 9.717/98 e 10.887/04;
Lei n. 9.784/99;
Decreto n. 70.235/72;
MPs ns. 2.222/01, 25/02 e 167/04;
Decreto-lei n. 73/66 (CNSP);
Decretos ns. 81.240/78, 81.402/78, 3.721/01, 4.003/01, 4.206/02, 4.678/03 e 4.942/03;
Portaria MPAS n. 4.882/98;
Resoluções CGPC ns. 1/00, 2/00, 2/01, 7/02, 9/02, 11/02, 12/02, 5/03, 6/03, 7/03, 11/03, 8/04, 9/04, 12/04, 13/04, 14/04 e 16/05;
IN SPC ns. 25/01, 26/01, 27/01, 30/01, 37/01, 31/02, 33/02, 34/02, 36/02, 37/02, 38/02, 42/02, 4/03 e 3/04;
Portarias SPC ns. 843/01, 42/02 e 8/05;
Resoluções CNSP ns. 52/01, 53/01, 58/01, 59/01, 60/01, 62/01, 65/01, 74/02, 78/02, 79/02, 81/02, 86/02, 87/02, 88/02, 90/02, 91/02, 92/02, 93/02, 97/02 e 98/02;
Resoluções CMN ns. 2.829/01, 2.850/01, 2.922/01, 2.927/02, 3.000/92 e 3.002/92;
Resoluções SUSEP ns. 4/01, 61/01, 66/01, 68/01, 73/02, 74/02 e 115/04;
Parecer SUSEP n. 4/01;
Parecer CJ/MPAS n. 30/02;

Parecer CJ/MPS n. 3.333/04;
Despacho do MPS de 20.11.02;
Recurso Ordinário de 31.3.03;
Circulares SUSEP ns. 65/01, 164/01, 167/01, 174/01, 175/01, 177/01, 186/02 e 272/04;
IN SRF ns. 6/02 e 170/02;
Minuta do Regulamento.

Entre os 48 artigos do RPPC (arts. 63/110), de todos eles, no comando destinado a maior polêmica, o Decreto n. 4.942/03 dita regulação que produzirá celeuma institucional, prática e jurídica, caso o MPS não atenda à filosofia vigente do Direito Previdenciário, os princípios administrativos da Lei n. 9.784/99, as regras básicas da previdência complementar e o espírito do ordenamento jurídico contido nas duas leis básicas mencionadas. Isso se deve a várias causas, entre elas a fluidade do preceito enfocado, sua precariedade redacional e as impropriedades como norma imperativa.

A utilização da expressão "quaisquer", máxime contida no regime repressivo de uma norma, não é recomendável. Ela dá azo a variada interpretação e pode incitar o aplicador inidôneo ao arbítrio procedimental. "Quaisquer" não tem limite e representa delegação tecnicamente inadequada, tornando o dispositivo quase imprestável, se não empregado com experiência da área, conhecimento técnico e bastante sabedoria.

O art. 110 tenta reproduzir a idéia do *caput* do art. 65 da LBPC: "A infração de qualquer disposição desta Lei Complementar ou de seu regulamento, para a qual não haja penalidade expressamente cominada, sujeita a pessoa física ou jurídica responsável, conforme o caso e a gravidade da infração, às seguintes penalidades administrativas, observado o disposto em regulamento: ...".

1. Comandos mencionados — A redação do artigo enfocado inicia-se falando em "outros" dispositivos das duas leis básicas, presumindo-se que todos os arts. 63/109 do RPPC esgotem o universo normativo, o que não é verdade.

2. Multa uniforme — É estabelecida punição padrão, possivelmente reduzida para algumas infrações mais graves e elevadas para as mais simples e em desconformidade com a pesada pena de suspensão.

3. Pena uniformizada — A pena admoestativa e restritiva da profissão, além de padronizada, chega até a dez anos *(sic)*, o que destoa da generalidade e variedade da intensidade das infrações. Mesmo que a SPC aplique o termo menor (dois anos) pode ser excessivo para pequenos deslizes.

4. Generalidade — Não indicando as ocorrências e primando pela fluidade ("quaisquer outros dispositivos") abre a possibilidade para a leniência e o exagero sancionador.

5. Atos normativos — Por último, não define exatamente o que são os atos normativos regulamentadores das leis básicas e isso, por sua vez, também produzirá dúvidas, debates e questionamentos infindáveis. Doutrinariamente, po-

dem ser: a) decretos presidenciais, como Decreto n. 70.235/72; b) portarias do MPS; c) resoluções do CGPC; d) instruções normativas da SPC; e) pareceres da Consultoria Jurídica do MPS; e f) despachos do Ministro de Estado, etc.

6. Abrangência — Somente devem ser sopesados os atos normativos regulamentadores pertinentes à previdência complementar, em particular os que dizem respeito ao segmento fechado e que estejam disciplinando as duas leis básicas. Questão delicada diz respeito às normas referentes ao segmento contidas nas resoluções CNSP, SUSEP, BACEN e CMN, quando estiverem regulando matéria pertinente às EFPC. Se estiverem regulamentando as duas leis básicas, terão de ser cumpridas.

7. Linha de corte — Ainda que alguns dispositivos da Lei n. 6.435/77 e dos seus dois decretos regulamentadores possam estar em vigor, bem como resoluções e instruções normativas dos entes ministeriais, a norma comentada diz respeito apenas à disciplina superveniente a 29.5.01, data da edição das LCs ns. 108 e 109.

8. Legalidade — A norma legal que funda o art. 110 é o *caput* do art. 65 da LBPC, antes reproduzido. Assim, o RPPC entendeu que regulamento não seria apenas o decreto regulamentar referido na Constituição Federal, mas, também, atos normativos. Estes, doutrinariamente, têm sido acolhidos como sendo portarias ministeriais, resoluções e instruções normativas administrativas, até mesmo circulares, embora, a rigor, em muitíssimos casos, provindo do Poder Executivo, essas regras também regulamentem a lei. Quando dos comentários ao art. 65, sustentamos que: "Caso portaria, instrução normativa ou resolução dos entes supervisores, diante da omissão do Decreto n. 4.206/02, regrarem diretamente a lei, esses atos normativos têm natureza de regulamento, e assim devem ser interpretados, mas o ideal é que os órgãos reguladores periodicamente revejam a organicidade desse decreto para que ele contemple a maior parte das hipóteses e não provoque dúvidas" ("Comentários à Lei Básica da Previdência Complementar", São Paulo: LTr, 2003, p. 651).

9. Não contempladas — Entre outras disposições sem penalidades veiculadas na LC n. 109/01, as principais são: a) oneração dos ativos garantidores (art. 28, § 2º); b) transferência de participantes para terceiros (art. 33, § 1º); c) constituição das entidades, comercialização de planos, eleições e operações de transferência (art. 38, I/IV); d) levantamento de balancetes e balanços (art. 40); e) obrigação de prestar informações (art. 41, § 3º); f) balanço geral de liquidação (art. 52); g) responsabilidade dos administradores e patrocinadores (art. 57, parágrafo único); h) não recolhimento de contribuições (art. 58); i) autoridades cartorárias (art. 60, parágrafo único, I/IV); j) responsabilidade geral dos administradores (art. 63); l) operações comerciais e financeiras (art. 71, I/III); m) participação majoritária (art. 77, § 2º); n) adaptação às condições legais (art., 77, § 3º); e o) descumprimento de obrigações (art. 77, § 8º).

10. Fontes formais — Recomenda-se consulta à Resolução CNSP n. 60/01, que dispôs sobre as sanções administrativas aplicáveis às pessoas físicas e jurídicas.

11. Legislação — Compreender-se no vocábulo "legislação", as duas leis básicas e os atos normativos que as regulamentaram, principalmente os Decretos ns. 4.206/02 e 4.942/03, as resoluções do CGCP e as instruções normativas da SPC, sem prejuízo de normas pertinentes do CNSP, da SUSEP, do BACEN, do CMN e até do TCU.

12. Recomendações — Valendo também para as ocorrências relatadas nos arts. 63/109, é oportuno considerar ponderações válidas para o aplicador deste dispositivo em particular:

a) relevância em si mesma — a conduta impugnada sopesada em comparação com os movimentos regulares do dia-a-dia;

b) insignificância — *lana caprina* não justifica advertência;

c) desdobramentos — a medida desestimuladora deve abortar a ilicitude *ab initio*, atacar até mesmo a tentativa;

d) mau exemplo — a prática reprovada, se não cortada, pode prestar-se como exemplo indesejável a ser seguido;

e) conseqüências — um ato, evento ou negócio dessa natureza geralmente causa prejuízos à entidade e aos participantes e o nível do dano precisa ser avaliado;

f) repercussão — a sensação de insegurança contraria a tranqüilidade, fática ou jurídica, que é o elemento de confiança na administração gestora;

g) risco assumido pela instituição — inexistir certeza de punibilidade significa o perigo da aprovação de atos prejudiciais ao segmento;

h) nuanças atenuantes — em cada caso é preciso verificar se o autor não tinha outra opção para agir;

i) circunstâncias agravantes — dependendo da posição assumida pelo autor do ilícito, as hipóteses podem agravar o cenário da ilicitude;

j) antecedentes do autor — além das circunstâncias ambientais carece avaliar a biografia do agente;

l) compreensão do dever — convém sempre examinar a obrigação legal em si porque, por sua natureza complexa, ela pode induzir o administrador a erro;

m) sensação de arrependimento — às vezes é perceptível que a pessoa está arrependida e não voltará a praticar aquele ato.

13. *Nomem juris* — Violação da legislação complementar não constante no Decreto n. 4.942/03 talvez fosse o título mais correto para esta ilicitude, mas violação de outros dispositivos pode condensar a idéia que abriga os comandos das LCs ns. 108 e 109, de 2001, e dos seus atos regulamentadores. Neste momento, o RPPC cuida tão-somente de alguma ação contrária às duas leis básicas que nele, regulamento, não tenha sido contemplada e procedimentos também não lembrados. De todo modo, legislação abarca lei e norma infralegal.

14. Elemento subjetivo — Conforme cada caso, na maioria deles o agente se movimenta no sentido de obter o resultado desejado, ou seja, comissivamente, mas são tantas as hipóteses que em algum caso também operará omissivamente, falhando com suas obrigações.

15. *Iter criminis* — A generalidade do artigo quase não permite pontualizar as figuras da *cogitatio*, atos preparatórios, tentativa e consumação, mas à evidência somente esta última figura do *iter criminis* é punida.

16. Objetividade jurídica — Diante da multiplicidade de situações, força concluir que tais inadimplências formais contraditam a organização do sistema previdenciário complementar fechado, instituição a ser sistematicamente preservada.

17. Tipo de procedimento — Não é possível identificar, diante da variedade de possibilidades se o agente opera com culpa ou dolo; cada caso terá de ser examinado em particular.

18. *Modus operandi* — O autor procede em desconformidade com alguns artigos das LCs ns. 108 e 109, de 2001, na maior parte dos casos, não observando os decretos presidenciais, as resoluções do CGPC e as instruções normativas da SPC.

19. Sujeitos passivos — De modo geral, são vítimas dos inúmeros bens, o segmento como um todo, a credibilidade da instituição da previdência complementar, a ação monitora dos entes supervisores, as próprias entidades fechadas, os planos de benefícios e os participantes. De modo particular, será preciso examinar qual o comando prescrito para saber quem foi atacado pela ação infracional.

CAPÍTULO CXI

EFICÁCIA DO DECRETO N. 4.942/03

Capítulo IX

Das Disposições Finais

Art. 111. Este Decreto entra em vigor no dia 5 de janeiro de 2004.

Remissão: Lei n. 6.435/77;
Decreto-lei n. 4.657/42 (LICC);
art. 68 da Lei n. 9.784/99;
Lei n. 6.024/74;
Decreto-lei n. 73/66;
art. 38 do Decreto n. 81.240/78;
art. 44 do Decreto n. 4.206/02;
Resolução CGPC n. 12/96;
IN SPC ns. 14/97, 15/97 e 33/02;
art. 74 da Portaria MPS n. 88/04;
art. 91 da Portaria MPAS n. 4.414/98;
art. 44 da Portaria MPS n. 520/04;
Minuta do Regulamento;
art. 112 do RPPC.

As normas infralegais não conhecem sistematização intertemporal tanto quanto as leis, mas tem se entendido que os decretos regulamentadores, as portarias e as regulações administrativas menores, tanto quanto os pareceres normativos, seguem esses mesmos comandos e são derrogados, revogados, da mesma forma como as leis.

Por isso é bom reproduzir este histórico art. 1º da LICC: "Salvo disposição contrária, a lei começa a vigorar em todo o país quarenta e cinco dias depois de oficialmente publicada".

E este precioso § 1º do seu art. 2º: "A lei posterior revoga a anterior quando expressamente o declare, quando seja com ela incompatível ou quando regule inteiramente a matéria de que tratava a lei anterior".

Vale ainda lembrar do § 2º: "A lei nova, que estabeleça disposições gerais ou especiais a par das já existentes, não revoga nem modifica a lei anterior".

Por último, o chamado efeito repristinatório: "Salvo disposição em contrário, a lei revogada não se restaura por ter a lei revogadora perdido a vigência" (§ 3º).

De alguma forma, mas no que diz respeito ao regime repressivo mais amplamente como seria desejável, o Decreto n. 4.206/02, até 4.1.04, era o regulamento procedimental complementar fechado. Datado de 23.4.02, publicado quase um ano depois da LC n. 109/01, como se vê neste art. 112, ele foi revogado e substituído por este Decreto n. 4.942/03.

Nos termos do artigo enfocado, o RPPC entrou em vigor em 5 de janeiro de 2004, data a partir do qual adquiriu eficácia, embora datasse de 30 de dezembro de 2003 e tivesse sido publicado em 31.12.03 no DOU (data do início de sua vigência).

Quanto à sua capacidade jurídica de produzir efeitos, não resta a menor dúvida: conta-se de 5.1.04. Esta passa a ser significativa data-base para alguns raciocínios envolvidos com o direito intertemporal procedimental complementar.

Vale lembrar idéias semelhantes contidas em outras normas. Para o art. 43 da Portaria MPS n. 520/04: "O disposto nesta Portaria aplica-se imediatamente aos processos em curso no Instituto Nacional do Seguro Social e no Conselho de Recursos da Previdência Social, ficando revogada a Portaria n. 357, de 17.4.2002, publicada no DOU de 18.4.2002, seção I".

Por outro lado o art. 44 do Decreto n. 4.206/02 havia revogado o Decreto n. 81.240/78 e outras normas subseqüentes.

O art. 74 da Portaria MPS n. 88/04 diz: "O disposto neste Regimento Interno aplica-se imediatamente aos processos em curso no Conselho de Recursos da Previdência Social e do INSS", igual se colhendo na Portaria MPAS n. 4.414/98.

A Instrução Normativa SPC n. 33/02 alterou as IN ns. 14/97 e 15/97, mandando não lavrar AI: a) decorrente de ações ocorridas na vigência da Lei n. 6.343/77; b) "inexistência de prejuízos ao patrimônio da EFPC e aos direitos dos seus participantes"; c) "a regularização do ato que ensejou a infração dentro dos prazos estabelecidos", pela SPC.

1. Linha de corte — Toda matéria disposta na LBPC que dependia de regulamentação e o RPPC tenha inovado em relação ao Decreto n. 4.206/02, tem início nesse dia 5.1.04.

2. Alcance — Fatos não previstos na lei e no decreto revogado ou no vigente, acontecidos antes dessa data, se não foram sancionados por outras normas (como no Decreto-lei n. 73/66 ou Lei n. 6.024/74), não poderão ser objeto do Decreto n. 4.942/03.

3. *Reformatio in pejus* — Vale lembrar que, em face de sua natureza punitiva, se o comando deste RPPC fixar pena menor que da norma ultrapassada aplica-se a vigente. Fatos sucedidos anteriormente a 5.1.04 seriam regidos pelo Decreto n. 4.206/02, exceto se a disposição do Decreto n. 4.942/03 for favorável ao responsável. O art. 80 da Lei n. 6.435/77 e o art. 38 do Decreto n. 81.240/78 tinham como crime atuar "como entidade de previdência privada sem estar devi-

damente autorizada". Já a LBPC (art. 67) e o RPPC (art. 102) não mais têm tal ilicitude como criminosa, punindo-a apenas administrativamente, propondo-se a questão da revogação daquele art. 80 anterior e pôr fim à punibilidade de alguém que tenha assim agido.

4. Procedimentos em andamento — Os expedientes em andamento, decorrentes de sanções previstas no Decreto n. 4.206/02 observam as regras procedimentais do Decreto n. 4.942/03.

5. Regra da reincidência — As infrações, como as relatadas nos arts. 63/110 do RPPC e as referidas no seu art. 110, cometidas até 29.5.01, quando começou a viger a LC n. 109/01, não serão consideradas para efeito do RPPC. Observadas as regras deste Decreto n. 4.942/03, o procedimento prosseguirá, mas não se prestará para efeito de caracterizar a reincidência (art. 41, § 3º, do Decreto n. 4.206/02 e art. 23, § 6º, do Decreto n. 4.942/03).

6. Contagem da prescrição — O Decreto n. 4.206/02 não apresentava regra expressa sobre a prescrição procedimental, de tal sorte que o disposto no art. 31 do Decreto n. 4.942/03 adquire validade sem relevantes problemas intertemporais. Poder-se-ia discutir se os seus cinco anos valeriam apenas de 5.1.08 em diante, mas a interpretação acabaria por conduzir aos mesmos cinco anos do art. 75 da LBPC.

7. Subsidiaridade da Lei n. 9.784/99 —Embora ela regule "o processo administrativo no âmbito da Administração Pública Federal", a Lei n. 9.784/99 trata genérica, superior e principiologicamente sobre as relações procedimentais, não cuidando especificamente da retroeficácia, vigência ou eficácia das normas procedimentais. Entretanto, seu art. 69 diz que: "Os processos administrativos específicos continuarão a reger-se por lei própria, aplicando-se-lhes apenas subsidiariamente os preceitos desta Lei".

8. Infrações do Decreto n. 4.206/02 ausentes do RPPC — Incrustada no âmbito das normas que restringem a liberdade humana, se algum procedimento ainda caminhar visando à punição e infrações não mais assim cominadas pelas novas regras, esse expediente tem de ser arquivado e se não chegou a sê-lo, não o será.

9. Irregularidades sob o império da Lei n. 6.434/77 — As ocorrências cometidas quando da eficácia da Lei n. 6.435/77, cuja penalidade não foi diminuída, prosseguirão sendo objeto de apuração de autoria e responsabilidade.

10. Vigência do Decreto n. 4.206/02 — O Decreto revogado pelo RPPC teve sua eficácia válida até 4.1.04, quando foi substituído pelo Decreto n. 4.942/03, sem embargo de alguma de suas normas continuarem valendo por força do princípio *tempus regis actus*.

CAPÍTULO CXII

REVOGAÇÃO DO DECRETO N. 4.206/02

Art. 112. Revoga-se o Decreto n. 4.206, de 23 de abril de 2002.

Brasília, 30 de dezembro de 2003; 182º da Independência e 115º da República.

LUIZ INÁCIO LULA DA SILVA

Ricardo José Ribeiro Berzoini

Remissão: Decreto-lei n. 4.357/42 (LICC);
art. 88 da Lei n. 6.435/77;
art. 79 da LBPC;
Decreto n. 4.206/02;
Minuta do Regulamento.

Desde 5.1.04 não mais existe no ordenamento jurídico do Direito Previdenciário Complementar o Decreto n. 4.206/02, como norma vigente, mas continuará produzindo efeitos jurídicos. Entretanto, ele será citado e aplicado durante algum tempo. Muitos atos foram praticados sob sua vigência e deflagrarão efeitos por anos afora (sem falar naqueles que serão descobertos posteriormente, porém foram praticados ainda dentro de seu império, e isso pelo menos até 23.4.07).

Em virtude da sua existência, vigência e eficácia, inúmeras normas administrativas sobre previdência procedimental foram revogadas tacitamente pelo Decreto n. 4.942/03, mas o administrador, como sucede muitas vezes, quis ser enfático e destinou um artigo final para a revogação formal do decreto anterior. Não necessitava, mas a abundância é boa.

Restam derrogados decretos, portarias do MPS, resoluções e instruções normativas dos entes supervisores (CGPC e SPC), além de pareceres, circulares e outros atos regentes administrativos que tratem dos mesmos assuntos, particularmente aqueles referentes ao regime repressivo.

O Decreto n. 4.206/02 ficou sem eficácia em relação a fatos supervenientes à publicação do Decreto n. 4.942/03, que não mais se submetem a ele, mas não perdeu valor, conforme o caso, em relação a ocorrências havidas desde 24.4.02 até 4.1.04.

Destarte, perfilhadas as regras de direito intertemporal próprias de cada acontecimento, o que sobreveio nesse interregno (ou antes de sua publicação, quando cabível a retroação) a ele se submete, convindo consultá-lo.

Doutrinariamente, como recomendação hermenêutica é bom consultá-lo e até mesmo os Decretos ns. 81.240/78 e 81.402/78, igualmente revogados, para serem comparados com os ditames do Decreto n. 4.942/03.

Exegeticamente podem se prestar para elucidar dúvidas. Subsistente dificuldade interpretativa, quando uma disposição que vigera não mais comparece na norma revogadora, é preciso auscultar a intenção do seu elaborador para daí extrair alguma conclusão. Dá-se exemplo com o fato de mais desejar o legislador que empreender previdência complementar seja crime, que deverá ser levado em consideração quando da análise do art. 102 do RPPC. Pode significar que ele não pretende pena tão relevante ou que os agentes sentem mais a punição de ordem pecuniária que outra qualquer.

Na interpretação, especialmente quando da dúvida jurídica, caberá comparação entre os dois decretos (ns. 4.942/03 e 4.206/02), e até mesmo com a Minuta do Regulamento, porque talvez daí possa emergir alguma validade da norma não positivada. Ou seja, comparecendo nas duas fontes formais, hoje não mais vigorantes e ausentes no RPPC, pode significar que o elaborador não a quer.

OBRAS DO AUTOR

O Empresário e a Previdência Social. São Paulo: LTr, 1978.

Rubricas Integrantes e Não Integrantes do Salário-de-Contribuição. São Paulo: LTr, 1978.

Benefícios Previdenciários do Trabalhador Rural. São Paulo: LTr, 1984.

O Contribuinte em Dobro e a Previdência Social. São Paulo: LTr, 1984.

O Trabalhador Rural e a Previdência Social. 2ª ed., São Paulo: LTr, 1985.

Legislação da Previdência Social Rural. 2ª ed., São Paulo: LTr, 1986.

O Salário-Base na Previdência Social. São Paulo: LTr, 1986.

Legislação da Previdência Social. 5ª ed., São Paulo: LTr, 1988.

A Seguridade Social na Constituição Federal. 2ª ed., São Paulo: LTr, 1992.

Subsídio para um modelo de Previdência Social. São Paulo: LTr, 1992.

O Salário-de-Contribuição na Lei Básica da Previdência Social. São Paulo: LTr, 1993.

Propostas de Mudanças na Seguridade Social. São Paulo: LTr, 1996.

Primeiras Lições de Previdência Complementar. São Paulo: LTr, 1996.

Legislação da Seguridade Social. 7ª ed., São Paulo: LTr, 1996.

Obrigações Previdenciárias na Construção Civil. São Paulo: LTr, 1996.

Direito dos Idosos. São Paulo: LTr; 1997.

Novas Contribuições na Seguridade Social. São Paulo: LTr, 1997.

Curso de Direito Previdenciário. Tomo III, São Paulo: LTr, 1998.

O Salário-Base dos Contribuintes Individuais. São Paulo: LTr, 1999.

Reforma da Previdência Social. São Paulo: LTr, 1999.

Estatuto dos Servidores Públicos Civis da União. 2ª ed., São Paulo: LTr, 2000.

Obrigações Previdenciárias do Contribuinte Individual. São Paulo: LTr, 2000.

Aposentadoria Especial. 3ª ed., São Paulo: LTr, 2000.

Os Crimes Previdenciários no Código Penal. São Paulo: LTr, 2001.

Fator Previdenciário em 420 Perguntas e Respostas. 2ª ed., São Paulo: LTr, 2001.

Pareceres Selecionados de Previdência Complementar. São Paulo: LTr, 2001.

Princípios de Direito Previdenciário. 4ª ed., São Paulo: LTr, 2001.

Curso de Direito Previdenciário. Tomo IV, 2ª ed., São Paulo: LTr, 2002.

Prova de Tempo de Serviço. 3ª ed., São Paulo: LTr, 2002.

Seguro-Desemprego em 620 Perguntas e Respostas. 3ª ed., São Paulo: LTr, 2002.

Comentários à Lei Básica da Previdência Social. Tomo I, 4ª ed., São Paulo: LTr, 2003.

Comentários à Lei Básica da Previdência Social. Tomo II, 6ª ed., São Paulo: LTr, 2003.

Curso de Direito Previdenciário. Tomo II, 2ª ed., São Paulo: LTr, 2003.

Direito Adquirido na Previdência Social. 2ª ed., São Paulo: LTr, 2003.

PPP na Aposentadoria Especial. 2ª ed., São Paulo: LTr, 2003.

Retenção Previdenciária do Contribuinte Individual. São Paulo: LTr, 2003.

Comentários à Lei Básica da Previdência Complementar. São Paulo: LTr, 2003.

Parecer Jurídico como solicitá-lo e elaborá-lo. São Paulo: LTr, 2003.

Reforma da Previdência dos Servidores. São Paulo: LTr, 2004.

Aposentadoria Especial em 720 Perguntas e Respostas. 4ª ed., São Paulo: LTr, 2004.

Curso de Direito Previdenciário. Tomo I, 3ª ed., São Paulo: LTr, 2005.

Lei Básica da Previdência Social 7ª ed., São Paulo: LTr, 2005.

Comentários ao Estatuto do Idoso. 2ª ed., São Paulo: LTr, 2005.

Portabilidade na Previdência Complementar. 2ª ed., São Pauto: LTr, 2005.

Previdência Social Para Principiantes — Cartilha. São Paulo: LTr, 2005.

Dano Moral no Direito Previdenciário. São Paulo: LTr, 2005.

Comentários à Lei Básica da Previdência Social. Tomo I, 5ª ed., São Paulo.

Auxílio-Acidente. São Paulo: LTr, 2006.

Manual Prático do Segurado Facultativo. São Paulo: LTr, 2006.

Legislação Previdenciária Procedimental. São Paulo: LTr, 2006.

Em co-autoria:

Contribuições Sociais — Questões Polêmicas. Dialética, 1995.

Noções Atuais de Direito do Trabalho. São Paulo: LTr, 1995.

Contribuições Sociais — Questões Atuais. Dialética, 1996.

Manual dos Direitos do Trabalhador. 3ª ed., Editora do Autor, 1996.

Legislação da Previdência Social. Rede Brasil, 1997.

Processo Administrativo Fiscal. 2º vol., Dialética, 1997.

Introdução ao Direito Previdenciário. LTr-ANPREV, 1998.

Estudos ao Direito. Homenagem a Washington Luiz da Trindade. São Paulo: LTr, 1998.

Temas Atuais de Previdência Social — Homenagem a Celso Barroso Leite. São Paulo: LTr, 1998.

Dez anos de contribuição. Editora Celso Bastos, 1998.

Perspectivas Atuais do Direito. 1998.

Processo Administrativo Fiscal. 3º vol., 1998.

Temas Administrativo Social. 1988.

Contribuição Previdenciária Dialética. 1999.

A Previdência Social Hoje. LTr, 2005.

Temas Atuais de Direito do Trabalho e Direito Previdenciário Rural — Homenagem a Antenor Pelegrino. São Paulo: LTr, 2006.

Não-jurídicos:

O Tesouro da Ilha Jacaré. São Paulo: Editora CEJA, 2001.

Manual do Pseudo Intelectual. Editora Apanova, 2002.

Contando com o Vento. Editora Apanova, 2003.

Produção Gráfica e Editoração Eletrônica: **LINOTEC**
Capa: **FÁBIO GIGLIO**
Impressão: **HR GRÁFICA E EDITORA**